Ludwig Keller

Ein Apostle der Wiedertäufer

Ludwig Keller

Ein Apostle der Wiedertäufer

ISBN/EAN: 9783744621991

Hergestellt in Europa, USA, Kanada, Australien, Japan

Cover: Foto ©Lupo / pixelio.de

Weitere Bücher finden Sie auf **www.hansebooks.com**

Ein Apostel

der

Wiedertäufer

von

Dr. Ludwig Keller

K. Staatsarchivar.

Leipzig

Verlag von S. Hirzel

1882.

Vorwort.

Der Name des Mannes, dem die nachfolgenden Zeilen gewidmet sind, ist gegenwärtig vorzugsweise in gelehrten Kreisen bekannt. Aber es gab eine Zeit, wo Hans Denck von einer großen Partei auf den Schild erhoben war, wo viele Tausende an seinen Lippen hingen und aus seinen Schriften die Begeisterung schöpften, welche sie fähig machte, Marter und Tod für ihren Glauben muthig zu ertragen. Denck war eine Reihe von Jahren hindurch der geistige Führer jener großen Partei in Deutschland, welche weder in den Doctrinen der römischen Kirche noch in der neu aufkommenden lutherischen Richtung den Ausdruck ihrer religiösen Ueberzeugung finden konnte, jener Partei, welche späterhin weniger in den „Wiedertäufern" als in den Männern von der Richtung Sebastian Francks und Caspar von Schwenkfelds ihre vornehmsten Vertreter besessen hat.

Hans Denck gehört nach dem Urtheil alter und neuer Autoren zu den geistvollsten Männern seiner Zeit. Die Selbständigkeit und Tiefe seiner Gedanken, die Innigkeit seines Glaubens und die Reinheit seines Gemüths übten auf die Herzen der Zeitgenossen, die ihn kannten, eine wunderbare Anziehung aus. „Eine hochfliegende, aber unfruchtbare Methode" nennt ein bekannter lutherischer Theologe Dencks Ansichten und Lehrsystem. Es mag dahin gestellt bleiben, ob die Nächstenliebe und Selbstentsagung, die er in vielen Tausenden geweckt hat, zu den Früchten in jenem Sinne zu rechnen sind, aber ein Geist von hohem Fluge ist es allerdings, den wir hier vor uns haben.

Man geht fehl, wenn man voraussetzt, daß die Fragen, welche Denck in seinen Schriften behandelt, theologische oder confessionelle Streitpunkte im engeren Sinn beträfen. Er wollte einen Bund begründen, der, wie er sagte, alle guten Menschen umfassen sollte; diese Gemeinschaft scheint er sich aber nicht als neue Sekte gedacht zu haben, sondern als eine Erneuerung jenes Bundes, welcher vor Zeiten in Deutschland unter dem Namen der „Gottesfreunde" friedlich und segenstiftend gewirkt hatte.

Die Verfasser der „Nachfolge Christi" und der „deutschen Theologie" sind die Vorbilder gewesen, welche Denck vorschwebten, und wenn er in einzelnen Punkten späterhin von der Linie abgewichen ist, welche das Verhalten jener Männer ihm vorschrieb, so hat er vor seinem Tode diesen Irrthum erkannt und bekannt.

Es ist in gewissem Sinne wahr, was neuere Gegner dem Denck vorwerfen, daß er im Grunde durchaus untheologisch sei; seinen Geist beschäftigten nicht in erster Linie die Glaubenssätze irgend einer Confession, sondern sein Denken galt den allgemeinen Normen, die für alle Formen der Gottesverehrung Gültigkeit besitzen; nicht um die „Theologie", wie die Schule sie auffaßt, sondern um die Religion ist es ihm zu thun und sein vorurtheilsfreies Denken findet gerade in der Religion Jesu Christi, wenn man sie nur recht versteht, alle die Elemente wieder, welche für ewige Zeiten das Wesen jeder wahren Religion bilden werden.

Obwohl seine Worte und seine Weise von unserem Sprachgebrauch und der gegenwärtigen Methode weit abweichen, so kann man doch sagen, daß seine Art dem Wesen der neueren Philosophie in gewisser Weise verwandt ist.

Aber während die heutige Philosophie von der Berücksichtigung des historisch überlieferten Glaubens, zumal von den heiligen Schriften, meist ganz abstrahirt, die Theologie dagegen die Argumente verschmäht, die aus der wissenschaftlichen Erkenntniß des menschlichen Seelenlebens und besonders des menschlichen Willens gewonnen werden können, sucht Denck den richtigen Gedanken praktisch zu verwirklichen, daß die Erkenntniß der höchsten

und letzten Dinge auf den beiden genannten Fundamenten aufgebaut werden müsse.

Die Verwandtschaft, welche Denck in seinen Resultaten mit
den Errungenschaften der besten Geister der neueren Zeit aufweist, ist häufig eine ganz überraschende.[1])

Ich glaube mit Recht sagen zu dürfen, daß in den Büchern
Dencks ein ausgezeichnetes Denkmal deutschen Geistes auf uns
gekommen ist. Es handelt sich um das Vermächtniß eines hoch-
begabten Mannes; ein solches sollte man, gleichviel ob man dessen
Anschauungen theilt oder nicht, niemals so ganz vergessen wie
es hier geschehen ist.

In diesen Bemerkungen liegt zugleich der Zweck angedeutet,
den die nachstehenden Blätter verfolgen. Dies Buch ist keiner
der bestehenden kirchlichen Parteien zu Lieb oder Leid
geschrieben und kann schon deshalb nicht im Dienste einer
einzelnen heutigen Richtung stehen, weil keine darin einen voll-
ständigen Ausdruck ihrer Tendenzen finden wird. Mein einziger
Wunsch geht dahin, daß Dencks Schriften heute wie vor dreihundert Jahren dazu beitragen möchten, einzelnen, tiefer an-
gelegten Naturen den Frieden der Seele zurückzugeben, der so
Manchem bloß deshalb verloren gegangen ist, weil er über dem
Zweifel an dem Glauben der herrschenden Kirchen den religiösen
Glauben überhaupt verworfen hat.

Ueber die Quellen, welche für dieses Buch benutzt worden
sind, habe ich am Schluß genaue Rechenschaft abgelegt. Obwohl
ich bemüht gewesen bin, mir von allen erhaltenen Nachrichten

---

1) Denck se rattache d'une manière frappante aux systèmes phi-
losophiques modernes qui peuvent reconnaître sans peine dans les
théories de Denck les précurseurs de celles, qu'ils ont émises à leur
tour (G. W. Röhrich, Essai sur la vie et la doctrine de l'anabaptiste
Jean Denck. Straßb. 1853, S. 57). — Ich finde eine besondere Verwandtschaft Dencks mit den Ideen Hermann Rudolf Lotzes, Gustav Theodor
Fechners und Friedrich Albert Langes.

Kenntniß zu verschaffen, so glaube ich doch nicht, daß es mir gelungen ist. Auf einem Gebiete, welches wie dieses so sehr vernachläſſigt worden ist, ist es faſt unmöglich, abschließende Resultate zu erreichen. Um Jedem, welcher nach mir dieſen Gegenstand bearbeitet, seine Aufgabe zu erleichtern, habe ich nicht nur die ſämmtlichen von mir benutzten Archive und Bibliotheken, sondern auch die benutzten Werke einzeln aufgeführt. Wenn der Wunsch nach einer neuen Ausgabe von Dencks Schriften laut werden sollte, so bin ich in der Lage, denselben in kurzer Friſt erfüllen zu können.

Die vielfache und freundliche Unterstützung, welche auf meine bezüglichen Bitten mir von den verschiedenſten Seiten zu Theil geworden ist, verpflichtet mich zum lebhaftesten Danke. Ich will nicht verfehlen, hier öffentlich auszusprechen, daß die persönliche Mitwirkung, welche die Herren Stadt-Archivar Dr. Buff in Augsburg, Oberbibliothekar Dr. Campbell im Haag, Pfarrer E. Egli in Außerſihl bei Zürich, Professor Gözinger in S. Gallen, Archiv-Rath Hartfelder in Karlsruhe, Ober-Bibliothekar Dr. O. von Heinemann in Wolfenbüttel, Kreis-Archivar Dr. Heirich in Nürnberg, Professor De Hoop-Scheffer in Amsterdam, Kreis-Archivar Dr. Jörg in Landshut, Geheimer Rath und Professor Dr. von Löher in München, Staats-Archivar Dr. Meyer in Posen, Archiv-Sekretär Dr. Mummenhoff in Nürnberg, Ober-Bibliothekar Dr. Rogge in Amsterdam, Dr. Schulte in Straßburg, Professor Dr. Sepp in Leyden, Ober-Bibliothekar Dr. Zangemeiſter in Heidelberg und Staats-Archivar Dr. Wackernagel in Basel diesem Buche gewidmet haben, meinen Arbeiten sehr zu statten gekommen ist.

Münſter, im September 1882.

Ludwig Keller.

Inhalts=Uebersicht.

und die Münzerisch gesinnten Bauernführer. Der Convent erklärt sich gegen die Letzteren. S. 218
—220. — Denck begiebt sich nach Basel. Stimmung und körperlicher Zustand. Denck wollte
keine neue Secte stiften. Verwandtschaft mit den Tendenzen der „Gottesfreunde" im Mittel=
alter. Fehler und Irrthum Denck's. Er hat denselben erkannt und bekannt. S. 221—226. —
Denck's Brief an Oecolampad. Sein letztes Bekenntniß. S. 227—236. — Denck's Tod. Die
Ideen Denck's sind nach drei Jahrhunderten theilweise zum Sieg gelangt. Das Eigenthumsrecht
an diesen Gedanken. Die Traditionen der Religionskriege. Wird sich das religiöse Leben des
deutschen Volkes für ewige Zeiten in den jetzt vorhandenen Gegensätzen erschöpfen? S. 236—238.

Beilagen.

Hans Denck.

Erstes Capitel.

Die Wiedertäufer.

Martin Luther und die Wiedertäufer. — Hans Denck, Johann von Leyden, Menno Simons. — Die erste Epoche des Täuferthums 1525—1530. — Ausbreitung und Verfolgung der Denck'schen Täufer. — Die Verwilderung seit Denck's Tode. — Die Geschichtschreibung über die Wiedertäufer. — Heinrich Bullinger und Justus Menius. — Hagenbach, Köstlin, Ritschl.

Wenn gegenwärtig der Name „Wiedertäufer" genannt wird, so pflegen die Meisten ausschließlich an die verwilderte Sekte zu denken, welche unter Führung Johanns von Leyden die Greuel des Münster'schen Königreichs verübte. So mächtig und tief war der Eindruck dieser schrecklichen Ereignisse, daß alle übrigen Parteien und Personen, welche ehemals gleichfalls mit jenem Namen bezeichnet zu werden pflegten, aus der Erinnerung der Nachwelt verschwunden sind.

Und doch sind alle unparteiischen Beobachter darin einig, daß es nicht bloß die Größe der Verirrungen gewesen ist, durch welche diese Menschen Aufsehen gemacht haben, sondern daß viele Anhänger der sog. täuferischen Partei ebenso sehr durch seltene Tugenden das Staunen der Mitwelt und Nachwelt erregt haben. Man fragt mit Grund, wie solche Gegensätze in e i n e r Partei möglich gewesen sind.

Die Erklärung dieser Erscheinung liegt in dem Umstand, daß es niemals eine einzige, in sich geschlossene und übereinstimmende Partei gegeben hat, welche sich selbst mit dem gemeinsamen Namen der „Wiedertäufer" bezeichnet hätte oder als zusammengehörige kirchliche Gemeinschaft gelten wollte und konnte.

1*

Wenn auch eine Anzahl von Anschauungen — besonders die Lehre von der Taufe — bei den meisten Richtungen dieser Gruppe wiederkehrt, so lag doch das gemeinsame Hauptmerkmal darin, daß sie weder katholisch noch lutherisch sein wollten. Eine solche Uebereinstimmung in der Verneinung ist aber keineswegs ein so starkes Bindemittel, wie es eine einheitliche Partei bedarf. Gemeinsame Bekenntnißschriften und eine feste kirchliche Organisation, die das eigentliche Kennzeichen einer religiösen Partei bilden, sind von den Täufern niemals aufgestellt oder anerkannt worden.

In den Kämpfen, welche Luther mit denjenigen führte, die sich zwar von Rom losgesagt hatten, aber seiner Autorität sich nicht unterordnen wollten, pflegt er die Letzteren ganz allgemein als „Schwarmgeister“ zu bezeichnen. Thomas Münzer, Andreas Carlstadt, Johannes Denck, Menno Simons und Johann von Leyden bildeten für ihn mit Zwingli, Oecolampad u. A. nur eine einzige Partei; er sagt von ihnen ganz ausdrücklich, sie seien eines Geistes Kinder. In der Vorrede, welche er dem vielgelesenen Buche des Justus Menius über die Wiedertäufer voranschickte, sagt er: „Es ist die Wahrheit, daß Wiedertäufer und Schwärmergeist ein Geist ist“; denn ob sie sich wohl äußerlich stellen, als seien sie nicht eines Geistes (wie Zwingli dies thue), so sei doch ganz und gar ein Geist in Beiden sowohl in der Taufe wie im Sakrament.[1]

Es läßt sich nachweisen, daß Luthers Anhänger späterhin mit

---

1) Justus Menius, Von dem Geist der Widerteuffer, Wittenberg 1544, Vorrede. — Daß Luther auch in anderen Aeußerungen Zwingli mit den Wiedertäufern durchaus gleichstellte, bezeugt der bekannte Luther-Forscher Jul. Köstlin (Martin Luther II, 151). — Ganz richtig sagt der evangelische Pfarrer Jul. Rathgeber (Straßburg im sechzehnten Jahrhundert. Stuttgart 1871, S. 103): „Der Name Wiedertäufer ist im Reformationszeitalter gleichbedeutend mit Sektirer oder Separatist, „Schwarmgeister“, wie sie Doktor Luther in seiner körnigen Sprache nannte.“

Erfolg bemüht gewesen sind, die öffentliche Meinung in dieser Ansicht zu erhalten, und wenn das nachmalige Wachsthum der Zwinglischen Kirche auch Luthers Irrthum nach einer Richtung hin dargethan hat, so sind doch in Bezug auf die übrigen Parteien die Meisten stets in der Vorstellung geblieben, daß man es nur mit einer unter sich übereinstimmenden Schaar von „Lügengeistern" (wie Luther sagte) zu thun habe. Dennoch aber kann Niemand, der sich z. B. mit Menno Simons und Johann von Leyden unparteiisch beschäftigt, die Wahrheit der Thatsache bestreiten, daß die Lehren der beiden Männer weit auseinandergehen.[1] Es ist mit vollem Recht darauf hingewiesen worden, daß man mit denselben Gründen, mit welchen man Mennos Zugehörigkeit zu den Anhängern Johanns von Leyden beweisen will, darthun könnte, Luther und die römische Kirche bildeten im Grunde nur eine Partei, denn die letzteren haben wirklich in mancher Beziehung mehr Berührungspunkte als die Mennoniten und die Münsterschen Verbrecher.

Man muß unter den sog. „Wiedertäufern" drei Hauptparteien unterscheiden, welche in drei Epochen unter dem Einfluß verschiedener Männer nach einander auf den Schauplatz traten. In der Periode, welche zwischen den Jahren 1525—1530 liegt, besaß unter den Gegnern der Kindertaufe kein Mann größeres und allgemeineres Ansehen als Hans Denck; in der Zeit von 1530—1535 beherrschten die Vorläufer Johanns von Leyden und zuletzt dieser selbst die Situation und von da an ist Menno Simons zu maßgebendem Einfluß gelangt.

---

1) Bei Schyn, Historia Mennonitarum, Amst. 1723, pag. 155 heißt es mit Recht: „Certe Mennonitae juxta sua dogmata et confessiones non magis consortium et communionem cum prioribus habere possunt, quam lux cum tenebris, Christus cum Belial et justitia cum injustitia."

Um das Jahr 1527 war am Rhein, in der Schweiz, in Tirol, in Schwaben bis nach Mähren hinein und überhaupt im ganzen südlichen Reichsgebiet der Einfluß von Dencks Theologie der vorherrschende. Sebastian Franck, der mit den täuferischen Verhältnissen jener Zeit sehr vertraut war, erzählt uns, es sei in diesen Jahren eine neue Partei aufgestanden. „Unter diesen war Joh. Denck", fährt er fort, „ihr Vorsteher und Bischof".[1]) Er soll nach Francks Worten „ein stiller, frommer, eingezogener Mann" gewesen sein. Er wird uns als ein junger Mann von stattlicher Erscheinung und imponirendem Aeußeren geschildert; sein Auftreten war vornehm und maßvoll, ja zurückhaltend. Sein ganzes Wesen athmet Wahrhaftigkeit und einen hochgemuthen Sinn für alles Edle und Gute. Mild und freundlich gegen Jedermann und ein treuer Freund seiner Freunde war er der höchsten Energie und rücksichtsloser Unerschrockenheit fähig, wo es galt, seine Ideale gegen ihre Feinde zu verfechten. Trotz seiner jungen Jahre — er hatte die breißiger noch nicht überschritten — lenkte er rasch Aller Blicke auf sich. Wolfgang Capito sagt, daß Dencks „musterhaftes Leben, seine Begabung und sein bescheiden-sicheres Auftreten das Volk in wunderbarer Weise anzögen".[2]) Der Chronist Johannes Keßler, welcher den Denck persönlich kannte, erzählt uns in seiner schlichten Weise: „Und zum ersten kam einer her gen St. Gallen mit Namen Hans Denck, welchen sie nannten den Nürnberger, dann er etwa allda Schulmeister gewesen (sonst war er ein Baier) gar eine gelehrte, redereiche, demüthige Person und hebräischer Sprache nicht ungeschickt. Wiewohl er sich des Wiedertaufens nicht viel beladet, doch war

1) Seb. Franck, Chronika, Zeitbuch und Geschichtbibel. Ausgabe von 1536 Fol. CLVIII.

2) Capito an Zwingli d. d. 1526 Dec. 26: „Vita (Denkii) in speciem castigata, dexteritas ingenii, habitudo in agendo decens mirifice vulgum perstringunt." Zwinglii Opera VII, 579.

er einer".[1]) Bei einer späteren Gelegenheit kommt Keßler noch einmal auf ihn zurück und sagt: „Dieser Hans Denck war des Buchstabens heiliger Schrift fürtrefflich geübt und der dreien Hauptsprachen genugsam unterrichtet". „Nach seiner Person war er lang, ganz freundlich und züchtigen Wandels, ja hoch zu verrühmen, wenn er nicht sein Gemüth und Lehre so mit grausamen Irrlehren befleckt hätte".[2])

Joachim Vadian, der Freund Zwinglis und bekannte Schriftsteller, entwirft eine glänzende Schilderung von dem jungen Mann. „In Denck, jenem ausgezeichneten Jüngling", sagt er, „waren wahrlich alle Anlagen so hervorragend entwickelt, daß er seine Jahre überwand und größer als er selbst erschien".[3]) Es thut diesem Lobe keinen Eintrag, daß Vadian hinzufügt, Denck habe sein Talent mißbraucht, um unrichtige religiöse Meinungen zu verbreiten; denn wer von den beiden Männern die richtigen gehegt hat, kann doch noch nicht als endgültig entschieden gelten.

Auch andere Reformatoren erkennen unumwunden die bedeutende Stellung an, die Denck als Führer einer starken Partei sich rasch errungen hatte. Martin Bucer nennt ihn den „Papst" unter den Täufern; Urbanus Rhegius bezeichnet ihn als den „Abt" unter den Brüdern; Berthold Haller schreibt am 2. Dec. 1527 an Zwingli, Denck, „der Anabaptisten Apollo" sei zu Basel gestorben; Johannes Bader, damals Pfarrer zu Landau in der Pfalz, spricht im Jahre 1527 von „dem berühmten Hans Denck", mit dem er nicht wagen dürfe sich zu vergleichen, und Petrus Gynoräus endlich schreibt im Jahre 1526, Denck sei „das Haupt

---

1) Götzinger, Sabbata I, 280.

2) Götzinger, a. a. O. II, 122.

3) Zwinglii Opera VII, 531, Anm. 2. Die Worte lauten: „In Denggio, illo ornatissimo juvene, omnia profecto ita erant eximia, ut aetatem etiam vinceret et se ipso major videretur. Sed ita abusus est ingenio, ut Origenis opinionem de liberandis salvandisque damnatis magno conatu defenderet."

der Wiebergetauften".[1] Nichtsdestoweniger würde man irren, wenn man glauben wollte, daß Denck der Führer einer festgegliederten kirchlichen Gemeinschaft gewesen sei. Um eine solche zu begründen, war schon die Zeit viel zu kurz, welche Denck unter seinen Anhängern wirkte. Ein Zeitraum von etwa zwei Jahren hat noch niemals genügt, um die Autorität eines einzelnen Mannes dauernd und fest zu begründen. Im Jahre 1525 ist Joh. Denck zum ersten Mal öffentlich hervorgetreten und schon im Jahre 1527 ward er den Seinen durch den Tod entrissen. Er selbst hat nur die Ansätze einer neuen Partei erlebt und geschaffen; als er gestorben war, hat Niemand in seinem Geiste das Werk zu Ende geführt, vielmehr sind durch die blutigen Verfolgungen die besseren Keime größtentheils erstickt worden.

Es liegt außerhalb des Rahmens unserer Aufgabe, die besonderen Umstände zu erörtern, welche das Emporkommen Luthers und Zwinglis einerseits und den Untergang der Denckschen Partei andrerseits herbeigeführt haben. Diejenigen, welche die letztere nicht kennen — d. h. die Mehrzahl der Zeitgenossen — oder von der inneren Ueberlegenheit des gegnerischen Systems durchdrungen sind, dürften um eine Antwort auf die Frage nicht verlegen sein. So einfach, wie die Meisten annehmen, liegt die Sache aber doch nicht, sie muß vielmehr aus einem genauen Studium der Zeitverhältnisse heraus erklärt werden. Wir wollen uns hier begnügen, darauf hinzuweisen, daß neuerdings von einem hervorragenden Vertreter des Lutherthums der Satz ausgesprochen worden ist:

---

[1] Es ließen sich noch mehr Zeugnisse beibringen, wenn es deren bedürfte. Heinrich Bullinger nennt Denck einen „Rabbi" unter den Täufern. (Der Wiedertäufer Ursprung ꝛc. 1560 fol. 16.) In der Chronik des Bonifacius Teusenbach vom Jahre 1554 wird Denck ein „Rädleinführer" unter den Taufgesinnten genannt. (S. Will, Beiträge zur Geschichte der Antibaptisten in Deutschland, Nürnberg 1773, S. 2). In der heutigen Literatur ist diese Bedeutung Dencks unterschätzt worden.

„Die Entscheidung zu Ungunsten der Wiedertäufer ist durch die Gewalt der Obrigkeiten herbeigeführt worden".[1]) Für die Haltung der Obrigkeiten aber ist der Bauernkrieg, der dem Aufkommen der Täufer unmittelbar voranging, entscheidend gewesen. Die Angst der Höfe vor dem Aufruhr des gemeinen Mannes war so groß, daß jede Neuerung, welche sich nicht bereits festgesetzt hatte (wie die lutherische in Sachsen und die zwinglische in der Schweiz) verdächtig war; es war für die bestehenden Parteien leicht, jede neue religiöse Bewegung als gefährliche Vorbereitung zu neuer Empörung hinzustellen, und jede Anklage fand um so eher Glauben als dadurch der Satz bewiesen zu werden schien, daß es außerhalb der lutherischen oder katholischen Kirche kein Heil gebe. Ohne das Eingreifen der bewaffneten Macht in die religiösen Händel wäre der Verlauf der kirchlichen Bewegung niemals zu Ungunsten der Wiedertäufer ausgeschlagen.

Diese Behauptung ist freilich für denjenigen befremdlich, welcher sich gewöhnt hat, zu glauben, daß ganz Deutschland damals (so weit es nicht katholisch blieb) von ausschließlicher Begeisterung für die lutherische und zwinglische Lehre erfüllt sei. Gewiß besaßen Luther und Zwingli eine sehr starke Partei, besonders in den ersten Jahren ihres Auftretens, als aber um das Jahr 1525 das Täuferthum sich auszubreiten begann, da sind demselben ganze Städte und Länder, die bisher von Luther nichts wissen wollten, zugefallen und viele Tausende, die bis dahin lutherisch waren, sind in das Lager der Gegner übergetreten. Man kann noch hinzufügen, daß die Bekenner der antilutherischen Richtungen eine Begeisterung, einen Todesmuth und eine Hingabe bewiesen haben, welche nur in den Zeiten des frühesten Christenthums ein Beispiel besitzt.

---

1) Ritschl, Geschichte des Pietismus, 1660, I, 36.

Ein in der Reformationsgeschichte ausgezeichnet bewanderter
evangelischer Geistlicher, Karl Krafft, hat vor Kurzem mit Recht
darauf aufmerksam gemacht, daß es bis vor einigen Jahrzehnten
beinah vergessen war, welch ein bedeutsames Moment der
Anabaptismus in der Geschichte der evangelischen Bewegung ge-
bildet hat.¹) Diese Jahrzehnte haben nicht genügt, um das Ver-
gessene vollständig wieder ans Licht zu ziehen, doch hat die Forschung wenigstens einige Resultate bereits zu Tage gefördert und
alle stimmen darin überein, daß eine viel tiefer gehende Strömung anzunehmen ist als man bisher geahnt hat. Einige Andeutungen, die auf Vollständigkeit natürlich keinen Anspruch
machen, mögen hier folgen.²)

Der bekannte holländische Kirchenhistoriker de Hoop-Scheffer
hat mit Recht bemerkt, daß in den Niederlanden die Geschichte
des Täuferthums in den Jahren 1530—1566 mit der Geschichte
der Reformation identisch sei. Es wird sich später zeigen, daß die
gleiche Beobachtung auch für große Gebiete Deutschlands zutrifft.
Ein Zeitgenosse, der nicht zu den Täufern gehörte, erzählt über
den Anfang der Bewegung: „der Täufer Lauf ging so schnell,
daß ihre Lehre bald das ganze Land durchzog und sie bald
einen großen Anhang erlangten, viele Tausende tauften und viele
auch gute Herzen zu sich zogen". „Man legt sie gefangen",
fährt er fort, „und peinigt sie mit Brand, Schwert, Feuer, Wasser
und mit mancherlei Gefängniß, so daß ihrer viele in wenig Jahren
an vielen Orten umgebracht worden, also daß etliche über 2000
angeschlagen, welche an allen Orten getödtet worden".³)

Gerade aus den zuverlässig überlieferten Zahlen der Hinge-

1) Theologische Arbeiten des rheinischen wissenschaftlichen Predigervereins.
Elberfeld 1880, S. 123.
2) Einige Ergänzungen finden sich in meiner „Geschichte der Wiedertäufer" S. 25 ff. und 145 ff.
3) Sebastian Franck, Chronik III, fol. 193.

richteten gewinnt man eine ungefähre Idee von ihrer Ausbreitung. In Tirol und Görz schätzte ein gleichzeitiger Chronist die Zahl der Getödteten bereits im Jahre 1531 auf 1000. Zu Ensisheim, am Sitz der vorderösterreichischen Regierung, zählt Sebastian Franck deren sechshundert. Zu Linz wurden in sechs Jahren dreiundsiebzig verbrannt, ertränkt oder geköpft. Aus der Pfalz erzählt das „Cronickel der Wiedertäufer",[1] dessen Angaben im Allgemeinen als sehr zuverlässig gelten können, daß ums Jahr 1529 „der Pfalzgraf Ludwig in kurzer Zeit auf des Kaisers Mandat bei die viertehalbhundert habe hinrichten lassen um des Glaubens willen". „Sonderlich sein Burggraf zu Alzei", fügt der Chronist hinzu, „mit Namen Dietrich von Schönberg ließ ihrer viel zu Alzey in der Stadt köpfen, ertränken und tödten". Im Jahr 1527 wurde Felix Manz zu Zürich und 11 andere Personen in der übrigen Schweiz gerichtet; Georg Wagner von Emering im Baierland und Hans Fehrer mit fünf Brüdern starben zu München. Desgleichen wurde Leonhard Kaiser zu Schärding getödtet. Ihn nennt Luther in der unrichtigen Annahme, daß Kaiser als Lutheraner gestorben sei, einen „heiligen Märtyrer". Im Mai dieses Jahres wurde Michael Sattler nach unerhörten Martern zu Rotenburg an der Tauber verbrannt. Von ihm sagten die Straßburger Reformatoren: „Wir achten, daß Gott auch aus den Seinen in solchen Irrthum kommen lasse, als wir nicht zweifeln, Michael Sattler, der zu Rotenburg verbrannt ist, sei ein lieber Freund Gottes, wiewohl er ein Fürnehmer im Tauforden gewesen ist". In demselben Jahr wurde Thomas Hermann zu Kitzbichl nebst siebenundsechzig Personen hingerichtet.

„Im Jahr 1528 in der ersten Fastenwoche", berichtet das Cronickel, „hat der König Ferdinandus den Profoß in Oestreich geschickt, der hat hin und wieder große Empörung, Trübsal und

---

[1] Handschrift der Stadtbibliothek zu Hamburg fol. 41.

Verfolgung angerichtet. Denn er hat etliche in das Gefängniß
gebracht und wo er Jemand im Feld auf der Straße ergriffen
hat, den hat er enthaupten lassen; aber in den Dörfern hat er
die, die nicht wollten von dem Glauben abstehen, an die Thür-
säulen gehängt". „Gleich um diese Zeit hat der König Ferdinand
einen Profoß mit Namen Aicheln nach Schwaben oder Würtem-
berger Land geschickt, der viel unschuldiges Blut vergossen hat.
Den Martelhof hat er mit Männern, Jünglingen und Jung-
frauen ungefähr bei die 20 Personen mit sammt ihren Dienern
verbrannt".

Auch in Mähren, wo die Verfolgten bisher bei den Herrn
von Lichtenstein Schutz gefunden hatten, begann man jetzt einzuschreiten und um Ostern 1528 wurden zu Brünn Thomas Wald-
hausen mit zwei Andern verbrannt und zu Znaim und Olmütz
mehrere Vorsteher der Gemeinden gerichtet. Auch zu Bruck in
Steiermark wurden neun Männer enthauptet und drei Frauen
ertränkt. Im Jahre 1531 wurde zu Schwäbisch-Gmünd Martin
Maller mit 16 Genossen gerichtet.

Die meisten süddeutschen Reichsgebiete waren um das Jahr
1529 mit Täufern erfüllt. Die großen Städte, welche um den
Beginn der zwanziger Jahre die lutherische Lehre angenommen
hatten, waren die Mittelpunkte, besonders Augsburg, Straßburg
und Nürnberg. In der erstgenannten Stadt zögerte man lange,
ehe man mit der Todesstrafe vorging; gleichwohl wird die Zahl
der Hingerichteten schon im Jahr 1531 auf 12 angegeben. Im
September 1527 beschlossen die Reichsstände, welche den schwäbischen Bund bildeten, Maßregeln gegen die Täufer zur Anwendung
zu bringen. Sie ließen seit 1528 durch 400, später durch 800 und
1000 bewaffnete Reiter alle Bundesgebiete durchstreifen und die
Hauptleute der Rotten erhielten Vollmacht, die ergriffenen Schwärmer sofort und ohne Urtheil und Recht vom Leben zum
Tode zu strafen und sie wie wilde Thiere zu Tode zu hetzen.

Die Sache war so schlimm, daß Markgraf Georg von Ansbach, der zwar sich selbst einen Feind der Täufer nennt, doch Protest erheben zu müssen glaubte. Entsetzlich waren auch die Verfolgungen in Baiern, wo die Baptisten sehr zahlreich waren.[1] Herzog Wilhelm gab den furchtbaren Befehl: „Wer revocirt, den soll man köpfen; wer nicht revocirt, den soll man brennen."

Selbst Luther staunte über die Standhaftigkeit dieser Menschen, doch zweifelte er nicht, daß in ihnen „der Satan wirksam sei".[2] Die Chronik der Wiedertäufer aber sagt in ihrer einfachen Weise: „Fleisch und Blut und menschlicher Fürwitz hat sie nicht dazu getrieben, weil sie gewußt, was sie darüber dulden und leiden müssen", und ein neuerer Gegner der Täufer faßt sein Urtheil in die Worte zusammen: „Die Energie, die Leidensfähigkeit und Glaubensfreudigkeit des Christenthums als der vollkommenen Religion — wie sie gewesen war in den ersten Jahrhunderten der Kirche, erneuerte sich auch in diesem absonderlichen Christenthum."[3]

Die blutige Verfolgung hatte trotz der furchtbaren Energie, mit welcher sie betrieben wurde, zunächst keineswegs die Unterdrückung der Sekte zur Folge. Als die Bewegung im Süden um das Jahr 1530 nachließ, nahm sie im Norden um so lebhafter ihren Fortgang und führte schließlich hier zu einer kaum geahnten Ausdehnung.[4] Aber eine andere Wirkung, welche die Verfolger nicht beabsichtigt hatten, trat ein, nämlich eine tiefgreifende Verwilderung der guten Keime.

---

1) Eine Anzahl von Urkunden zur Geschichte der bairischen Wiedertäufer aus den Jahren 1527—1578 findet sich bei Winter, Gesch. d. bair. Wiedertäufer, München 1809 S. 165—184.

2) Köstlin, Luthers Leben II, 151.

3) Hase, K., Neue Propheten. 2. Aufl. Heft 3 S. 39.

4) Ueber die Ausbreitung der Wiedertäufer in Norddeutschland habe ich an anderer Stelle (Geschichte der Wiedertäufer, Münster 1880, S. 145 ff.) Nachweise gegeben. Später hoffe ich dieselben noch zu vervollständigen.

Die Männer, welche die Leidenschaften des geringen Volkes hätten im Zaum halten können und Jahre lang im Zaum gehalten hatten, waren dem Beil des Henkers oder sonstigen Schicksalen erlegen. Jetzt, als die führerlosen Schaaren ihren niederen Instinkten überlassen waren, entwickelte sich unter ihnen ein wilder Haß gegen ihre Bedränger und der Wunsch nach Rache nahm ein religiöses Gewand an. Der Glaube, daß Gott die Welt demnächst durch das Schwert der „Kinder Gottes" strafen werde und daß das „tausendjährige Reich" der Gläubigen bevorstehe, verbreitete sich mit Schnelligkeit in den Brüdergemeinden und die Theorien der Gütergemeinschaft und der weltlichen Herrschaft gewannen die Oberhand. An diesen Verirrungen ist dann später die ganze Partei zu Grunde gegangen.

Es hat zu allen Zeiten einzelne Männer gegeben, welche den Richtungen, die man unter dem Namen der „Wiedertäufer" zusammenzufassen pflegt, in ihren Urtheilen insofern Recht haben widerfahren lassen, als sie die Verschiedenheit der Tendenzen anerkannt und zugegeben haben, daß der bessere Theil derselben sich durch seltene Tugenden ausgezeichnet hat. Landgraf Philipp von Hessen bestätigt einmal ausdrücklich, daß die Täufer „ungleich seien und etliche darunter einfältige, fromme Leute" und in einem Brief an seine Schwester, die Herzogin Elisabeth von Sachsen vom 18. Februar 1530 sagt er: „Ich sehe auch mehr Besserung bei denen, die man Schwärmer heißt, denn bei denen, die lutherisch sind."[1]) Wolfgang Capito geht sogar noch weiter und sagt, daß „die Meisten nach seiner Ansicht nichts weniger als schlecht seien". Ein guter Theil, fügt er hinzu, besitze Gottesfurcht und Eifer, er achte die Meisten als Erwählte Gottes

---

1) Rommel, Philipp der Großmüthige III, 40.

und habe sie lieb als theuere Brüder.¹) Der Chronist Johannes Keßler, der in seiner Vaterstadt St. Gallen viele Täufer kennen lernte, sagt: „Ach, was soll ich von diesem Volk sagen, sie erbarmen mich von Herzen, denn ihrer viele eifern nach Gott, aber mit Unverstand. Ich höre ungern, daß sie also elend und viel gewaltiglich umgebracht und getödtet werden."²)

Merkwürdig ist auch das Urtheil der Gattin des Straßburger Reformators Matthäus Zell, Katharina Zell, die als geistvolle Frau damals in weiten Kreisen bekannt war. Sie redet die Prediger der neuen Kirche folgendermaßen an: „Die armen Täufer, da ihr so grimmig zornig über sie seid und die Obrigkeit allenthalben über sie hetzet, wie ein Jäger die Hunde auf ein Wildschwein oder Hasen, die doch Christum den Herrn auch mit uns bekennen — soll man sie gleich darum verfolgen und Christum in ihnen, den sie doch mit Eifer bekennen und viel unter ihnen bis in das Elend, Gefängniß, Feuer und Wasser bekannt haben? Lieber gebet euch die Schuld, daß wir in Lehr und Leben Ursach sind, daß sie sich von uns trennen. Wer Böses thut, den soll eine Obrigkeit strafen, den Glauben aber nicht zwingen und regieren, wie ihr meinet, er gehört dem Herzen und Gewissen zu, nicht dem äußerlichen Menschen. — Das hat der alte Matthäus Zell nicht gethan, sondern die Schafe gesammelt, nicht zerstreut; hat auch in solches nie gewilligt, sondern mit traurigem Herzen und großem Ernst, da es die Gelehrten auch einmal also bei der Obrigkeit anrichteten, öffentlich auf der Kanzel und im Convent der Prediger gesagt: ich nehme Gott, Himmel und Erdreich zum Zeugen an jenem Tag, daß ich

---

1) Diese Worte finden sich in Capitos Commentar zum Propheten Hosea, welchen Capito im Jahre 1528 herausgab; sie gelten mithin den Denckschen Täufern. Hier sind sie wiedergegeben nach der Zeitschrift für historische Theologie 1857, S. 286.

2) Götzinger, Sabbata II, 143.

unschuldig will sein an dem Kreuz und Verjagen dieser armen
Leute".[1])

Leider bilden indessen derartige Urtheile weder in der
gleichzeitigen, noch in der neueren Literatur die Regel; es sind
gerade in solchen Schriften, welche in alter und neuer Zeit den
größten Einfluß auf die öffentliche Meinung geübt haben, ganz
andere Ansichten zu lesen. Diese Aeußerungen sind so eng mit
der Geschichte des Täuferthums verknüpft, daß ein Verständniß
seiner Schicksale nur durch ein Eingehen auf die Quellen
gewonnen werden kann, aus welchen die Obrigkeiten und alle
sonstigen einflußreichen Personen bis auf den heutigen Tag ihre
Anschauungen geschöpft haben.

Von den gleichzeitigen Autoren, welche über die Täufer geschrieben haben, sind keine zu größerem Einfluß gelangt als Heinrich Bullinger und Justus Menius, der erstere als Nachfolger Zwinglis, der andere als intimer Freund Luthers und
"Reformator Thüringens" zu jener Zeit sehr bekannte und angesehene Männer.

Heinrich Bullinger schrieb im Jahre 1530 ein Buch "Von
dem unverschämten Frevel und der unwahrhaften Lehre der selbst-
gesandten Wiedertäufer".[2]) Im Jahre 1535 veranstaltete Leo
Judä eine neue Ausgabe davon und im Jahre 1560 erweiterte
Bullinger dasselbe und gab es heraus unter dem Titel: "Der
Wiedertäufer Ursprung, Fortgang, Sekten" u. s. w. Dies Werk
hat nachher eine sehr große Verbreitung gefunden.

Bullinger versichert in der Einleitung zu der ersten Ausgabe, "er habe dies Buch geschrieben, Niemanden vor zu urtheilen,
Niemanden zu verachten oder herabzusetzen, nichts eigenrichtiges

---

1) T. W. Röhrich, Mittheilungen aus der Geschichte der evang. Kirche
des Elsasses, II, 165.
2) Dasselbe wurde gedruckt im Jahre 1531 zu Zürich bei Christoph
Froschauer. Es ist datirt aus Bremgarten 1530.

einzuführen" u. f. w.[1]) Man sollte hiernach erwarten, daß man
Mäßigung und Billigkeit bei ihm finden werde; aber darin sieht
man sich getäuscht. „Es sei wohl wahr", läßt er einen Gegner der
Wiedertaufe, den er redend einführt, sagen, „daß weniger Männer
Uebelthat eine rechte Sache nicht fälschen mag"; denn auch unter
den zwölf Aposteln sei ein Judas gewesen. Diese Ausrede könne
aber hier nicht Platz greifen, „denn", sagt er, „du wirst auch
keinen zeigen mögen, der nicht mit Schlechtigkeiten besudelt ist,
als Meineid, Ungehorsam, Aufruhr, Faulheit oder Müßiggang,
Verlassung und Unzucht, daß ich jetzund geschweige der Absonderung,
eigenrichtiger und falscher Lehre." „Das werden sie nicht können
mit keinem glatten Geschwätz vertreiben."[2]) Allerdings muß
Bullinger einräumen, daß einzelne einen reinen Wandel führen,
aber dies sei, behauptet er, nur Heuchelei; „denn wisse, daß
sich auch der Satan verstellen und vergestalten kann in einen
Engel des Lichts."[3]) Wenn es den Anschein hat, als ob ihre
Führer gute Hirten seien, so stellen sie sich nur so, denn wer
fischen will, wirft nicht den bloßen Angel vor den Fisch.

Man könnte billig fragen, ob Bullinger im Stande sei, das
Herz und die Nieren derer zu prüfen, die sich in ihrem Thun
als gute Menschen erweisen. Allein selbst wenn man ihm darin
Recht geben wollte, so bliebe doch immer noch die Behauptung
unwahr, daß alle Täufer nur aus „eigenrichtigem Stolz und
geistlicher Hoffahrt" in den wiedertäuferischen Handel gekommen
seien[4]) und daß „des Meineids, Lügens und Aufruhrs mit sammt
allem Ungehorsam nun kein Maß noch Ende sei".[5]) Auch Bullinger macht allerdings Unterschiede zwischen ihnen. Die Einen,
sagt er, lehren, man dürfe im Namen Gottes Alles thun, wie „zu
S. Gallen Einer dem Andern, ja ein leiblicher Bruder dem

---

anbern sein Haupt im Namen des Vaters abgeschlagen". Die
Anderen führen den Ehebruch unter der Gestalt der „geistlichen
Ehen" ein. Die Dritten halten auf Jesum nicht mehr als auf
andere Propheten und wollen zuletzt auch die Gottlosen selig
werden lassen. Die Vierten sind faul und gefräßig und verlassen Weib und Kind, und noch Andere legen das Laster dem
himmlischen Vater zu, als ob er daran schuldig sei. Weitere
Merkmale und Eigenthümlichkeiten weiß Bullinger von seinen
Feinden nicht zu erzählen. Erst im Jahre 1560 ist er etwas
näher auf die Sache eingegangen, aber die Tendenz hat sich nicht
geändert.

Von fast noch größerem Einfluß als Bullingers Buch ist
auf die spätere Literatur die oben erwähnte Schrift des Justus
Menius geworden, welcher Luther durch seine Vorrede eine besondere Verbreitung verschafft hat. Menius hatte darin nach
Luthers Worten der „Wiedertäufer Ketzerei so gewaltig widerlegt,
daß, wenn eine Kuh Vernunft hätte, müßte sie sagen, es wäre
ja die Wahrheit und könnte nicht anders sein."[1] Der Ton
dieses Buches ist in seinem ganzen Inhalt ein so abstoßender,
daß es mir widerstrebt, darauf einzugehen und ich es auch bestimmt vermeiden würde, wenn nicht nachweislich viele Schriftsteller bis auf den heutigen Tag ihre Urtheile aus demselben
schöpften.[2]

Der erste Abschnitt stellt sich die Aufgabe, die Angriffe zurückzuweisen, welche von den Täufern gegen die lutherische Lehre
erhoben werden. Menius sagt: Wenn die Wiedertäufet vorgeben,
„wir halten nicht recht Gottesdienst mit Lehren und Anderm —
darauf sage ich kürzlich also, daß sie daran lügen und uns
Gewalt und Unrecht thun, ja daß sie Gott selbst, sein

---

1) Vom Geist der Wiedertäufer. 1544. Bl. A. II¹.
2) Vgl. von Kripp, Ein Beitrag zur Geschichte der Wiedertäufer in
Tyrol. Innsbrucker Gymn.-Progr. 1657, S. 8.

heiliges Wort, Werk und Ordnung gräulich lästern."¹) Derselbe Gedanke, daß die Opposition gegen Luther eine Gotteslästerung sei, kehrt dann in den verschiedensten Wendungen wieder. „Sie (die Wiedertäufer) handeln wie die meuchlerischen, leichtfertigen Gottesdiebe und Seelenmörder." „Wer das Volk von unserer Kirche beredet", heißt es an einer anderen Stelle, „der führt es in teuflische Blindheit, Unsinnigkeit und Gotteslästerung."²)

Besonders bemüht sich Menius, dem täuferischen Vorwurf zu begegnen, die Lehre Luthers schaffe keine Frucht. Unsere (d. h. der Lutherischen) Werke sind, sagt er, „ob sie wohl so vollkommen nicht sind, gleichwohl nichts desto weniger der rechte Gottesdienst und Gott dem Herrn angenehm um Christus seines Sohnes willen sofern sie im Glauben geschehen". Die Werke aber, „damit die Mönche und Wiedertäufer umgehen, sind, weil sie ohne Gottes Befehl, dazu ohne Glauben geschehen, als solche kein Gottesdienst sondern vielmehr eine abgöttische Heuchelei". Denn die Schrift sagt, fügt er hinzu, „was nicht aus dem Glauben geschieht, das ist Sünde".³) Zur Begründung dieser Theorie bemerkt er: Ich sage, „daß man allein durch den Glauben an Christum aus lauter Gnaden und Barmherzigkeit ohn alles Zuthun aller unser Werk, Verdienst und Würdigkeit vor Gott von Sünden los, gerecht und selig werden müsse".⁴) Daß derselbe Menius zehn Jahre später als Anhänger Georg Majors, welcher die Nothwendigkeit der guten Werke lehrte, von den Lutheranern verfolgt, gefangengesetzt und aus seinem Amt vertrieben wurde, gehört zwar nicht hierher, ist aber dennoch eine merkwürdige Thatsache.

Während er nach seiner Sinnesänderung in den fünfziger Jahren zugestand, daß die „Gerechtigkeit des Glaubens (wie er

1) Vom Geist der Wiedertäufer. 1544. Bl. D. II¹.
2) A. O. Bl. E. III¹.   3) A. O. Bl. E. II¹ f.   4) A. O. Bl. F. IV¹.

2*

sagte) ein „gar kalt und faul Ding sei" und daß sich Niemand dadurch beſſere, erklärte er noch im Jahre 1544 die gleiche Behauptung der Wiedertäufer für einen „gräulichen Frevel, nicht allein wider alle Liebe — ſondern auch wider Gott ſelbſt, weil ſie damit den allerhöchſten göttlichen Majeſtäten in ihr heimlich Gericht eingreifen, das heilige allmächtige Gotteswort, welches die ſeligmachende Kraft aller Gläubigen iſt, Lügen ſtrafen und des heiligen Geiſtes Amt zum gräulichſten läſteren".[1] „Solch Frevel und leichtfertig Urtheilen", fährt er fort, „iſt wider alle chriſtliche Liebe, welche Anderer Sünden und Gebrechen ſo viel möglich deckt, zum Beſten deutet, entſchuldigt und verantwortet, viel weniger aber mit Ungrund und Unwahrheit den Unſchuldigen Arges und Uebeles andichtet."[2]

Man hätte erwarten ſollen, daß Menius dieſe Mahnung, die er den Täufern vorhält, ſich ſelbſt zur Richtſchnur genommen hätte; indeſſen iſt der zweite Theil ſeiner Schrift, welcher die Polemik gegen die Täufer enthält, von Schmähungen und Verdächtigungen angefüllt. Sätze wie folgende: „Der leidige Lügen- und Mord-Geiſt, der Satan, der ſpeit ſolche hölliſche Gifte durch ihren Rachen" oder „daß dich Gott ſtrafe, du leidiger Geiſt, und deines Läſterns doch einmal ein Ende mache", oder: „Es thut mir im Herzen wehe, daß ich ſolchen gräulichen Teufels Läſterungen dieſes verfluchten Geiſts nachdenken und ſchreiben ſoll" — kehren faſt auf jedem Blatte wieder.

Man hat wohl geſagt, daß der Ton, den wir in dieſen Streitſchriften angeſchlagen ſehen, aus dem Charakter der Zeit verſtanden und entſchuldigt werden müſſe. Wenn dies richtig iſt, ſo verdient es um ſo mehr bemerkt zu werden, daß Hans Denck und die meiſten ſeiner Anhänger von dieſen Eigenthümlichkeiten der Zeit vollkommen frei ſind. Denn in den zahlreichen täuferiſchen

---

1) Vom Geiſt der Wiedertäufer, Bl. G. II⁴.   2) A. O. Bl. H. 1..

Schriften, welche durch meine Hand gegangen sind, habe ich selbst dann niemals einen solchen Ton gefunden, wenn sie ausdrücklich polemischen Zwecken gewidmet waren.

Wir werden sehen, daß Denck (wie er selbst sagt) „von etlichen dermaßen versagt und verklagt worden ist, daß es auch einem sanften und demüthigen Herzen schwer möglich ist, sich im Zaum zu halten".

So schreibt z. B. Petrus Gynoräus, ein Mann, der eine Zeit lang bei den Reformatoren in hohem Ansehn stand, Denck sei ein „pestartiger und schlüpfriger Mensch", ein nichtsnutziges Subject, welches bald diese, bald jene Meinungen vortrage und „pestartige Glaubenssätze" sich zurecht mache.¹) Obwohl dieser selbe Gynoräus kurze Zeit darauf wegen entehrender Verbrechen von dem Magistrat zu Basel öffentlich mit Ruthen gezüchtigt und mit Schimpf und Schande aus der Stadt gejagt wurde und obgleich von unparteiischer Seite mit Recht hervorgehoben worden ist, daß jene Anklage gegen Denck nur den Zweck hatte, sich bei den Gegnern des Letzteren einzuschmeicheln, so ist dies Urtheil dennoch bis auf den heutigen Tag sehr häufig wiederholt worden.

Man hat mit Recht darauf aufmerksam gemacht, daß es nicht zu verwundern wäre, wenn man in Dencks Schriften den Wiederhall solcher Angriffe fände.²) Aber davon ist nichts weder in seinen noch in seiner Freunde Büchern zu finden.

---

1) Zwinglii Opera VII, 531.

2) In einer von der protestantischen Facultät zu Straßburg approbirten Dissertation sagt der Licentiat G. W. Röhrich (Essai sur la vie, les écrits et la doctrine de l'anabaptiste Jean Denk. Strassb. 1853, p. 28): „On pourrait croire peut-être, que ce caractère si vif de Denk le mène quelquefois trop loin, qu'il l'engage à répondre sur le même ton à la violence des attaques dirigées contre lui; on s'attend à voir ses livres remplis d'invectives et de récriminations contre le parti orthodoxe, qui persécutait l'infortuné jusqu'à la fin de ses jours. Mais il n'en est rien."

Vielmehr trägt er (wie einer seiner heutigen Gegner versichert) „seine Anschauungen mit soviel Bescheidenheit, milder Güte, Liebe und rücksichtsvoller Achtung für die Meinungen Anderer vor, daß man wähnen könnte, er befinde sich mit der ganzen Welt in Uebereinstimmung, und dennoch ist er weit davon entfernt, seine Ueberzeugungen zu verbergen; er verkündet sie im Gegentheil zwar ohne Ostentation, das ist wahr, aber auch ohne Heuchelei".[1]

Denck hat sich selbst über seine Grundsätze in dieser Richtung ausgesprochen. Er sagt: „Ich bin damit herzlich wohl zufrieden, daß alle Schande und Schmach, es sei mit Wahrheit oder mit Unwahrheit über mein Angesicht falle, allein daß Gott dadurch gelobt werde; denn er ist wahrlich Lobens und Liebens werth. Aber da ich anfing, ihn zu lieben, fiel ich in vieler Menschen Ungunst und zwar von Tag zu Tag je länger je mehr. Und wie ich nach dem Herrn habe geeifert, also haben auch die Menschen wider mich geeifert. — Ich will hier Niemanden weder beschuldigen noch entschuldigen, wie wohl ich dieses (mit Gottes Gnade) allewege lieber thun will als jenes."

Diesen Vorsatz hat Denck treulich gehalten; er hat niemals die Beschimpfungen, die man gegen ihn geschleudert hat, mit gleicher Münze zurückgezahlt.

Während diese Literatur indessen zugleich mit der Partei, der sie angehörte, vernichtet oder in Vergessenheit gerathen ist, beherrschen die Schriften Bullingers und Menius' noch bis zur Gegenwart in weiten Kreisen die öffentliche Meinung. Diese Erscheinung

---

1) G. W. Röhrich a. O.: „Il présente sa manière de voir avec tant de modestie, de douceur, de charité, de déférence pour les opinions d'autrui, qu'on le dirait d'accord avec tout le monde et cependant il est loin de cacher ses convictions; il les proclame au contraire sans ostentation, il est vrai, mais aussi sans hypocrisie."

würde ganz unerklärlich sein, wenn man nicht wüßte, daß die Schriften der beiden Männer nur der Wiederhall der Ansichten waren, welche von den Reformatoren selbst gehegt wurden. Luther hat sich durch die erwähnte Vorrede voll und ganz zu Menius bekannt und es steht fest, daß Menius gerade durch seine Polemik gegen die Täufer sich Luthers Gunst in besonderer Weise erworben hat. So lange Luther lebte, ist das Verhältniß der beiden Männer ein intimes gewesen. Wie sehr Luther bemüht war, sein abfälliges Urtheil über das Täuferthum unter das Volk zu bringen, sieht man auch daran, daß er nicht nur selbst zur Feder griff, sondern auch noch eine andere Schrift, die in demselben Geist wie Menius' Buch verfaßt war, mit einer Vorrede versah.[1]) Nicht weniger war Melanchthon gegen die neue Partei erbittert. Im Jahre 1531 sprach er sich öffentlich dahin aus, daß die Anhänger dieser „teuflischen Sekte" erbarmungslos zu vertilgen seien, und diesen Grundsatz hat er nachmals, als er selbst einige Täufer abzuurtheilen hatte, praktisch durchgeführt. Den Muth, mit welchem die Gegner der Wittenbergischen Kirche in den Tod gingen, erklärte er für eine schreckliche Verstockung vom Teufel. „So wenig ein Teufel frommer ist wie der andere", sagte er, „sondern all' zu Hauf wider Gottes Reich, also ist auch ein Wiedertäufer wie der andere."[2])

. Diese Anschauungen sind dann bei den nachfolgenden Generationen in ähnlicher Weise zu einer autoritativen Geltung gelangt, wie die übrigen Ansichten der Reformatoren, und so pflegen sie bis in die Gegenwart besonders in der theologischen Literatur als feststehende Thatsachen verkündet zu werden. Man könnte hierüber hinweggehen, wenn es nicht gerade sehr bekannte

---

1) Der ehemalige Franciscaner Joh. Kymeus schrieb im Jahre 1537 ein Buch: „Ein alt christlich Concilium" u. s. w., welches sich gegen die „hochgenannte Heiligkeit der Mönche und Wiedertäufer" richtete.

2) Diese Aeußerung berichtet K. Hase, Neue Propheten, Heft 3, S. 38.

Männer wären, welche noch heute die Anschauungen Luthers in dieser Richtung als maßgebende Ansichten hinstellten.

So findet der Professor K. R. Hagenbach[1]) in Uebereinstimmung mit Bullinger und Menius die Härte, welche um das Jahr 1528 gegen das „Krebsübel" angewendet wurde, begreiflich; man solle sich nur an das unordentliche Wesen erinnern, meint er, das in jener Zeit von den Wiedertäufern ausgegangen, an ihre Widersetzlichkeit gegen alle Obrigkeit, an die schwärmerischen Tollheiten, womit sie die Religion in den Augen aller Vernünftigen verächtlich machten, an die sittlichen Greuel u. s. w.

Der bekannte Lutheraner Julius Köstlin, Professor in Halle, erzählt in Uebereinstimmung mit alten Erfindungen, daß sich die Wiedertäufer „überhaupt auf lutherischen Gebieten nicht festzusetzen vermochten".[2]) Sein Gesammturtheil faßt derselbe Autor in folgende Worte zusammen: „Die Wiedertäufer wollten ein gewaltsames Ausrotten aller Greuel nicht bloß, sondern auch aller der gottlosen Menschen, und stellten hiebei das Thun alttestamentlicher Eiferer und Kriegshelden als Vorbild auf."[3]) Weitere charakteristische Momente sind von ihm in seinen mannigfachen Schriften über die Reformationszeit, soviel ich habe feststellen können, nicht beigebracht worden, obwohl er an verschiedenen Stellen auf die täuferische Bewegung Rücksicht zu nehmen genöthigt ist.

Solchen Behauptungen gegenüber enthalten die Auseinandersetzungen, welche Albrecht Ritschl kürzlich über die Wiedertäufer veröffentlicht hat,[4]) allerdings einen Fortschritt. Ohne uns hier auf eine eingehende Erörterung einzelner von Ritschl angeregter Hypothesen einlassen zu können, müssen wir das Gesammt-

---

1) K. R. Hagenbach, Joh. Oecolampad S. 109.
2) Köstlin, Luthers Leben II, 151.
3) Luthers Theologie in ihrem geschichtlichen Zusammenhang, Bd. II, S. 68.
4) Geschichte des Pietismus I, 23 ff.

urtheil, welches als Ausdruck der gegenwärtig in weiten Kreisen geltenden Ansichten zu betrachten ist, kurz skizziren. Ritschl räumt ein, daß die meisten Anabaptisten erst Anhänger Luthers gewesen sind. „Hatte sich", sagt er, „die ascetisch gesinnte Masse der städtischen Handwerker zuerst durch das Schlagwort der Reform aus Gottes Wort auf die Seite Luthers und Zwinglis ziehen lassen, so haben sie alsbald sich von demselben abgewendet und den Weg der Wiedertäuferei eingeschlagen, als sie ihr ascetisches Ideal bei jenen Reformatoren nicht wiederfanden." Es mag dahin gestellt bleiben, ob der Hang zur Askese in den damaligen Handwerkerkreisen wirklich so stark war, daß er diesen Umschwung erklärt, jedenfalls aber ist es wichtig, daß Ritschl den Abfall der Masse der Handwerker constatirt. Auch darin geben wir Ritschl vollkommen Recht, daß er behauptet (wie oben bemerkt), daß die Entscheidung zu Ungunsten der Wiedertäufer durch die Gewalt der Obrigkeiten herbeigeführt worden ist, und es ist ferner erfreulich, das Zugeständniß zu finden, daß die angebliche Widersetzlichkeit gegen alle Obrigkeit kein allgemeines Kennzeichen ist; Ritschl sagt der Wahrheit gemäß, daß nach der Täufer Ansicht „die Christen sich keiner Gewalt widersetzen und sich allein auf das Leiden gefaßt machen".

Er macht es sich zur besonderen Aufgabe, die Unterschiede, ja den Gegensatz zwischen der Reformation Luthers und Zwinglis einerseits und der des Täuferthums andererseits nachzuweisen, und ich glaube, daß ihm dies vollständig gelungen ist. Auch darin hat er ganz Recht, daß die Täufer in einigen Punkten der katholischen Lehre näher stehen als der lutherischen. Denn der Satz, daß die Religion zur Competenz der Obrigkeit gehöre, welchen Luther und Zwingli seit dem Jahre 1525 verfochten haben, wird von den Täufern ebenso stark bestritten wie von den Katholiken.[1]

---

1) Schon Bullinger (Wider die Wiedertäufer, Zürich 1560, S. 164) machte den Täufern diese papistische Lehre zum Vorwurf.

Aehnlich ist es mit der Lehre vom unfreien Willen, die Luther bekanntlich als den Grundpfeiler seines Systems hinstellt, während Täufer und Katholiken behaupten, der Mensch habe einen freien Willen.

Es ist seit dem Erscheinen von Bullingers Buch ein alter Brauch der Polemik, die Täufer in den Augen der Lutheraner dadurch anzuklagen, daß man ihre Verwandtschaft mit einer tiefverhaßten Partei hervorgehoben hat. Ritschl hat dies natürlich nicht beabsichtigt, aber im Uebrigen stützt er sich doch nach seiner eigenen Angabe in vielen Punkten auf Bullinger und wiederholt in Folge davon eine Reihe von Bemerkungen, die Ritschl nicht gemacht haben würde, wenn er sich die Mühe genommen hätte, die Literatur des Täuferthums selbst neben der lutherischen und zwinglischen zu Rathe zu ziehen. Ritschl hebt nach Bullinger die verschiedenen Richtungen hervor, welche unter den Täufern vorhanden waren. Aber wer die Charakteristik liest, erhält den Eindruck, daß diese „wunderlichen Heiligen" doch eigentlich nur insofern verschieden waren, als die einen thöricht, die anderen verbrecherisch gewesen sind. Daß neben den wahnwitzigen und unsittlichen Handlungen, von welchen Beispiele aufgezählt werden, auch edle Charaktere und Thaten vorkommen, davon weiß Ritschl in Uebereinstimmung mit Bullinger weder ein Beispiel noch ein einziges Wort zu berichten.

Sein Gesammturtheil faßt Ritschl in folgendem Satze zusammen. „Wer kann", sagt er, „bei einem günstigen Urtheil über die Wiedertäuferei stehen bleiben, welche die Besserung des christlichen Lebens auf die Weltflucht und die Verachtung der Staatsordnung stützt, welche Gütergemeinschaft und den Schnitt der Kleidung vorschreibt, welche Heiterkeit und Fröhlichkeit verbietet und welche durch die eingebildete Sündlosigkeit hindurch den Weg zur grundsätzlichen Freiheit des Fleisches weist." Nun, ich wage es, zu behaupten, daß diese allgemeinen Sätze

den wahren Sachverhalt gänzlich entstellen und daß der hervor-
ragendste und einflußreichste Führer des älteren Täuferthums
weder die Weltflucht noch die Verachtung der Staatsordnung,
weder die Gemeinschaft der Güter noch den Schnitt der Kleidung
vorgeschrieben oder gefordert und daß er, anstatt den Weg zur Freiheit des Fleisches zu weisen, ein Vorbild der glänzendsten Tugenden
aufgestellt hat.

Der Beweis hierfür soll in den nachfolgenden Erörterungen
gegeben werden.

Zweites Capitel.

Dencks Verbannung aus Nürnberg.

Dencks Herkunft und Geburt. — Studium in Basel. — Früheste Beziehungen und Anregungen. — Uebersiedelung nach Nürnberg. — Andreas Osiander. — Urtheile von Lutheranern über die Verwilderung in den lutherischen Städten. — Differenzen über die Rechtfertigungslehre. — Dencks Ausweisung.

Unzulänglich und lückenhaft sind die Nachrichten, welche uns über Heimath, Geburtszeit, Herkommen und Vorbildung Dencks erhalten sind. Es ist nicht schwer, nach den schwankenden Quellenangaben allerlei Vermuthungen in dieser Richtung aufzustellen, doch wäre ein Gewinn kaum daraus zu erwarten. Wir wollen uns begnügen zu erwähnen, daß einer der Zeitgenossen Denck einen Baiern nennt[1] und daß ein anderer ums Jahr 1527 ihn als „Jüngling" bezeichnet.[2] Man darf daraus mit Sicherheit schließen, daß er um das Ende des 15. Jahrhunderts geboren ist.

Die ersten verläßlichen und bestimmten Nachrichten über ihn stammen aus der Zeit, wo er in Basel studirte. Er erhielt den Grad eines Magister liberalium artium und erwarb sich eine ausgezeichnete Kenntniß des Lateinischen, Griechischen und Hebräischen.

Die Universität Basel gehörte in jener Zeit zu den hervorragendsten geistigen Mittelpunkten Deutschlands. Dencks Studien fallen in die Zeit, wo Desiderius Erasmus von Basel aus seinen mächtigen Einfluß auf das deutsche Geistesleben ausübte.

---

1) Joh. Keßler in seiner Chronik, hrsg. von Götzinger I, 260.
2) Joachim Vadian, s. Zwinglii Opera VII, 531, Anm. 2.

Der Kreis, welchen Erasmus bei seiner zweiten Anwesenheit in Basel (vom Jahre 1516 ab) um sich sammelte, war ein zahlreicher und glänzender und nach einer Andeutung, die uns erhalten ist, ist es wahrscheinlich, daß unter den jungen Studirenden, mit welchen Erasmus Umgang pflegte, auch Johannes Denck sich befunden hat.¹) Doch muß hervorgehoben werden, daß Denck späterhin nicht den Weg gegangen ist, den die meisten jungen Männer jenes Kreises einschlugen, sondern seinen eigenen Pfad gesucht und gefunden hat. Es ist nicht unmöglich, daß die religiöse Richtung anderer damals in Basel anwesenden Männer noch mehr Sympathien bei Denck erweckt hat. Namentlich erinnert die tiefe und innige Religiosität, welche Dr. Ludwig Ber in seinen Schriften niedergelegt hat, auffallend an den Grundzug des Denck'schen Wesens.

Nach Beendigung seiner akademischen Lehrjahre übernahm Denck eine Stelle als Corrector in der Buchdruckerei des Cratander und späterhin des Curio. Basel war damals der Mittelpunkt des deutschen Buchhandels und seine Verlagsbuchhändler waren Männer von Unternehmungsgeist und wissenschaftlicher Bildung. Die Buchhändler Johannes Amerbach, Johannes Froben u. A. werden stets in der Geschichte der deutschen Geistesbildung mit Achtung genannt werden.

Für Denck bot sich hierdurch Gelegenheit, seine Bildung und seine Kenntnisse an der Hochschule fortdauernd zu vervollständigen. Wie eifrig er dieselbe benutzte, geht aus der Thatsache hervor, daß er im Sommersemester 1523, wo Joh. Oecolampad seine Vorlesungen über den Propheten Jesajas begann, sich als Zuhörer bei denselben einstellte.²)

---

1) Siehe den Brief Oecolampads an Pirkheimer vom 25. April 1525 bei Herzog, Leben Oecolampads II, 273.

2) Herzog a. O. II, 272. — Bei Maittaire, Annales typographici, Hagae-Comitum 1722. II, 642, finde ich die Angabe, daß Denck im Jahre 1523 auf

Die gemeinsamen Bestrebungen der beiden Männer auf dem Gebiet der hebräischen Sprache scheinen den Anlaß zu einer persönlichen Annäherung gegeben zu haben.

Denck erzählt uns, daß Oecolampad ihn freundschaftlich aufgenommen habe. Oecolampad, dem nachmals diese Beziehung zu dem „Wiedertäufer" Vorwürfe eintrug, bestreitet dies zwar nicht, allein er behauptet, daß Denck weder durch die gehörten Vorlesungen noch durch den privaten Verkehr in seinen religiösen Ansichten von ihm beeinflußt worden sei. Diese Angabe entspricht der Wahrheit durchaus. Denn Denck erklärt späterhin selbst, er habe den Oecolampad deshalb nicht wieder aufgesucht, weil er die Differenz der Anschauungen gefühlt habe.[1])

Die ersten und wichtigsten Anregungen hat Dencks Geist nicht aus den Lehren oder den Schriften eines der damals bekannten Reformatoren geschöpft, sondern die Quellen und der Ausgangspunkt seiner Geistesrichtung liegen in der tiefsinnigen und praktischkräftigen Lehre, welche in den Schriften des Johannes Tauler und seiner Gesinnungsgenossen niedergelegt ist. Der theologische Sprachgebrauch hat für die Richtung, deren bekanntere Vertreter außer Tauler die Verfasser der „deutschen Theologie" und der „Nachfolge Christi" sind, den Namen „Mystik" eingeführt und bezeichnet damit im Gegensatz zum heutigen Sprachgebrauch nicht etwa eine geheimnißvolle, phantastische Lehre, sondern diejenige religiöse Denkweise, welche Gott nicht nur durch die Offenbarung der heiligen Schrift und durch die Vernunfterkenntniß, sondern auch mit dem Gemüth d. h. von der praktischen Seite erfassen und verstehen will. Da sie von diesem Erkenntniß-

den Titel einer griechischen und lateinischen Grammatik einige griechische Verse habe drucken lassen. Es würde dies die erste Spur einer Art von literarischer Thätigkeit sein, die wir von ihm besitzen.

1) S. den Brief Dencks an Oecolampad in Epistolarum D. Joh. Oecolampadii et Huld. Zwinglii et aliorum libri IV, Basileae 1591, p. 914.

grunb aus zu anderen Resultaten über das Verhältniß zwischen Gott und den Menschen kam als die ihr gegenüberstehende „Scholastik", so nahmen die Anhänger der Mystik in der Kirche, aus welcher sie übrigens keineswegs austraten, eine besondere Stellung ein.

Diese Lehre der deutschen Mystiker wurde zu Dencks Zeiten an vielen Hochschulen mit Vorliebe erörtert und vorgetragen. In Freiburg, welches mit dem benachbarten Basel in der genauesten Beziehung stand, wies der Professor Matth. Zell seine Schüler auf Geiler von Kaisersberg hin, Joh. Breisgauer machte auf Joh. Tauler aufmerksam.[1]) Die Folge davon war, daß die Schriften dieser Männer damals in zahlreichen Ausgaben von Neuem gedruckt und aufgelegt wurden. Im Jahre 1510 wurden die Predigten Geilers zu Freiburg neu herausgegeben und Joh. Taulers († 1361) Werke erlebten sogar rasch hintereinander eine Reihe von Editionen und Uebersetzungen. Nachdem 1498 zu Leipzig und 1508 zu Augsburg ein Abdruck erschienen war, ließ im Jahre 1521 zu Basel Joh. Rynmann einen solchen veranstalten. Dieser war so rasch vergriffen, daß schon ein Jahr darauf (1522) ebenfalls zu Basel ein Neudruck besorgt werden mußte.[2]) Auch das folgende Jahr (1523) erlebte eine Ausgabe und zwar eine niederdeutsche Uebersetzung.[3])

Es ist nachgewiesen, daß viele der Männer, welche späterhin aus der alten Kirche austraten, eine besondere Vorliebe für die Schriften der Mystiker besessen haben und durch dieselben in ihren religiösen Anschauungen beeinflußt worden sind. So wissen wir z. B. von Thomas Münzer, daß er die Taulerschen Predigten überaus hoch hielt[4]) und die Augsburger Ausgabe vom Jahre 1508

1) S. Jahrbücher für deutsche Theologie, 1856, S. 218.
2) S. Graesse, Trésor des libres rares et précieux.
3) C. Schmidt, Joh. Tauler, S. 70.
4) Seidemann, Thomas Münzer S. 55.

auf seinen Wanderungen mit sich führte. Etwas Aehnliches läßt sich von Luther sagen. Die „deutsche Theologie" hat auf Luther, der im Jahre 1516 den ersten Druck derselben besorgte, einen großen Eindruck gemacht; aber wie sehr sind dennoch Luther wie Münzer von den Anschauungen der Mystik später zurückgekommen.

Man erkennt hieraus, daß verwandte Ideen, selbst wenn sie für Mehrere den gleichen Ausgangspunkt bilden, dennoch die verschiedenen Geister leicht zu den verschiedensten Resultaten führen, und obwohl Hans Denck ebenfalls unter dem Eindruck mystischer Lehren gestanden hat, so ist doch die Entwicklung, welche er von da aus genommen, seinem Geiste durchaus eigenthümlich. Wenn man Denck als irgend Jemandes Schüler bezeichnen will, so ist es freilich richtiger, zu sagen, daß er bei Tauler als daß er bei Oecolampad oder Erasmus in die Schule gegangen sei.

Wie dem aber auch sein mag, so steht doch soviel fest, daß die Beziehung zu Oecolampad für Denck die Folge hatte, daß der Magistrat zu Nürnberg auf des Ersteren Vorschlag im Herbst 1523 sich entschloß, dem Denck das Rectorat an der S. Sebaldusschule zu Nürnberg anzubieten, und daß Denck dieser Berufung Folge leistete und von Basel nach Nürnberg übersiedelte.

———

Reich und mächtig, herrschend über ein städtisches Gebiet von dem Umfange eines Fürstenthums, war Nürnberg damals der Mittelpunkt des geistigen Lebens für alle umliegenden Städte und Herrschaften. Im Jahre 1522 war die lutherische Bewegung daselbst durchgedrungen und als Führer derselben galt Andreas Osianber, der in Folge seiner hohen Begabung mit 24 Jahren der erste und einflußreichste Prediger der neuen Lehre geworden war.

So sehr Osianders mannigfache Talente und Vorzüge von den Zeitgenossen anerkannt werden, so wenig wird seiner Partei im

Allgemeinen ein Lob zu Theil. Gerade die besten Männer der
Stadt, die selbst durchaus nicht katholisch waren, stellen die damaligen Anhänger der neuen Lehre in einem sehr ungünstigen Lichte
dar. Es hieße der Wahrheit Eintrag thun, wenn man diese
Thatsache nicht berücksichtigen wollte.

Hans Sachs¹) redet im Jahre 1524 diejenigen, die sich lutherisch nennen, also an: „Es ist nur viel Geschrei und wenig Wolle
um euch; habt ihr die Liebe des Nächsten nicht von Nöthen, so
erkennt man euch nicht für Jünger Christi. Wenn ihr evangelisch wäret wie ihr rumort, so thätet ihr die Werke des
Evangeliums. — Dann führtet ihr einen gottseligen Wandel wie
die Apostel.“ „Die Wahrheit“, sagt H. Sachs weiter, „muß
allemal verfolgt werden von den Gottlosen.“ Unser Prediger, läßt
er einen seiner lutherischen Mitbürger sagen, lehrt uns, „man
dürfe nimmer beten, den Heiligen dienen, fasten, beichten, wallen,
Messe hören, Vigilien, Seelenmessen, Jahrtage stiften, Ablaß lösen
und sei kein gut Werk zur Seligkeit nutz“. Aehnliche
Aeußerungen ließen sich von Willibald Pirkheimer, der von sich
sagt, daß er anfänglich gut lutherisch gewesen sei, beibringen; ja,
einige Jahre später (1530) hat sich der damalige evangelische
Pfarrer an der S. Sebaldus-Kirche, wo Denck Rector war, über
die sittlichen Zustände seiner Gemeinde dahin ausgesprochen, daß
die neue Lehre keine Besserung, „sondern mehr eine fleischliche
Freiheit“ herbeigeführt habe.

Es ist für unseren Zweck ohne Bedeutung, ob die Behauptung richtig ist, daß an solchen Zuständen die lutherische Lehre
und die lutherischen Prediger schuld gewesen seien oder nicht.

---

1) „Ein gespręch eynes Evangelischen Christen mit einem Lutherischen,
darin der Ergerlich wandel etlicher, die sych lutherisch nennen, angezeygt und
bruderlich gestraft wird.“ Hans Sachss. 1524. Orig.-Ausgabe in der Bibl.-
Paulina zu Münster.

Keller, Hans Denck. 3

Es wird dies natürlich von der einen Seite stets bejaht, von der
anderen stets verneint werden. Beachtung verdient es indessen
immerhin, daß auch von streng lutherischer Seite in neuerer Zeit
ein gewisser ursächlicher Zusammenhang zugegeben wird. So sagt
der lutherische Consistorialrath Uhlhorn, der gewiß ein unverdäch-
tiger Zeuge ist, in Bezug auf die sittliche Verwilderung, welche
sich in den meisten lutherischen Gegenden damals zeigte, wörtlich:
die Thatsache, „daß manche Prediger es bequemer fanden, auf
der Kanzel laut und oft in fleischlichem Eifer auf die Papisten
zu schelten, statt in der Stille die Gemeinden zu bauen, noch viel
mehr Gemeindemitglieder aber sich schon darum für gut evangelisch
hielten, daß sie brav Pfaffen und Mönche höhnten, mit christlicher Freiheit renommirten, am Freitag Fleisch aßen, als thäten
sie ein gutes Werk damit, alle Zucht verachteten — das
sollte doch Niemand wegzuläugnen suchen."[1]

Gerade unter Hinweis auf diese Thatsache sucht Uhlhorn das
Entstehen und die Ausbreitung von Lehren zu erklären, welche
sich zu der lutherischen in Gegensatz stellten, und allerdings ist es
für die geistige Entwicklung, welche Denck genommen hat, von der
größten Bedeutung geworden, daß er in seinem neuen Wirkungs-
kreise religiöse und sittliche Zustände vorfand, welche sein reines
und edles Gemüth in besonderem Grade abstießen. Seine Schriften
liefern den Beweis, daß er diese Verhältnisse als Folgen der
lutherischen Lehrmeinungen und Anschauungen ansah, wie sie
damals zu Nürnberg im Schwange waren.

Denck war von Oecolampad nach Nürnberg empfohlen worden,
weil er ebenso wie die Nürnberger in Opposition gegen die alte
Kirche stand und nach einer Erneuerung des religiösen Lebens
strebte, welche die vielfachen, von allen Seiten anerkannten
Schäden der damaligen kirchlichen Zustände beseitigen sollte. Fast

---

1) Uhlhorn, Urbanus Rhegius, S. 127.

ganz Deutschland und gerade die besten Männer hofften im
Beginn von Luthers Thätigkeit, daß das gewünschte Ziel durch
ihn erreicht werden könne, und jubelten jeder Nachricht zu, welche
den Sieg der Parteigenossen in irgend einer Stadt oder einem
Lande meldete. Unter diesen Eindrücken stellte sich auch Denck
unbedenklich in den Dienst der lutherischen Sache und übernahm
die Leitung einer der ersten evangelischen Schulen Nürnbergs,
mithin eine Stellung, die ihm Gelegenheit gab, dem Fortgang
des Evangeliums wesentliche Dienste zu leisten.

Er war, als er nach Nürnberg kam, ein junger Mensch von
vielleicht fünfundzwanzig Jahren. Es lag in der Natur der Sache,
daß seine geistige Entwicklung, wenn sie auch bereits eine bestimmte
Richtung angenommen hatte, noch nicht abgeschlossen war und daß
er für die Eindrücke, die seinem lebhaften Gemüth in der großen
Reichsstadt sich darboten, eine besondere Empfänglichkeit besaß. Wir
haben es oben bereits als den Grundzug seines Wesens bezeichnet,
daß er den Schwerpunkt der Religion in der Bethätigung eines
sittlichen und reinen Wandels suchte. Gerade diese erste und
höchste Forderung erfüllte die neue Gemeinschaft, wie er sie in
Nürnberg kennen lernte, durchaus nicht und so sah er sich zum
Nachdenken über die Ursachen veranlaßt, welche diese Wirkungen
herbeigeführt haben möchten.

Aus seinen Schriften erhellt, daß er in der lutherischen Lehre,
welche alle guten Werke ohne Unterschied als unnütz zur Erlangung der Seligkeit hinstellte, einen falschen Grundsatz und eine
der Ursachen des Verderbens erblickte. Er spricht sich späterhin
oft und deutlich hierüber aus. Daß er aber auch schon damals
die gleiche Ansicht hegte, geht aus dem Umstand hervor, daß
gerade diese Abweichung von Luther es war, welche ihm von seinen
damaligen Gegnern zum besonderen Vorwurf gemacht wurde.

Andreas Osiander, der nach dem Urtheil strenger Lutheraner
„an Gelehrsamkeit und Geist unter den Reformatoren in den vor-

bersten Reihen steht",[1]) ist in späteren Jahren von seiner Ansicht
über die Rechtfertigung zurückgekommen und hat im Gegensatz zu
Luther eine Lehrmeinung aufgestellt, welche fast ganz mit der Auffassung Dencks übereinstimmt, und es ist merkwürdig, daß er
späterhin die Meinung Luthers mit denselben Gründen bekämpft,
welche Denck schon damals anführt. Im Jahre 1551, als Osiander
in Königsberg die berühmt gewordenen Kämpfe um die Rechtfertigungslehre hervorrief[2]), schrieb er ein kleines Buch „Vom einigen
Mittler Christus", in welchem er seine neue Anschauung begründete und die Mängel und Nachtheile seiner früheren aus-
einandersetzte. Darin sagt er, die Erfahrung habe es bewiesen,
daß durch die Wittenbergische Vorstellung von der Rechtfertigung
ohne Rücksicht auf den inneren Zustand des Menschen dieselben
„sicher und ruchlos" gemacht würden. Der gemeine Haufen,
sagt er, will durch eine Lehre, die strenge sittliche Anforderungen
stellt, sich nicht gern Schranken in seinen sinnlichen Neigungen
auferlegen lassen. „Aber damit man sie dennoch für Christen
halte, sehen sie gerne, daß man eine solche Lehre predige, unter
der sie sich auch für gute Christen mögen dargeben und verkaufen,
und hören deshalben gerne, wenn die Heuchler predigen, unsere
Gerechtigkeit sei nichts Anderes, denn daß uns Gott für gerecht
halte, ob wir gleich böse Buben seien, und daß unsere Gerechtigkeit
außerhalb unser und nicht in uns sei, denn bei dieser Lehre
können sie auch wohl für heilige Leute gehalten werden." Wehe
den Männern, fährt Osiander fort, welche anders predigen und
sagen, daß die Menschen bei schlechtem Wandel nicht für fromm
gehalten werden können, denn die gemeinen Leute „zürnen, lügen,
lästern, toben und wüthen, wie man sieht, hört und erfährt, und
wollten gern alle solche Prediger verjagen oder auch erwürgen und
wenn sie das nicht können, stärken sie doch ihre Heuchler mit

1) Dorner, Geschichte der protestantischen Theologie, S. 346.
2) Näheres darüber bei Dorner, a. O. S. 345 ff.

Loben, Trösten, Schenken und Schützen, daß sie nur getrost sollen
schreien und der Wahrheit nicht Raum geben, wie hell sie auch
an den Tag kommt, und sind also die falschen Heiligen und heuch-
lerischen Prediger einer wie der andere, qualis populus, talis
sacerdos".[1]

Diese Meinung über die Wittenbergische Rechtfertigungslehre
hatte Denck, wie gesagt, schon im Jahre 1524, nur war Osianber
damals anderer Ansicht und hielt es für seine Pflicht, diesen (wie
er sagte) „allergreulichsten Irrthum" Dencks neben sich
in Nürnberg nicht zu dulden.

Der Streit der beiden Männer nahm seinen Ausgang von
einem Wortwechsel über die Abendmahlslehre.

„Ich bin bei anderthalb Jahr zu Nürnberg Schulmeister gewesen, erzählt Denck[2], und hintennach mit Osianber, daselbst
Prediger, etlicher Wort halben vom Sacrament zwiespännig
worden."

Es war ja natürlich, daß in einer Zeit, wo die religiösen
Fragen alle Gemüther aufs tiefste bewegten, derartige Erörterungen
gelegentlich zwischen Osianber und Denck vorfallen mußten. Der
Letztere hatte, obwohl er dem in Nürnberg allmächtigen Osianber
als armer Schullehrer mit durchaus ungleichen Kampfmitteln
gegenüberstand, den sittlichen Muth, seine Ueberzeugung frei und
rückhaltlos zu bekennen. Man mag diese That nicht unterschätzen. Schon im Laufe des Jahres 1524 hatte der Magistrat
zu Nürnberg auf Osianbers Veranlassung den weltlichen Arm
gegen solche Männer in Anwendung gebracht, welche es gewagt
hatten, von der herrschenden lutherischen Partei sich abzusondern,

---

1) Die Folge dieser Anschauung war, daß er von den damaligen Vertretern des Lutherthums persönlich auf das heftigste verfolgt wurde. Einer
seiner Anhänger, Funke, ward deswegen von seiner lutherischen Obrigkeit hingerichtet. Gegenwärtig wird von protestantischer Seite eingeräumt, daß man
Osianber vielfach mißverstanden habe.

2) Schreiben an den Magistrat zu Augsburg (1526), s. den Anhang.

und Denck, welcher Osianders heftigen Charakter, der durchaus
keinen Widerspruch ertragen konnte[1]), zu kennen Gelegenheit
hatte, mußte über die Folgen seiner Haltung sich klar sein.

Wir kennen den weiteren Verlauf der Differenz nicht. Jedenfalls aber wissen wir, daß Osiander den Denck bei seiner Obrigkeit benuncirte und diese dem Letzteren eine Vorladung zukommen
ließ, damit er sich rechtfertige. Etwa im December 1524 erschien
Denck hier wirklich und fand in der Magistrats-Sitzung seine
lutherischen Gegner, besonders Osiander, anwesend.

Es kam zwischen beiden Männern zu einer Disputation, bei
welcher Denck „sich dermaßen geschickt zeigte, daß mündlich mit
ihm zu handeln für unnützlich ist angesehen worden"[2]); man
beschloß, daß Denck ein schriftliches Bekenntniß übergeben solle,
und zwar legte man ihm sieben Artikel vor, die er zu beant-
worten habe. Dieselben betrafen die h. Schrift, die Sünde, die
Gerechtigkeit Gottes, das Gesetz, das Evangelium, die Taufe und
das Abendmahl. Osiander erklärte sich bereit, eine schriftliche
Widerlegung dem Denck zugehen zu lassen.[3])

Zu Anfang Januar 1525 übergab Denck dem Rath sein
Bekenntniß, welches wir unten noch näher kennen lernen werden,
und dasselbe wurde alsbald den Predigern ausgehändigt. Gleichzeitig gab Denck eine Abschrift seinen Freunden und trat damit
zuerst, wenn auch zunächst in der bescheidensten Form, aus seiner
bisherigen Zurückhaltung in den religiösen Fragen heraus.

Die Prediger zu Nürnberg, welche in Gemeinschaft mit Osiander

---

1) Vgl. darüber den Ausspruch seines Freundes Melanchthon Corp. Ref. III,
546 und Heberle in den Theol. Studien und Kritiken, 1851, S. 128. — Deco-
lampadius schreibt am 15. October 1527 an Zwingli: „Osiandri impudentiam
detestantur plerique omnes" (Zwinglii Opera VIII, 103).

2) Dies sind die Worte nicht etwa eines Freundes von Denck, sondern
seiner Gegner bei der Disputation, welche sie in der schriftlichen Widerlegung
von Dencks nachmals überreichtem Bekenntniß gebrauchen.

3) Nach den Akten im Kreis-Archiv zu Nürnberg.

die Widerlegung des Bekenntnisses aufsetzten — dieselbe ist noch
erhalten und trägt das Datum des 11. Januar 1525 —
hielten es für angezeigt, das Versprechen, welches Osiander wegen
Aushändigung des Aktenstücks an Denck gegeben hatte, nicht zu
erfüllen, sondern erklärten, sie glaubten nicht, daß bei Denck die
Unterweisung etwas fruchten werde, und sie wollten deshalb nicht
ihm, sondern dem Rathe antworten. „Sonst würde es (nämlich
die Widerlegung) mehr Worte und Zeit bedurft haben." Wenn
freilich der Stadtmagistrat beschließe, daß die Prediger weiter mit
Denck handeln sollten, so seien sie bereit. „Hilft es — im Namen
Gottes, hilft es nicht, so wird alsdann Euern E. W. von Amts
und göttlicher Ordnung wegen gebühren, Einsehn zu thun."

Der Rath wählte das letztere und am 21. Januar 1525
ward beschlossen, daß der Magister Johann Denck noch vor Nachts
sich aus dieser Stadt zu begeben und sie auf 10 Meilen Wegs
zu meiden habe. Wenn er sich hierzu nicht eidlich verpflichte, so
solle man ihn in die Gefangenschaft abführen. Als Grund für
diese Maßregel ward angeführt, daß Denck etliche unchristliche
Irrthümer eingeführt, dieselben ausgebreitet und zu vertheidigen
gewagt habe; auch habe er keine Unterweisung annehmen wollen
und seine Antwort auf die ihm vorgelegten Artikel so „verzwickt
und verschlagen" gestellt, daß man daraus entnehmen könne, es
werde fernerer Unterricht keine Frucht schaffen.

Dieser Befehl wurde von Denck, wie das Protokoll meldet,[1]
ohne Widerrede, doch mit „großem Erschrecken" vernommen und
der verlangte Eid von ihm geleistet. Am Morgen des 22. Januar hatte Denck die Stadt Nürnberg im Rücken und damit
seiner Lebensstellung, seinem Wirkungskreis und seiner Familie
Lebewohl gesagt. Verstoßen und verbannt irrte er von nun an

---

1) Dasselbe ist abgedruckt bei Hagen, Geist der Reformation II, 108, Anm. 3.
— Vgl. auch den Anhang.

im deutschen Land umher und niemals ist es ihm später gelungen, einen dauernden Wirkungskreis und ein gesichertes Asyl wieder zu gewinnen. Er hat das unstäte Leben, wie er uns selbst erzählt, als ein schweres Unglück empfunden. Es wäre für einen Mann von seiner Begabung ein Leichtes gewesen, zu angesehener Lebensstellung zu gelangen, wenn er sich entschlossen hätte, sein Talent in den Dienst einer herrschenden Partei zu stellen und sich für die Zwecke der Mächtigen brauchen zu lassen. Aber Entbehrung und Noth, Drangsale und Gefahren schienen ihm erträglicher als die Verläugnung seiner Ueberzeugung, und die Wahrhaftigkeit seines reinen Gemüthes hat ihn niemals verlassen. In den Kümmernissen von Hunger und Elend, im Verkehr mit Menschen, die tief unter ihm standen, in düstern Herbergen und Spelunken, die ihm als Schlupfwinkel dienten, hat er sein ferneres Dasein hingebracht; aber niemals hat er die Ideale aufgegeben, die ihm vorschwebten, niemals aufgehört, für das Evangelium der Nächstenliebe und ein mildes und reines Christenthum mit Wort und That zu kämpfen.

Eine Fluth von Anklagen folgte dem Vertriebenen auf den Fersen. Wiewohl in dem amtlichen Aktenstück, welches die lutherischen Prediger als Widerlegungsschrift gegen Dencks Bekenntniß dem Nürnberger Rath einreichten, das aber niemals der Oeffentlichkeit übergeben worden ist, ausdrücklich hervorgehoben wird, daß Denck es zwar „recht meine" und daß „seine Worte von ihm in solcher Meinung und christlichem Verstand geschrieben wären, daß man seinen Sinn und Meinung mochte gedulden", wenn nicht die Rücksicht auf die Einheit der lutherischen Kirche es anders verlangte, so verbreiteten sich doch bald nach außen hin allerlei Gerüchte, welche Denck als einen ganz verderblichen und gefährlichen Menschen hinstellten, und besonders hieß es, Denck habe in Uebereinstimmung mit Thomas Münzer gelehrt, daß man der Obrigkeit keinen Gehorsam schuldig sei. Einige ver-

breiteten das Gerücht, Dencks angebliche Geringschätzung der h.
Schrift sei die Ursache seiner Ausweisung gewesen — eine Behauptung, die sich bis auf den heutigen Tag erhalten hat[1]) —,
Andere wußten die falsche Angabe zu erzählen (und neuere Autoren erzählen es nach), daß Denck die göttliche Natur in Christo
geläugnet habe, und noch Andere behaupteten sogar, Denck habe
„die gefährlichen Sätze über die geistlichen Ehen verbreitet, denen
gemäß kein Wiedertäufer sich mit einem anderen verehelichen dürfe,
der nicht seines Glaubens sei". Obwohl für diese Behauptung
niemals irgend ein Beweis hat beigebracht werden können, so
finde ich dieselbe gerade in solchen neueren Schriften, welche von
theologischer Seite über Denck veröffentlicht worden sind, mit
Nachdruck hervorgehoben.[2]) Ein bekannter Geistlicher behauptet
sogar ohne Quellenangabe, daß Denck lehre, „ein Ehegatte dürfe
seinen ungläubigen Gatten verlassen, ohne Ehebruch zu begehen"
oder mit anderen Worten, daß Denck den Ehebruch als erlaubt
bezeichnet habe.

Gegen derartige unbewiesene und unbeweisbare Verdächtigungen mag nur Folgendes erinnert werden. Es ist nicht nur
unwahr, daß Denck den Gehorsam gegen die Obrigkeit zu beein-
trächtigen suchte, sondern es läßt sich sogar erweisen, daß er Diejenigen, welche solche Anschauungen hegten, mit Erfolg von denselben zurückzubringen bemüht war. Hans Hut war nach seinem
eigenen Bekenntniß anfänglich ein eifriger Anhänger Münzerischer
Lehren gewesen. Er hatte zu Nürnberg Denck kennen gelernt
und ihn dort wiederholt besucht.[3]) Diese Bekanntschaft führte
schließlich dahin, daß Hut unter Dencks Einfluß die Lehren

---

1) Dieselbe wird wiederholt von Heberle, Studien und Kritiken, 1851,
S. 129 und von Roth, Augsburgs Reformationsgeschichte, S. 165 ff.

2) Heberle, S. 144. Uhlhorn, Urbanus Rhegius S. 113 und Roth,
a. O. S. 194.

3) S. H. Huts Bekenntniß vom 5. Oct. 1527 im Stadt-Archiv zu Augsburg.

Münzers abschwor und sich aus der h. Schrift überzeugen ließ,
daß man der Obrigkeit gehorchen müsse. „Mit aller Kraft und
sittlichen Wahrhaftigkeit", sagt ein neuerer Schriftsteller[1], „be-
theuert Hut in seinem letzten Bekenntnisse, daß er jene gefährlichen Lehren (Münzers) verdamme."[2]

Man hat trotz dieser Thatsache die Behauptung aufgestellt,
daß Denck einer der vornehmsten Anhänger Münzers gewesen
sei[3]; mit demselben Recht kann man sagen, daß z. B. Joh.
Oecolampad, den die Evangelischen doch zu den Ihrigen zählen,
ein Anhänger des bekannten Bauernführers gewesen ist; denn
wir haben hierfür die gewichtige Autorität des Willibald Pirkheimer, der den Oecolampad, welchen er genau kannte, einen
„Spießgesellen Münzers" nennt, und wir wissen außerdem,. daß
Oecolampad dem Münzer gestattete, ihn zu besuchen und sich
ihm persönlich zu nähern.[4] Wenn von den Freunden des Ersteren
die Richtigkeit dieser Schlußfolgerung bestritten wird, so dürfte
es uns noch mehr erlaubt sein, die schlechter begründete Behauptung bezüglich Dencks zurückzuweisen.

1) Meyer in der Zeitschr. d. h. V. f. Schw. u. N. 1874, S. 258.

2) Hut erzählt, nachdem er auf den Einfluß, den Denck auf ihn gehabt,
hingewiesen, daß er früher gepredigt habe, alle, die gegen die Wahrheit seien,
sollten erschlagen werden. „Er sei aber seither einer andern Meinung, auch
anders erinnert und gelernt worden", s. Jörg, Deutschland in der Revolutions-
Periode von 1522—1526. Freiburg 1851, S. 739.

3) Heberle in den Stub. u. Krit. 1851, S. 129. Heberle giebt die Quellen
für die Ansicht nicht an; die Behauptung steht aber im Einklang mit dem Vorwurf der Straßburger Prediger in der „Getreuen Warnung" Bl. C 2. — Die
Behauptung, welche von den gleichzeitigen Feinden Dencks in die Welt gesetzt
ist, wird natürlich von allen heutigen Gegnern ohne weitere Prüfung wieder-.
holt. Vgl. die Bemerkungen Bernh. Riggenbachs in Herzog und Plitts
Realencyclopädie der prot. Theologie, 2. Aufl. III, 540.

4) Herzog, das Leben des Joh. Oecolampad I, 301. — Einen Auszug aus
den freundschaftlichen Gesprächen beider Männer giebt K. R. Hagenbach, Joh.
Oecolampad und Oswald Myconius, Elberfeld 1859, S. 72. Daraus erhellt
auch, daß Oecolampad den Münzer nicht einmal, sondern mehrere mal zu sich
gebeten hat. Es lag nicht an Oecolampad, sondern an Münzer, daß die Beziehung nicht noch intimer wurde.

Die Vorgänge in Nürnberg, welche sich an den Streit zwischen den lutherischen Predigern und Denck knüpften, erregten sofort bei den Männern, gegen welche sich Denck's Meinungen kehrten, auch anderwärts Aufsehen. Merkwürdig ist aber, daß die Nachrichten, welche nach auswärts drangen, die Sachlage ganz falsch wiedergaben. So schreibt Luther am 4. Februar 1525 an Joh. Brißmann: „der Satan hat es schon soweit gebracht, daß in Nürnberg einige Bürger leugnen, daß Christus etwas sei, daß das Wort Gottes etwas sei, daß die Taufe und das Abendmahl etwas sei; sie sagen, es sei nur Gott" und Capito theilt Zwingli zwei Tage später mit[1]), daß Denck wegen seiner Lehre über die Dreieinigkeit aus Nürnberg vertrieben worden sei. Willibald Pirkheimer meldete die Sache gleichfalls sofort nach Basel und stellte sie für Denck in einem sehr ungünstigen Lichte dar. Diese zum Theil schiefen, zum Theil geradezu unwahren Angaben[2]) können nur in Nürnberg entstanden sein; sie hatten die Wirkung, daß starke Vorurtheile überall erweckt wurden und daß einem jeden Versuche Denck's, seinen Meinungen Eingang zu verschaffen, ein lebhaftes Mißtrauen in Wittenberg und Zürich begegnete.

Wir wollen zur Ehre von Denck's Feinden annehmen, daß ihnen die Absicht fern gelegen hat, Denck in der öffentlichen Meinung zu schaden. Aber merkwürdig ist es doch, daß es damals von einzelnen Männern geradezu als Klugheitsregel hingestellt wurde, die Feinde der evangelischen Lehre gleich bei ihrem

---

1) Zwinglii Epistolae I, 470: Norimbergae ludimagister apud Theobaldi templum negavit spiritum sanctum et filium esse aequales Patri, qui ob id pulsus et ejectus est.

2) Bei denen, welche Denck näher kannten, stießen die Verleumdungen, die über ihn ausgestreut wurden, sofort auf Unglauben. Oecolampad schreibt am 26. Febr. 1525 an Pirkheimer: Fert fama mira quaedam de Denckio — certe non est mihi credibile, illum talem virum esse. Herzog, Oecolampad II, 272.

ersten Auftreten dem Volke dermaßen zu beschreiben, daß ihnen Niemand Glauben schenken könne.[1]

Einem Gesinnungsgenossen und Freunde Dencks, Martin Cellarius, den wir unten noch näher kennen lernen werden, erging es gerade so wie Denck. Wolfgang Capito, der Straßburger Reformator, schreibt am 18. August 1527 an Zwingli, daß er von Cellarius ursprünglich die schlechtesten Vorstellungen gehabt habe, die über den jungen Menschen von Wittenberg aus verbreitet worden seien. Nachdem er ihm persönlich nahe getreten sei, habe er sich von der Unwahrheit dieser Vorurtheile überzeugt und einen ganz ausgezeichneten Mann in ihm kennen gelernt.[2] Ebenso schreibt Oecolampad am 22. August 1527 an Zwingli, die Fama habe, wie es zu gehen pflege, ganz falsche Nachrichten über Cellarius in die Welt gesetzt.[3]

Wenn man diese Verhältnisse erwägt, so versteht man Dencks Klage, der er in beweglichen Worten gelegentlich Ausdruck giebt: „Ich bin dermaßen von Etlichen versagt und verklagt worden, daß es auch einem sanften und demüthigen Herzen schwer möglich ist, sich im Zaum zu halten." Es sei ihm Vieles „unbillig zugemessen worden." „Gleichwohl", fährt er fort, „thut es mir in meinem Herzen wehe, daß ich mit manchem Menschen in Uneinigkeit stehen soll, den ich doch nicht anders erkennen kann denn als meinen Bruder, dieweil er eben den Gott anbetet, den ich anbete, und eben den Vater ehrt, den ich ehre." „Darum will ich (so Gott will) soviel an mir liegt, meinen Bruder nicht zu einem Widersacher und meinen Vater nicht zu einem Richter haben, sondern mich inmittelst mit allen meinen Widersachern versöhnen."

---

1) S. den Brief Oecolampads an Ambrosius Blaurer vom Febr. 1527, wo es von den Gegnern des Evangeliums heißt: „Nam si ab initio recte describuntur populo, nemo illis fidem habet." Der Brief ist abgedruckt bei Herzog, a. O. II, 291.

2) Zwinglii Opera ed. Schuler et Schulthess VIII, 83.

3) A. O. S. 85.

Keine Anklage, kein Scheltwort ist jemals gegen seine Nürnberger Gegner über seine Lippen gekommen. „Ich bitte meine Feinde um Gotteswillen", sagt er, „daß sie mir verzeihen, was ich ohne mein Wissen und ohne meinen Willen wider sie gethan habe. Erbiete mich auch daneben allen Unfug, Schaden oder Schande, so mir etwa von ihnen widerfahren wäre, nimmermehr zu rächen."

So dachte der Mann, den die Lutheraner im Januar 1525 aus Nürnberg verstießen und den von nun an alle Anhänger der Wittenbergischen und Züricher Kirche mit blindem Eifer verfolgten.

Drittes Capitel.

Dencks erstes Glaubensbekenntniß.

Das Glaubensbekenntniß, welches Denck am 16. Januar 1525 dem Magistrat der Stadt Nürnberg überreichte — dasselbe hat seit jenen Tagen bis jetzt im Archive der Stadt ungekannt geschlummert[1]) — ist für die Beurtheilung von Dencks religiösen Anschauungen von der größten Bedeutung. Es enthält im Keime alle diejenigen Gedanken, welche Denck in seinen späteren Schriften entwickelt und begründet hat.

Wir werden deshalb unten dieses Schriftstück in seinem wesentlichen Inhalt und (soweit möglich) auch im Wortlaut wiedergeben. Zur Erläuterung der uns fremden Denk- und Schreibweise aber müssen die folgenden Bemerkungen und Auszüge aus Dencks Schriften vorangeschickt werden.

Denck geht in seiner Auseinandersetzung von den Motiven und Gründen des Glaubens aus. Wer giebt mir, fragt er,

---

1) Die einzige Notiz, welche seit 1525 über dieses Bekenntniß bekannt geworden ist, findet sich bei Jörg, Deutschland in der Revolutions-Periode von 1522—1526, S. 664. Dasselbe beruht jetzt im Kreis-Archiv zu Nürnberg. Ich hoffe später Gelegenheit zu finden, dasselbe zu veröffentlichen.

den Glauben? Ist derselbe angeboren oder kann man ihn aus
Büchern und durch Hörensagen erwerben? Oder welches sind
sonst die Grundlagen, auf welchen der Glaube aufgebaut werden
muß?

Indem ich nach diesen Grundlagen suche, finde ich in mir
selbst, daß ich zwar ein „armuthseliger" (d. h. zum Bösen ge-
neigter) Mensch bin, daß aber andererseits „etwas in mir ist, was
meinem angeborenen Hange kräftig Widerstand thut" und in mir
zugleich die S e h n s u c h t nach e i n e m b e s s e r e n u n d r e i n e r e n
L e b e n weckt, das man „Seligkeit" zu nennen pflegt.

Ihr sagt, der „Glaube" sei es, welcher uns zu diesem „Leben"
oder dieser „Seligkeit" führe. Was versteht ihr aber unter dem
Wort „Glauben"? Was Eltern und Lehrer uns sagen und was
in den Büchern geschrieben steht, mögen wir wohl für wahr
halten und „glauben" und ich selbst habe es „geglaubt", aber
dieser Glaube hat meine innere „Armuthseligkeit" nicht überwunden und mich aus dem Seelenkampf der bösen und guten
Triebe nicht erlöst. Für mich steht es mithin fest, daß das bloße
Fürwahrhalten dessen, was überliefert ist, nicht im Stande ist,
mich zu dem „Leben", wonach eine tiefe Sehnsucht in mir
schlummert, zu führen.[1]

Dennoch ist es wahr, daß wir durch den „Glauben" selig
werden, man muß nur das Wort im rechten Sinn verstehen.
Glauben, sagt Denck, ist „der G e h o r s a m g e g e n G o t t und die
Zuversicht zu seiner Verheißung durch Jesum Christum".[2]
„Glauben", spricht er an anderer Stelle, „heißt dem Worte Gottes
gehorchen, es sei zum Leben oder zum Tode, mit gewisser Zuversicht, daß es zum Besten weise."[3] Glaube ist der Seelen-

---

1) Dem Einwurf, daß er auf das Diesseits übertrage, was erst im Jenseits erwartet werden dürfe, begegnet Denck weiter unten.
2) Vgl. Joh. Denck, Protestation und Bekenntniß, Cap. III.
3) Joh. Denck, Ordnung Gottes, Bl. C II.

zuſtand, wo ich mich dem göttlichen Willen unterordne und eins
bin mit ihm, „Unglauben iſt das, was ſich wider Gott
erhebt, was uns uneins macht mit Gott und uns trennt von
dem Guten. Gläubig nenne ich diejenigen, welche dem Guten
leben, ungläubig die, welche ſich ſelbſt ſuchen". In der
Selbſtſucht beſteht die Sünde und der Unglaube. Nur die Selbſt-
überwindung führt uns zum Glauben.

Wer in dieſem Sinne gläubig iſt und ſich bekehrt zum
Guten, der wird inne werden, daß mit Recht große Verheißungen
an den Glauben geknüpft werden und daß die „Krankheit der
Seele" ſich zur Beſſerung wendet. Man ſagt, eine ſolche Bekehrung ſei im irdiſchen Leben überhaupt unmöglich und es könnten
ſich deshalb auch keine Folgen für unſeren Seelenzuſtand daran
knüpfen. Allerdings, erwidert Denck, dauert der „Krieg im
Menſchen" d. h. der Seelenkampf, ſo lange der Menſch in dieſem
irdiſchen Leib iſt. Aber „das Werk Chriſti¹) (fährt er fort) wiewohl es nicht aus wird, ſo lang ich lebe in dem Leib, wird es
aber doch in dem Leib angefangen, ſo ich meinen Willen
in Gottes Willen durch Chriſtum den Mittler ſetze".

Hat denn aber ein ſolcher Glaube auch eine feſte und ſichere
Grundlage? Kann die Ueberzeugung, daß ein höherer göttlicher Wille exiſtirt, auch begründet werden? Die Menſchen ſagen, es ſtehe in der heiligen Schrift geſchrieben und darauf
könne und müſſe man den Glauben gründen. Auch ich, ſagt
Denck, „halte die heilige Schrift über alle menſchlichen Schätze" und
glaube, daß ſie die Wahrheit enthält, wenn man ſie nur recht
verſteht, aber woher wißt ihr denn, daß dieſe Bücher, die doch
mit „Menſchenhänden geſchrieben, mit Menſchenmund geſprochen
und mit Menſchenohren gehört werden" der Ausdruck des gött-

---

1) Das „Werk Chriſti" bedeutet die Bekehrung zum Guten, wie ſich unten
ergeben wird.

lichen Willens und Geistes sind? Woher haben denn die Menschen, die die heilige Schrift nicht besaßen, ihren Glauben geschöpft? Denkt euch ein Gleichniß. Man überliefert euch ein Buch oder Schriftstück, in welchem euch viel Gutes versprochen und verheißen wird. So lange ihr nicht wißt, woher es stammt, und euch überzeugt habt, wer der Geber ist, werdet ihr klug thun, euch auf die Verheißungen nicht zu verlassen. Wenn ihr nicht schon die Ueberzeugung mitbrächtet, daß Gott es ist, welcher die heilige Schrift euch geschenkt hat, und daß Gott wahrhaftig, allgütig und allmächtig ist, würdet ihr auch kein Vertrauen in die Wahrheit dessen setzen, was in den heiligen Schriften steht. Mithin wird dasjenige, was ihr aus der Bibel beweisen wollt, zum Beweise ihrer Wahrheit schon vorausgesetzt.

Daher müssen wir den Glauben auf anderen Grundlagen und zwar auf unmittelbar gegebenen Erfahrungsthatsachen aufbauen.

. Als solche Thatsache bezeichnet Denck die innere Empfindung, die jedem Menschen sagt, daß er das Gute thun soll, „die mich treibt ohne allen meinen Willen und Zuthun". Die Stimme des Gewissens und das religiöse Gefühl ist es, welche für mich den Ausgangspunkt aller Religion bilden. „Dieses weiß ich bei mir gewiß, daß es die Wahrheit ist; darum will ich ihm, ob Gott will, zuhören, was es mir sagen wolle; wer es mir nehmen will, will ich es nicht gestatten." „Und wo ich dies in einem Geschöpf[1]), hoch oder nieder, befinde, will ich abermals hören; wozu es mich weist, will ich gehn nach seinem Willen, wovon mich es jagt, das will ich fliehen." „Daneben aber", sagt er an einer anderen Stelle,

---

[1]) Er versteht darunter in erster Linie die Bibel, deren Vorschriften mit der inneren Stimme harmoniren. Denck will sagen: „Wo ich Aeußerungen finde, die mit dieser mir unmittelbar gewissen Wahrheit übereinstimmen, will ich auf sie hören, von wem sie auch kommen mögen."

„soll man kein äußerliches Zeugniß schlechthin verachten, sondern alle prüfen" und mit den Forderungen des Gesetzes in unserer Brust zusammenhalten und vergleichen.

In dieser „inneren Stimme" ist die Grundlage für meinen Glauben an das Gute und an eine höhere Kraft, die mich zum Guten „ohne meinen Willen" treibt, gegeben. Indessen so wichtig diese Unterlage ist, so genügt sie doch nicht, den Glauben auszugestalten, und indem ich hierfür Zeugnisse und Mithülfe suche, finde ich, daß es keine Quelle giebt, die so vollkommen diesen Zweck erfüllt, als die heilige Schrift, die in allen ihren Lehren, wenn sie recht verstanden werden, nur den Wiederhall dessen giebt, was tief in meinem Inneren schlummert. So ist sie die Leuchte und der Wegweiser auf dem Pfad des Glaubens, ohne deren Gebrauch derjenige strauchelt, der den dunklen Weg der göttlichen Geheimnisse selbständig erforschen will.

Indem ich nun an der Hand des „inneren und des äußeren Wortes" vorwärts schreite, gelange ich zu der Ueberzeugung, daß die innere Stimme in mir ein Funke des göttlichen Geistes selbst ist. Das Streben nach Gott und dem Guten, so verdeckt es auch sein mag, giebt Zeugniß vom Geist Gottes; denn ohne Gott mag man Gott weder suchen noch finden und wer ihn in Wahrheit sucht, der hat ihn auch in Wahrheit. Die heilige Schrift sagt, daß Gott in uns ist und wir in ihm. Gott spricht, er erfülle Himmel und Erde, d. h. alle Creaturen, und folglich ist auch etwas vom göttlichen Geist in mir. „Das Reich Gottes ist in euch" sagt die Wahrheit. Man muß endlich Ernst machen mit diesem Wort der Schrift und es in seinem eigentlichen Sinne nehmen. Aber freilich, sagt er, ist dieser göttliche Funke in vielen Menschen ganz verdunkelt. Nur da, wo des Menschen Wille nach der Uebereinstimmung strebt mit Gottes Willen, kommt derselbe zur Wirksamkeit und Erscheinung.

Sind wir aber selbst im Stande, diese Uebereinstimmung her-

beizuführen? Auf diese Frage finden wir abermals im Anschluß
an die heilige Schrift die Antwort, welche lautet, daß die Ent-
faltung des guten Keimes durch unsere eigene Kraft allein nicht
möglich ist. Vielmehr findet ein Zusammenwirken des menschlichen und göttlichen Willens in dem Sinne statt, daß Gott denjenigen, der den Willen hat, das Gute zu thun, hülfreich unter-
stützt, ihm gleichsam die Hand bietet und ihn leitet auf dem
schweren Wege. Die Neigung zum Bösen sitzt tief in der menschlichen Natur; wir haben zwar die Möglichkeit, nach dem Besseren
zu streben, aber vollbringen können wir das Gute doch nur
unter thätiger Mithülfe („Gnade") des allmächtigen Gottes.

Wo die Liebe zu Gott und dem Nächsten sich thätig erweist,
da liegt, wie gesagt, eine Manifestation des göttlichen Geistes
vor uns; je höher und besser sie sich erweist, um so deutlicher ist
der heilige Geist und sein Wirken zu erkennen.

Von diesem Gesichtspunkt aus erkenne ich in der heiligen
Schrift, die das Gute im höchsten Sinne lehrt, eine Offenbarung
des heiligen Geistes und glaube, da ich in Christo die vollkommene
Uebereinstimmung seines Willens mit dem göttlichen Willen wahrnehme, daß in ihm der Geist des Guten selbst zu erkennen ist.
Da die Menschen nur durch menschliche Mittheilung und Vermittlung das höchste Gute begreifen und wahrnehmen können, so
hat es Gott gefallen, den fast erloschenen Trieb zum Guten durch
göttliche Vermittlung in den Menschen neu zu beleben und mit
neuer Kraft zu stärken.

Aber je mehr ich von dem göttlichen Ursprung der Lehren
Christi, die in der heiligen Schrift überliefert sind, durchdrungen
bin, um so sicherer ist auch meine Ueberzeugung, daß nur derjenige sie recht verstehen kann, welcher selbst vom Lichte des göttlichen Geistes erleuchtet ist.

Deshalb sollte Niemand es wagen, die Schrift für sich oder
Andere auszulegen, ehe er seinen Willen im Einklang weiß mit

4*

der Stimme in seinem Herzen, die ihm befiehlt, das Gute zu thun und das Böse zu meiden.

Gerade diesen Gedanken wiederholt Denck oft und in den verschiedensten Wendungen. So sagt er in der Schrift vom freien Willen: Wenn wir ein Herz, welches bereit ist, auf alle irdischen Dinge zu verzichten, mitbringen zu Christo (d. h. zur heiligen Schrift, die von Christo lehrt), so „sind wir seiner Geheimnisse empfänglich"[1] und etwas später ebenda: „Christum vermag Niemand wahrlich zu erkennen, es sei denn, daß er ihm nachfolge mit dem Leben."[2]

Auf die Frage, woran man bei sich den Willen zum Guten erkenne, meint Denck, daß die Stimme des Gewissens einen Jeden hierüber schon belehre.[3]

Denck stützte sich hierbei besonders auf die Worte Christi, welche sich im Evangelium Johannis finden (Joh. 7, 17): „So Jemand will Gottes Willen thun, der wird inne werden, ob meine Lehre von Gott sei oder ob ich von mir selbst rede." Sagt doch hier Christus selbst klar und deutlich, daß die Erkenntniß der Wahrheit mit dem Willen zum Guten ursächlich im engsten Zusammenhang stehe.[4] Unser Geist, sagt Denck ein anderes Mal, vermag das Wort Gottes nicht zu verstehen und bleibet in Finsterniß, „so lange wir uns selbst suchen."[5] Nur der kann den rechten

---

1) „Was geredt sei, daß die Schrift sagt, Gott thue und mache Gutes und Böses" u. s. w. Bl. D. 1.

2) A. O. Bl. D. 1'.

3) Auch Luther gab ein Wirken des heiligen Geistes in uns zu, aber er erkannte und suchte dasselbe in anderen Aeußerungen. „Wenn ich gern lese, singe und schreibe von Christo, sagt er, und nichts so sehr begehre, denn daß sein Evangelium in aller Welt bekannt und viele dazu belehrt werden — so sind dies gewisse Anzeichen, daß der heilige Geist in uns sei, denn solche Liebe und Lust zu Christo kriegen wir nicht aus menschlichen Kräften." Walch, Luthers Werke, Bd. VIII, 2404.

4) S. Dencks Schrift: „Ordnung Gottes und der Creaturen Werk" (Münchener Exemplar Bl. a II).

5) A. O. Bl. a III.

Weg zur Seligkeit lehren, der den Pfad der Tugend selbst in Wirklichkeit wandelt, den Weg der Selbstverleugnung und Aufopferung, den Christus gewandelt hat.[1]

Ihr sagt[2], spricht Denck, die heilige Schrift könne Jeder verstehen und auslegen, „welcher die Sprache kann und die Historien weiß, worauf sie sich ziehet", und glaubt mithin, daß menschlichem Verstand und Vernunft, wie sie Jedem gegeben, das Recht der Erläuterung und Deutung zustehe.

Darauf erwidere ich euch, daß die eigene Vernunft und eure „weltliche Weisheit" nicht genügt, sondern es ist wahr, was Petrus sagt, daß die Auslegung dem göttlichen Geiste zugehört, eben dem Geist, der sie euch gegeben hat. Wer aber vermeint, der Erleuchtung dieses Geistes theilhaft zu sein, der prüfe zuvor sein Herz, ob er des Willens zum Guten bei sich selbst gewiß ist. Daran aber mögt ihr euch und Andere erkennen: „Ein böses Herz verräth sich selber mit Hoffahrt und Ungebuld, ein gutes beweiset sich mit Demuth und Gebuld."

Ihr lehrt, man müsse glauben, daß „die heilige Schrift unzweifelhaft wahr sei in dem Sinn, den der heilige Geist, der sie gegeben, gemeint". Selbst wenn ich diese Verpflichtung zugeben wollte, so bliebe doch die Frage offen, auf welche Weise komme ich zum Verständniß des Sinnes, den der heilige Geist gemeint hat? Hat nicht die Erfahrung tausendfach bewiesen, daß die heilige Schrift von Verschiedenen in verschiedenem Sinne ausgelegt und verstanden worden ist? Sind nicht geradezu entgegengesetzte Auffassungen derselben Sätze und Worte vorgekommen? Woher weiß ich in solchen Fällen, welches derjenige Sinn ist, den der heilige Geist mit den Worten verbunden hat? Daran mögt ihr erkennen, daß die heilige Schrift allein eine schwankende Grundlage ist; erst unter

---

1) A. O. Bl. a III[1].
2) Denck richtet sich hier gegen Luthers Lehre. Näheres über dieselbe s. bei Schenkel, Wesen des Protestantismus, 2. Aufl. S. 121.

Mithülfe des göttlichen Geistes, wie er sich in guten Menschen offenbart, kann sie zur festen Basis unseres Glaubens werden.

Ihr werft ein, es sei im Menschen von Natur überhaupt nichts Gutes, und wer den Willen zum Guten erworben habe, der habe ihn erst durch die heilige Schrift und den Glauben an ihre Lehren erworben. Ja, es ist wahr, daß die Neigung zum Bösen tief in der menschlichen Natur wohnt; wenn aber die heilige Schrift das einzige Mittel wäre, die Menschen zum Guten zu führen, so hätte es niemals unter denen, die sie nicht kannten und heute nicht kennen, gute Menschen gegeben und Gott würde vielen Millionen Menschen gar nicht die Möglichkeit geben, zum Guten und zur „Seligkeit" zu gelangen. „Aber die Seligkeit", sagt Denck, „ist an die heilige Schrift nicht gebunden, wie nützlich und gut sie immer dazu sein mag."

Steht nicht in der heiligen Schrift selbst, daß es vor Christi Auftreten und bei solchen, die ihn nicht kannten, edle Menschen gegeben hat? „Auch Cornelius", meint er, „war ein gottesfürchtiger Mann lange davor ehe er Christum erkannt" und derartige Beispiele ließen sich viele anführen.

Doch sind wir sowenig die Urheber unserer „Seligkeit" oder unserer „Rechtfertigung" vor Gott, als wir die Urheber des göttlichen Reimes sind, der in uns ist. „Denn Gott ist zwar in allen Creaturen, aber darum nicht von ihnen, sondern sie von ihm."

Die Stimme oder das „Wort", das in aller Menschen Herzen predigt und sie warnt vor dem Bösen, ist eine Manifestation jenes unsterblichen Geistes, der seit ewigen Zeiten den Menschen den göttlichen Willen vermittelt hat und ewig vermitteln wird, der in seinem Wesen Gott gleich und daher selbst göttlich ist, jenes Geistes der Liebe, der in Jesus von Nazareth Mensch geworden ist und für uns gelitten hat, Christus. Christus, sagt Denck, „das Lamm Gottes" ist von Anbeginn der Welt ein

Mittler gewesen zwischen Gott und den Menschen und bleibt bis
ans Ende ein Mittler. Welcher Menschen? Mein und dein allein?
nicht also, sondern aller Menschen, die ihm Gott zum Erbe gegeben
hat. Christus, der Geist der Liebe, hat von Ewigkeit gelebt und
wird in Ewigkeit leben und wirken in denen, „die seine Jünger sind“.

Alle wahren „Christen“, d. h. alle Menschen, die in Wahrheit
vom Geiste der Liebe beseelt sind, „sind in Gott mit Christo
eins“. Christus ist von Gott ausgegangen wie der Sonnenstrahl
von der Sonne. Er ist wie dieser erzeugt von dem ewigen Licht,
aber ausgerüstet mit selbständiger Kraft des Lichtes, die doch ohne das
ewige Licht nicht besteht. Christus nennt sich selbst das „Licht der
Welt“, aber zugleich sagt er auch, seine Jünger seien ein „Licht“.
Beides ist richtig, aber wie das Sonnenlicht unendlich viel höher
und reiner ist als irdisches Licht, soviel ist Christi Geist höher und
reiner als der menschliche Geist. Doch leuchten sie beide
und wärmen beide und sind aus demselben Urquell
des Lichtes entsprungen, der sie alle umfaßt, trägt
und erhält. Insofern ist es wahr, was die heilige Schrift sagt,
daß Christus der Sohn des Allerhöchsten ist und alle guten
Menschen Gottes Kinder.

Wenn man sich diese Anschauungen gegenwärtig hält, wird
man im Stande sein, sich in die Sprachweise des Denck'schen Bekenntnisses einzuleben. Wir lassen deshalb den wesentlichen Inhalt
hier folgen.

„Ich, Johann Denck“, heißt es im Eingang, „bekenne, daß
ich in der Wahrheit befinde, fühle und spüre, daß ich angeborener
Weise ein armuthseliger Mensch bin, nämlich ein solcher, der aller
Krankheit Leibes und der Seele unterworfen ist.“

Neben diesen angeborenen Schwächen empfinde und spüre
ich in mir ein „Etwas“, was meiner Neigung zur Sünde kräftig

Widerstand thut und in mir eine Sehnsucht weckt nach einem
Leben oder einer Seligkeit, wohin es meiner Seele ebenso
unmöglich scheint zu kommen, wie meinem Leib in den sichtbaren
Himmel zu steigen.

Man sagt, zu dem „Leben" komme man durch den Glauben.
Das laß ich sein. Wie komme ich aber zu dem Glauben und
was ist der Glaube? Ist derselbe eine angeborene Eigenschaft?
Wenn das wäre, so wäre auch die angebliche Folge des Glaubens,
die „Seligkeit", angeboren. Das ist aber nicht der Fall. Oder
lernt man den Glauben vom Hören oder aus Büchern? Mir
haben meine Eltern viel von Dingen des Glaubens erzählt, darnach habe ich auch viele menschliche Bücher gelesen und eine Zeit
lang gewähnt und mich gerühmt, ich hätte den Glauben, aber in der
Wahrheit habe ich mich überzeugt, daß es ein falscher Glaube
war. Denn dieser Glaube (d. h. das Fürwahrhalten dessen, was
ich gehört und gelesen) hat meine angeborene geistige Armuthseligkeit, meine Neigung zur Sünde, meine Schwächen und meine
Krankheit nicht überwunden; im Gegentheil, je mehr ich im Besitze jenes angeblichen Glaubens mich „putze und mutze", um so
mehr nimmt meine Seelenkrankheit zu.

Die Wurzel des Uebels wird durch den bloß äußerlich gelehrten und äußerlich angenommenen sog. Glauben nicht beseitigt.

Jeder möchte gern von sich sagen, er besitze den echten
Glauben, und der Wunsch, ihn zu besitzen, führt leicht zu der Behauptung, daß man ihn besitze. Auf diesem Wege aber betrügt
man leicht die Leute, am meisten aber sich selbst.

Auch ich wollte gern, daß ich den Glauben, der die Seligkeit wirkt und zum „Leben" führt, besäße, aber ich finde ihn in
mir nicht.

Ja, wenn ich heute sagte, ich hätte diesen Glauben, so würde
ich mich morgen Lügen strafen; denn eine innere Stimme,
ein Funke der Wahrheit, die ich in mir zum Theil

empfinde, sagt mir, daß ich den Glauben, der das „Leben" wirkt, noch nicht in mir habe.

Dieses weiß ich bei mir gewiß, daß es die Wahrheit ist; darum will ich ihm, so Gott es will, zuhören, und wer es mir nehmen will, dem will ich es nicht gestatten.

Und wo ich sonst auf Erden Etwas finde, was mit dieser inneren Empfindung gleichlautet, da will ich es, ob es von hohen oder niederen Wesen ausgeht, hören, und wohin es mich weist, dahin will ich gehen, wovon es mich jagt, das will ich fliehen.

Wenn ich auf diese Stimme des Gewissens nicht achte, so bin ich außer Stande, die heilige Schrift zu verstehen; soviel mich aber das Etwas treibt, so viel begreife ich sie auch. Das ist aber nicht mein Verdienst, sondern die Gnade Gottes.

Wenn ich den natürlichen Trieben meiner Seele den Lauf lasse, so widerstrebt es mir, der Schrift zu glauben.¹) Aber Das in mir²), nicht eigentlich das meine, sondern das mich treibt ohne allen meinen Willen und Zuthun, das treibt mich, die Schrift zu lesen.

Also lese ich sie und finde zum Theil Zeugnisse darin, aus welchen es mir entgegenhallt, daß eben das, was mich also treibt, sei Christus, dem die Schrift Zeugniß giebt, er sei der Sohn des Allerhöchsten.

Den Glauben (der das „Leben" giebt) wage ich nicht zu sagen, daß ich ihn habe; aber ich sehe wohl, daß mein Unglaube vor Gott nicht bestehen kann. Darum spreche ich: Wohlan, in Gottes allmächtigem Namen, den ich aus dem Grund meines Herzens fürchte, Herr, ich habe den Wunsch zu glauben, hilf mir, daß ich zum Glauben komme.

---

1) Dend meint, daß es dem Menschen „von Natur", d. h. in dem ihm angeborenen Hang zur Sünde, widerstrebe, den hohen sittlichen Forderungen der heiligen Schrift Gehör zu geben, d. h. an sie zu glauben.

2) Dend will sagen „der bessere Theil in mir, das bessere „Ich", das „Etwas", von welchem er oben gesprochen hat.

Also halte ich die heilige Schrift mit Petrus für eine Leuchte, die da leuchtet im Finstern. Der Unglaube, welcher von Natur tief in mir steckt, lagert über mir wie dichte Finsterniß; diese wird wie durch ein Licht, welches Menschen in der Nacht an- zünden, erhellt durch die Schrift; aber durch sich selbst vermag die letztere, die von Menschenhänden geschrieben ist, mit Menschen- mund gesprochen, mit Menschenaugen gesehen und mit Menschen- ohren gehört wird, die Finsterniß ebenso wenig ganz hinwegzu- nehmen, wie eine Leuchte, die von Menschen gemacht ist. Sondern erst dann, wenn der Tag, das unendliche Licht, anbricht, wenn der Morgenstern, (d. h. der Glaube, der wie ein Senfkorn ist), der da gegenwärtig anzeigt die Sonne der Gerechtigkeit, Christum, in unseren Herzen aufgeht, — dann erst ist die Finsterniß des Unglaubens überwunden. Das ist in mir noch nicht.¹)

Die Finsterniß meiner Seele, (d. h. jener Zustand meiner Seele, wo die Leidenschaften meinen Blick verdunkeln), macht es mir unmöglich, daß ich die Schrift allenthalben recht verstehe. Wie könnte ich denn den Glauben daraus schöpfen? Wenn ich Ueber- einstimmung mit Gottes Willen („Glauben") in Anspruch nähme, ehe mir dieselbe von Gott eingeräumt ist, so hieße das, daß wir durch uns selbst dazu zu kommen im Stande wären.

Ja, wer auf die Offenbarung Gottes in seiner Brust nicht achtet²), sondern untersteht sich, die Schrift selbst auszulegen, was doch nur dem göttlichen Geist zukommt, der macht gewiß aus den Geheimnissen Gottes, die in der Schrift niedergelegt sind, einen wüsten Greul und mißbraucht die Gnade, die Gott ihm gegeben hat.

---

1) Der Sinn der schönen Stelle ist klar. Zwei Dinge sind es, die zum Glauben, d. h. zur Uebereinstimmung mit Gott führen, erstens die heilige Schrift, welche den Weg zeigt wie eine Leuchte in der Nacht, zweitens der Morgenstern, welcher die Sonne der Gerechtigkeit, d. h. Christum, ankündigt, das innere Wort, welches ein Senfkorn ist, das zum Aufgehen und Gedeihen bestimmt ist.

2) D. h. wer der Stimme des Gewissens, dem Gefühl des Sollens nicht gehorsam ist, sondern dagegen handelt.

Daher sind auch vor Zeiten alsbald nach der Apostel Absterben so viel Trennungen unter die Anhänger Christi gekommen,
die sich alle mit schlecht verstandenen Schriftstellen gewappnet haben.
Warum aber haben sie sie schlecht verstanden? Sie sind nach
eigner Vermessenheit zugefahren. Ohne Gott vorher um die Ge-
währung eines rechten Glaubens zu bitten, haben sie einen falschen
Glauben aus den Schriftstellen herausgelesen und in dieselben
hineingetragen.

In diesem Sinne sagt Petrus, daß die Schrift nicht eigner
Auslegung sei, sondern dem heiligen Geist gehöre es zu, sie auszulegen, dem Geist, der sie auch gegeben hat.

Dieser Mitwirkung des Geistes muß ein Jeglicher zuvor bei
sich selbst gewiß sein, wo nicht, so ist sein Thun falsch und nichts.
Man erkennt aber die Irrlehren daran, daß man entgegenstehende
Zeugnisse der heiligen Schrift beibringen kann.

Das ist mein Thun, womit ich umgehe, frei Gott zu Lieb
und Ehren und Niemanden zu Leid oder Schanden.

Aus diesen Erörterungen ist zum Theil wohl abzunehmen,
was ich von der heiligen Schrift, der Sünde, der Gerechtigkeit Gottes, dem Gesetz und dem Evangelium halte. Doch
daß ich mich kürzlich erkläre, spreche ich von den letzten Vieren also:

Im Unglauben besteht die Sünde. Die Sünde wird mit
Hülfe Gottes durch die Erfüllung des Gesetzes, d. h. seiner Gebote,
hinweggenommen und zerbrochen.

Wenn das Gesetz sein Werk vollbracht hat, (d. h. wenn die
sündige Natur überwunden, die Selbstsucht besiegt ist), so gewinnt
das Evangelium Christi, (d. h. das Gebot der Liebe zu Gott und den
Menschen), Raum im Herzen. Dadurch, daß man auf das Evangelium hört, kommt der Glaube, d. h. die Uebereinstimmung mit
Gott. Wo Glaube ist, da ist keine Sünde, wo keine Sünde ist, da
wohnt die Gerechtigkeit Gottes. Die Gerechtigkeit Gottes ist Gott
selbst, Sünde ist, was sich wider Gott erhebt.

Alle Gläubigen sind einmal ungläubig gewesen. Um gläubig zu werden, haben sie ihren Leidenschaften, ihren irdischen Menschen absterben müssen in dem Sinne, daß sie danach nicht mehr sich selbst lebten (wie sie es als Ungläubige thaten), sondern ihrem Gott und Christus, daß sie gleichsam ihren Wandel nicht mehr auf Erden führen, sondern im Himmel, wie Paulus sagt.

Dieses Alles glaube ich — der Herr breche meinen Unglauben — für wahr, erwarte nun, wer es verneinen und umstoßen will.

Man kann die ganze Bedeutung dieser Anschauungen erst dann recht würdigen, wenn man sich gegenwärtig hält, wie tief-greifend der Gegensatz war, in welchen sich Denck damit zu den herrschenden kirchlichen Richtungen setzte.

Während die Grundlage des ganzen Denck'schen Systems der Satz war, daß ein guter Keim, wie verdunkelt auch immer er sein mag, im Menschen vorhanden sei, leugnete Luther die natür-liche Anlage zum Guten vollständig und lehrte, daß im Menschen nur der Geist des Bösen wohne und daß, wie er sagte, jeder Mensch nur ein Abbild und Werkzeug des Teufels sei.

„Ich finde nichts Reines noch Heiliges an mir und allen Menschen, sondern alle unsere Werke sind nichts Anderes, denn (mit Urlaub) eitel Läuse in einem alten, unreinen Pelz, da nichts reines aus zu machen und kurz, da weder Haut noch Haar mehr gut ist."[1]

Es ist im Menschen nicht nur eine Neigung zur Sünde und zum Bösen, er ist selbst böse und nicht ein Funke natürlicher Gotteserkenntniß wohnt in ihm.[2]

Die Erbsünde ist ein Sauerteig des Teufels, mit welchem

---

1) Luthers Werke, Ausgabe v. 1551 Bd. IV, f. 321¹. Die Stelle findet sich in „Einer Predigt von Jesu Christo."
2) Si scintilla cognitionis Dei in homine mansisset integra longe essemus alii, quam nunc sumus.

unsere Natur durch und durch vergiftet ist.¹) Die Feindschaft und Abwendung von Gott wird mit uns geboren.

Während ferner Denck der Erfüllung des Sittengesetzes, d. h. des Gesetzes der Liebe zu Gott und den Menschen, die höchste Bedeutung für die Erlangung der „Seligkeit" beilegte, konnte Luther nicht einräumen, daß die „Werke des Gesetzes" irgend welchen Einfluß auf das Verhältniß des Menschen zu Gott ausübten. Er spricht sich hierüber in der bestimmtesten Form aus. Nichts ist verderblicher, sagt er, als die Einmischung des Gesetzes oder der Liebe zu Gott und dem Nächsten in die „Rechtfertigung". Zur „Seligkeit" oder zum „Leben" kommen wir nicht etwa (wie Denck lehrt) durch die Uebereinstimmung unseres Willens mit dem göttlichen Willen — denn wir haben nach Luther gar keinen freien Willen —, sondern allein durch den „Glauben" d. h. durch das Fürwahrhalten der heiligen Schrift und ihrer Verheißungen. Die innere Stimme, sagt Luther, die den Menschen warnt vor dem Bösen, ist nicht (wie Denck meint) eine Offenbarung des göttlichen Geistes, sondern im Gegentheil eine Versuchung des Satans.

Wir lernen Luthers Anschauungen am besten aus seiner Auslegung des dritten Capitels an die Galater kennen, wo er bei Gelegenheit der Stelle Galat. 3, 12, welche sagt: „der Mensch, der das Gesetz thut, wird dadurch leben", Veranlassung nimmt, seine von diesem Satz abweichende Meinung zu begründen. Seine Erläuterung lautet nun folgendermaßen²): „Ich verstehe, daß dies gesagt sei per ironiam, wiewohl mans auch nach weltlicher Weise verstehen könnte, daß die, so das Gesetz äußerlich thun, sollen dadurch leben, das ist, sie sollen nicht als die Uebertreter und Mißhändler gestraft werden, sondern vielmehr ihres

---

1) Fermentum illud diaboli, quo natura infecta est . . . nascitur nobiscum horribilis caligo, ignorantia et aversio a Deo.

2) Ausgabe von Luthers Werken v. J. 1551, I, f. 149¹.

Thuns genießen und zeitliche, leibliche Belohnung dafür empfangen. Ich bleibe aber bei dem Verstand, daß diese Worte stracks der Meinung geredet seien wie das Wort, so Christus zum Schriftgelehrten im Evangelio sagt: das thu, so wirst du leben, welche Worte Christus etwas spöttisch und höhnisch meint, als ob er so sagete: „Ja, lieber Gesell, thu es nur."

Einige Absätze weiter heißt es ebenda: „Wenn wir glauben, daß Christus das Lamm Gottes sei, das der Welt Sünden trage, erlangen wir durch ihn Gerechtigkeit und Leben; dagegen wenn wir das Gesetz thun, thun wir wohl viele Werke, aber wir erlangen weder Gerechtigkeit noch Leben dadurch." — „Der Glaube geht mit keinem Gesetz oder Werk um, sondern ergreifet allein Christum und glaubt, daß er von Sünden gerecht mache. Darum lebt der Mensch nicht um seines Thuns, sondern um seines Glaubens willen."[1]

An einer anderen Stelle sagt Luther, wir könnten von Sünden, Tod, Teufel, bösem Gewissen u. s. w. nicht errettet werden „mit Werken, noch Gesetzen, wie sie immer sein und genannt werden können."[2] Ferner: „Ob wir schon Sünder sind und unrein und täglich fallen, dennoch siehet Gott derselben Sünden keine, sondern sieht allein das Blut Jesu Christi, seines Sohnes, an unsere Stirnen gezeichnet."[3]

Gott vollbringt ohne alles Zuthun des Menschen dessen Heil — bloß aus Gnade.

„Denen, die nicht glauben", sagt er, „wird nicht helfen ihre große Arbeit mit Lehren und Schreiben, mit ernstem züchtigem Wandel; das ist noch Alles heidnisch Ding."[4]

Wir werden auf diese Anschauungen Luthers späterhin noch eingehender zurückkommen.

---

1) A. O. I, f. 150¹. 2) „Vom Gräuel der Stillmesse" (Erl. Ausg. 29, 116). 3) Erl. Ausg. 50, 407. 4) Erl. Ausg. 32, 417.

Viertes Capitel.

Dencks Aufenthalt in S. Gallen.

Der schwere Schlag, der gegen Denck durch die Entlassung
aus seinem Amt und die Verweisung aus Nürnberg geführt
worden war, hatte ihn ganz unerwartet getroffen. Er verließ
die Stadt, ohne zunächst einen anderen Wirkungskreis zu besitzen,
und wir verlieren ihn auf einige Monate ganz aus dem Gesichts-
kreis. Es scheint, als ob er sich still und in vollkommener Zurück-
gezogenheit an einem Ort aufgehalten habe, wo er zu schrift-
stellerischer Thätigkeit Ruhe und Muße fand. Wir werden auf
die Früchte dieser Thätigkeit bald zurückkommen.

Es ist möglich, daß Denck ohne die Nürnberger Ereignisse
den Weg der öffentlichen Wirksamkeit nicht betreten hätte. Er
versichert wiederholt — und wir haben allen Grund ihm zu
glauben —, daß er ungern vor den Menschen von Gott rede.
„Recht thun im Hause Gottes", sagt er, „ist allemal gut, aber
Botschaft werben an die Fremden ist nicht Jedermann befohlen."
Nun aber, wo ihn eine Reihe von falschen Anklagen zur Selbst-
vertheidigung zwangen, da griff er zur Feder und entschloß sich,
den Kampf aufzunehmen, den man ihm aufgebrungen hatte. Die
Versuchung hätte nahe gelegen, den Krieg, den man gegen seine

Perſon begonnen hatte, in perſönlichem Sinne gegen ſeine An-
kläger fortzuſetzen oder den Streich, den man mit den Mitteln
der weltlichen Gewalt gegen ihn geführt hatte, mit der Aufreizung
ſeiner Anhänger, die ihm bald in hellen Schaaren zufielen, gegen
die beſtehenden kirchlichen und weltlichen Ordnungen zu vergelten.
Der Ton der Polemik, wie er ſeit Luthers Auftreten üblich
geworden war, konnte hierin als Vorbild dienen. Allein er war
der Anſicht, daß eine reine Sache auch mit reinen Waffen zu
verfechten ſei, und ſoweit iſt er ſtets von dem Gedanken fern geblieben, für widerfahrene Unbill ſich an irgend Jemanden zu
rächen, daß er ſelbſt diejenigen ſeiner Freunde davon zurückzu-
halten ſuchte, welche aus eigenem Antrieb den äußeren Kampf
gegen ihre Feinde zu beginnen Willens und im Stande waren.
Nicht beſiegen oder kränken, ſondern überzeugen wollte er ſeine
Gegner.

„Jeder“, ſchreibt er, „ſollte wiſſen, daß es mit den Sachen
des Glaubens alles frei, willig und ungezwungen zugehen ſollte.“
„Verfolgung“, fährt er fort, „hat mich von einigen Menſchen
abgeſondert, aber mein Herz iſt von ihnen nicht abgewendet, ſonderlich von keinem Gottesfürchtigen.“ Von anderen
trennt mich ihr Grundſatz, daß ſie meinen, „mich mit Gewalt
von meinem Glauben zwingen und zu dem ihren bringen zu
dürfen.“ Selbſt wenn ihr kirchlicher Glaube der richtige ſein
ſollte, ſo weiß ich doch, daß dieſer Eifer nicht recht iſt. „Mit
Irrthum und Ungerechtigkeit will ich (ſo Gott will) ſoviel mir
wiſſend iſt, keine Gemeinſchaft haben, ob ich ſchon mitten unter
den Sündern und Irrenden bin.“ „Ich will mich darum nicht
als Gerechten hingeſtellt haben, ſondern ich weiß wohl, daß ich
ein Menſch bin, der geirret hat und noch irren mag.“

Etwa im Juni 1525 taucht Denck in S. Gallen auf und
zwar nahm er hier Herberge in dem Hauſe eines Bürgers,
welcher ſich der dortigen Wiedertäufergemeinde angeſchloſſen hatte.

Aus dem genauen Bericht, welcher uns von einem Augenzeugen über die damaligen Führer und Anhänger der täuferischen
Bewegung an diesem Orte erhalten ist, geht hervor, daß Denck
sich an der Gründung oder Entwicklung der dortigen Gemeinde
activ nicht betheiligt hat. Er hielt sich zurück, wie es seinem
stillen Wesen entsprach. Aber in wesentlichen Punkten standen
seine Anschauungen denen der Täufer nahe und er hielt sich zu
ihnen.

Um dies Verhalten zu verstehen, muß man die Schilderung
lesen, welche der evangelische Pfarrer Keßler, ein entschiedener
Gegner der Wiedertaufe, von den S. Galler Täufern entwirft.
„Ihr Wandel glänzte“, sagt jener, „ganz fromm, heilig und
unstrafbar; die köstlichen Kleider vermieden sie, verachteten köstlich
Essen und Trinken, bekleideten sich mit grobem Tuch, verhüllten
ihre Häupter mit breiten Filzhüten, ihr Gang und Wandel war
ganz bemüthig, sie trugen kein Gewehr, weder Schwert noch
Degen.“ „Sie drangen gewaltiger auf Gerechtigkeit
der Werke denn die Papisten.“ Gerade dieser letzte Punkt
mußte für Dencks Geistesrichtung außerordentlich sympathisch sein.
Obwohl er sich einstweilen nicht entschließen konnte, als Apostel
unter den Brüdern aufzutreten, so war doch von den drei bestehenden kirchlichen Gemeinschaften keine, die in ihrer damaligen
Verfassung seinen Idealen so nahe kam, als die täuferische.

Es war um so natürlicher, daß die S. Galler Baptisten den
begabten Mann auf ihre Seite zu ziehen suchten, als er durch sein
Wesen und seine Persönlichkeit sich rasch allgemeine Achtung verschaffte. Bei Freund und Feind wurde sein Name bald mit
hoher Anerkennung genannt. Selbst bei den Vertretern der
gegnerischen Anschauungen wußte er sich Vertrauen zu erwerben,
und die glänzende Schilderung, welche die beiden ersten Männer
der Stadt, nämlich der Bürgermeister Joachim Vadian und der
Pfarrer Johannes Keßler übereinstimmend von Dencks Charakter

entwerfen, giebt Zeugniß von dem tiefen Eindruck, den er bei Allen hinterließ, die mit ihm in Berührung kamen.

Während er nun hier der Gastfreundschaft eines Gesinnungs-genossen sich erfreute, begann er seine publicistische Thätigkeit durch die Herausgabe einer kleinen Schrift, welcher er den Titel gab: „Wer die Wahrheit wahrlich lieb hat, mag sich hierin prüfen, in Erkenntniß seines Glaubens, auf daß sich Niemand in ihm selbst erhebe, sondern wisse, von wem er Weisheit bitten und empfangen soll."

Das Büchlein handelt von den Grundlagen und den Quellen unserer religiösen „Weisheit" und verfolgt ersichtlich den Zweck, eine nähere Erläuterung und Begründung der Anschauungen zu geben, welche er in seinem früheren Bekenntniß dargelegt hatte und die von uns oben zum Theil bereits erörtert worden sind. Bei der Wichtigkeit der Sache können wir uns indessen nicht mit dem bloßen Hinweis auf die obigen Andeutungen begnügen, sondern müssen noch einmal an der Hand dieses Büchleins darauf zurückkommen.

Die lutherische Lehre, mit welcher Denck zu Nürnberg in Conflict gekommen war, verwarf den Glaubenssatz der alten Kirche, wonach für die Auslegung der heiligen Schrift die Erleuchtung des heiligen Geistes nothwendig war. Diese Erleuchtung (sagte die ältere Kirchenlehre) ist nur den Concilien und den Kirchenvätern zuzuerkennen. Dagegen gab Luther die Auslegung Jedermann frei und behauptete, daß die heilige Schrift die alleinige Grundlage unseres Glaubens und zugleich für Jeden leicht ver-ständlich sei.

Luthers Anschauung war in diesem Punkte von Mängeln nicht ganz frei. Denn sie behauptete unter Verwerfung jeder weiteren Autorität, daß diejenigen Evangelien und apostolischen

Bücher, welche um jene Zeit die „Bibel" bildeten, das ausschließ-
liche Fundament des Glaubens seien, vergaß aber, daß gerade
die Autorität der Concilien es gewesen war, welche
diese Bücher als kanonische, d. h. unbedingt verpflichtende Normen
festgestellt hatte. Ehe die kirchlichen Concilien hierüber schlüssig
geworden waren, hatten in den ersten Jahrhunderten nach Christo
noch eine Reihe von anderen Evangelien, z. B. das der Aegyptier,
ein gleiches, ja bei Vielen ein größeres Ansehen genossen, als die
nachmals sog. heiligen Schriften. Wenn man nun das Ansehen
der kirchlichen Autorität in diesem wichtigsten Punkte als bindend
hinstellte, warum verwarf man sie in dem andern?[1])

Ein bekannter protestantischer Schriftsteller[2]) hat darauf aufmerksam gemacht, daß Luther in der That in der ersten Zeit
seines reformatorischen Wirkens ganz consequent die Autorität der
Kirche in Bezug auf den Kanon gleichfalls verworfen hat.[3]) In
der Vorrede zur Uebersetzung des Neuen Testaments vom Jahre
1522 — dieselbe ist in den späteren Ausgaben weggelassen worden
— sagt er, es gebe solche Bücher, „welche der rechte Kern und
Mark unter allen Büchern sind" wie Johannes' Evangelium und
S. Pauli Episteln, und solche, „welche keine evangelische Art an sich
haben und mehr von Werken handeln." „Den Jacobus",
sagt er ebenda, „will ich nicht haben in meiner Bibel."
In der Vorrede zur Epistel S. Jacobi und Judä spricht er dem
Brief des Jacobus die Eigenschaft „eines rechtschaffenen heiligen
Buches" ab.

---

1) Weiteres über diese Frage bei Schenkel, Wesen des Protestantismus,
2. Aufl. S. 123.

2) Schenkel a. O.

3) Schon im Jahre 1525 — dies Jahr bezeichnet bekanntlich in Luthers
Entwicklung einen großen Wendepunkt — war Luther zu der Ansicht zurück-
gekehrt, daß man sich an den Kanon halten müsse. Vgl. Walch, XVIII, 2188
§ 229, wo er die Autorität des Buchs Jesus Sirach anzweifelt, weil es „nicht
im Kanon ist".

Es ist bekannt, daß Luther später von diesem Standpunkt zurückkam und die heilige Schrift in dem überlieferten Kanon als durchaus und wörtlich verbindlich erklärte.

Denck konnte sich weder mit dem früheren noch mit dem späteren lutherischen Grundsatz befreunden. Er sah, daß wie in den ersten Jahrhunderten so auch in seiner Zeit verschiedene Menschen, welche gemeinsam die heilige Schrift als Grundlage ihres Glaubens erklärten, über den Inhalt dieses Glaubens sehr verschiedener Ansicht waren. Ihm fiel ferner auf, daß die heilige Schrift viele Stellen enthalte, welche auf den ersten Blick und für das gewöhnliche wörtliche Verständniß sich widersprechen; es schien ihm die heilige Schrift nicht „leicht verständlich"[1]), sondern für den gewöhnlichen Verstand ein mit sieben Siegeln verschlossenes Buch. Auch Luther erkannte wohl, daß einzelne Stellen schwer mit einander zu vereinigen seien. Bei einer Gelegenheit, wo er diesen Umstand berührt, giebt er für solche Fälle den Rathschlag: „Wenn ein Streit in der heiligen Schrift fürfället und man kann ihn nicht vergleichen, so laß mans fahren."[2]) Denck, hierin viel tiefer gehend, folgerte aus der Thatsache solcher Widersprüche, daß die Schrift, wie Paulus ausdrücklich bezeuge „nicht eigener Auslegung sei, sondern daß es dem heiligen Geist, der sie auch gegeben habe, zugehöre, sie auszulegen." Er kam also der Auffassung

---

1) Luther sagt (Ausg. v. Walch, XVIII, 2067): „daß aber in der heiligen Schrift etliche Dinge sollten heimlich, dunkel und verborgen sein und daß nicht Alles, daran unsere Seligkeit liegt, darinne offenbar und klar sollte sein, das haben wohl die tollen, gottlosen, blinden Sophisten also in die Welt ausgeschrien und in allen Schulen vorgeblänet — aber sie haben noch nicht einen einigen Spruch oder Artikel aufbracht, können auch, wenn sie alle zusammenthun, nichts aufbringen, damit sie das wahr machten oder denselbigen, ihren erdichteten, tollen Wahn beweiseten." Ferner (Walch XVIII, 2163): „Ich rede wider Alle, die solche Meinung halten, daß die Schrift dunkel sei."

2) S. Schenkel a. O. S. 130 nach der Erlanger Ausgabe von Luthers Werken Bd. 46, S. 175.

der alten Kirche wesentlich näher als Luther. Nur konnte er nicht einsehen, daß der heilige Geist ausschließlich in den Kirchenvätern, Päpsten oder Bischöfen wirksam gewesen sei, sondern er war der Ansicht, daß der Geist Gottes, von welchem ein Funke in allen Menschen ist, sich in jedem wahrhaft guten Menschen (das Wort „gut" im höchsten Sinn genommen) bis zu einem gewissen Grade offenbare und ihn mit seiner Kraft ausrüste.

Dies sind nun die Ideen, welche er in der obenerwähnten Schrift: „Wer die Wahrheit wahrlich lieb hat" u. s. w. zusammenfaßte und weiteren Kreisen zugänglich zu machen suchte.[1]

Gleich der Titel giebt den Zweck des Büchleins dahin an, daß er zeigen will „von wem man Weisheit (d. h. das Wissen von der Wahrheit) bitten und empfangen soll", nämlich vom Geiste Gottes selbst, der nicht allein durch Bücher, von Menschenhänden geschrieben, sich offenbart, sondern in allen Menschen (wenigstens der Anlage nach) vorhanden ist. Auch das Motto, welches Denck dem Büchlein gegeben hat: „die Furcht Gottes ist ein Anfang der Weisheit" deutet die Meinung an, wonach der Gottesfürchtige (d. h. derjenige, dessen Willen im Einklang mit dem göttlichen Willen ist) der wahren Gottes-Erkenntniß am nächsten kommt.

„Man sagt und liest", heißt es im Text, „daß vor Zeiten viele Sekten und wie man's nennet Ketzereien (ohne Haß zu reden) erwachsen sind, und man siehet dieselben zum Theil auch bei unsern Zeiten wieder aufkommen, ja unter zwanzig Gelehrten

---

1) „Wer die Warhait warlich lieb hat, mag sich hierinn brüfen, im erlaubtnuß seynes glaubens, auf das sich nyemandt in im selbs erhebe, Sonder wisse, von wem man weißhait bitten und empfahen soll. Die forcht Gottes ist ain anfang der weyßhait. Hanns Denck." Das hier benutzte Exemplar befindet sich in der Hof- und Staats-Bibliothek zu München (sub Asc. 1657). Dasselbe enthält 2 Bogen klein 8°. Das letzte Blatt ist leer. Die Nachrichten, welche bis jetzt daraus bekannt geworden sind, beschränken sich auf die Mittheilungen, welche im Jahre 1753 J. C. Füßlin in den „Beiträgen zur Erläuterung der Kirchen-Reformations-Geschichte des Schweitzerlandes" gegeben hat (Bd. V, S. 137 ff.).

einer Part hält selten einer in allen Stücken mit dem Andern, welches je nicht geschähe, wenn man auf den einigen Lehrmeister, den heiligen Geist, Achtung hätte."

Denjenigen, denen „vom Geist Gottes" die Siegel, welche das heilige Buch verschließen, nicht gelöst werden, scheint die Schrift an vielen Stellen wider einander zu sein und die verschiedenen Parteien stützen sich auf Stellen, welche gegen einander streiten. Keiner bedenkt, daß nicht nur in seinen Stellen, sondern auch in denen des Gegners in gewissem Sinn die Wahrheit enthalten ist und daß des rechten Auslegers Aufgabe darin besteht, die Worte „an allen Orten zusammenzuhalten, zu vergleichen und zu vereinigen, sollen wir anders den Grund der Wahrheit finden."

„Zwei Gegenschriften müssen beide wahr sein, aber eine wird in der anderen verschlossen als das Mindere im Mehreren, als Zeit in der Ewigkeit, Statt in der Unendlichkeit. Wer Gegenschrift stehn läßt und nicht vereinigen kann, diesem mangelt es am Grund der Wahrheit."[1]

Freilich reicht die Einsicht, die wir ohne Gottes besonderen Beistand von Natur mitbringen, hierzu nicht aus. „Wir verstehen die Geheimnisse Gottes weniger als die Thiere unsere Sprache." Es ist gut, wenn wir erkennen, „wie wenig wir haben und unsere Armuth beweinen." Wer dies erkennt und hungrig ist nach dem „Brode des Lebens, welches ist Christus" (Joh. 6), dem ist Gott geneigt zu geben.

Nach dieser kurzen Einleitung stellt Denck achtzig Bibelstellen — „Gegenschriften" wie er sagt — zusammen, die aus höheren Gesichtspunkten vereinigt werden müssen. Wir führen als Probe daraus folgende an:

---

[1] Diese Gedanken sind nachher von Seb. Franck weiter ausgeführt worden. Er schrieb im Jahre 1539 ein Buch unter dem Titel „das verbetschiert und mit sieben Siegeln verschlossene Buch." Darin heißt es: „Falsche Propheten reden nur von Schrift und nicht auch von Gegenschrift."

Die sechzehnte Gegenschrift:

Jer. 3, 12: Ich werde nicht ewiglich zürnen.

Math. 25, 46: Und diese werden in die ewige Strafe gehn.

Die siebzehnte Gegenschrift:

1. Tim. 2, 4: Gott will, daß alle Menschen selig werden.

Matth. 20, 16: Wenige sind auserwählt.

Die sechsundzwanzigste Gegenschrift:

1. Cor. 15, 22: In Christo werden alle lebendig gemacht werden.

Joh. 5, 21: Wen der Sohn will, macht er lebendig.

Die achtundzwanzigste Gegenschrift:

Röm. 11, 32: Gott hat Alles unter dem Unglauben beschlossen, auf daß er sich aller erbarme.

Marc. 16, 16: Wer nicht glaubt, wird verdammt.

Aus diesen und anderen Gegensätzen[1]) erhellt, sagt Denck, daß die heilige Schrift nicht leicht verständlich ist, ja, daß sie, wenn sie die alleinige Quelle unseres Glaubens wäre, uns über die Wahrheit im Dunkeln lassen würde. Es trifft die Prophezeihung Jesaias (29, 11, 4) zu, wo er sagt: Euch werden aller [Propheten] Gesichte, (d. h. alle Aussprüche, die auf Gott weisen und deuten), sein wie die Worte eines versiegelten Buchs. Giebt man es dem, der lesen kann, und sagt, Lieber, lies, so antwortet er: ich kann nicht, denn es ist versiegelt — oder dem, der nicht lesen kann, so spricht er, ich kann nicht lesen. Gott sagt: ich werde die Weisheit der Weisen untergehn lassen und den Verstand der Klugen verblenden, da ihr Herz ferne von mir ist.

Deshalb, sagt Denck, übergebe man sich selbst, sein Herz und seinen Willen dem Meister, der alle Doctores zur Schule führt

---

1) Joh. Keßler meldet in seiner Chronik, daß „Althaymer" diese Gegenschriften vereinigt habe. Es ist unzweifelhaft der Pfarrer Althammer zu Nürnberg gemeint, welcher im Jahre 1526 ein Büchlein von den „neuen Juden und Arianern" schrieb. Im Jahre 1530 gab derselbe zu Nürnberg heraus: „Conciliatio locorum scripturae, qui specie tenus inter se pugnare videntur." Eine neue Ausgabe dieses Buchs ist zu Wittenberg im Jahre 1582 herausgekommen.

und der allein den Schlüssel hat, worin alle Schätze der Weisheit begriffen sind.

Der Ideengang Denck's ist mithin etwa folgender. In jedem guten Menschen fließt ein Quell wahrer Erkenntniß der höchsten Dinge, welcher neben der Tradition, wie sie in den heiligen Schriften vorliegt, allezeit in Betracht gezogen werden muß. Die Lehre der Schrift ist ein Bestimmungsgrund für den Glauben, aber die höchste innere Gewißheit wird erst da erreicht, wo die innere Stimme, die in den besten Menschen redet, widerspruchslos damit übereinstimmt. Die Widersprüche, die in der heiligen Schrift uns begegnen, müssen durch den Geist Gottes die Ausgleichung finden. Wer seinen Willen in Gottes Willen giebt, der wird die Wahrheit an der Hand der heiligen Schrift nicht verfehlen. Das ist die Salbung des heiligen Geistes, von der Johannes (1. Joh. 2, 27) sagt, daß sie die Wahrheit lehre, bei der man bleiben muß; das ist der „Schlüssel Davids", ohne welchen die Schrift, wenn man nicht großem Irrthum sich aussetzen will, nicht angenommen werden kann.[1]

Es ist natürlich von großem Interesse, zu erfahren, zu welchen Folgerungen ihn im Einzelnen die Anwendung dieser Grundsätze führte.

———

Unter den Lehrsätzen der herrschenden Kirchen war für Denck schon während seines Aufenthalts in S. Gallen besonders derjenige anstößig, welcher besagte, daß Gott „den Auserwählten ewige Seligkeit, den Verdammten aber ewige Pein zu Theil werden lasse." Diese Lehre machte das zukünftige Leben für alle Ewigkeit von dem Umstand abhängig, ob dem Menschen im Diesseits die Verdammniß oder die Gnade Gottes zu Theil geworden sei, und war auf Grund einiger Schriftstellen

———

1) Vgl. die Schrift „Vom Gesetz Gottes" an mehreren Stellen.

sowohl in der alten Kirche wie in der lutherischen Gemeinschaft als Fundamentalsatz hingestellt worden. Im Artikel 17 der Augsburgischen Confession wird dieser Satz mit folgenden Worten aufrecht erhalten: „Auch wird gelehret, daß unser Herr Jesus Christus am jüngsten Tag kommen wird zu richten und alle Todten auferwecken, den Gläubigen und Auserwählten ewiges Leben und ewige Freude geben, die gottlosen Menschen aber und die Teufel in die Hölle und ewige Strafe verdammen."[1].

Es entging Luther keineswegs, daß es ein gar hartes, ja ungerechtes Urtheil zu sein scheine, welches über uns arme Menschen, die wir doch die Neigung zum Bösen alle besitzen, mit diesem Ausspruch verhängt sei. Doch sagt Luther, es sei ein „Fürwitz", den Grund solchen strengen göttlichen Urtheils wissen zu wollen. Es sei nun einmal ein göttliches Urtheil und die edelste Tugend des Glaubens bestehe darin, „daß derselbe die Augen zuthue, Gottes Gründe nicht zu wissen begehre, sondern Gott für die höchste Güte und Gerechtigkeit halte, obwohl er eitel Zorn und Unrecht zu sein scheine."[2] Man dürfe Bibelstellen wie 1. Tim. 2, 4, wo es heißt, „Gott will, daß allen Menschen geholfen werde", nicht gegen jene Lehre geltend machen, denn diese Stelle sage nur, daß Gottes Wille dabei sei und daß Niemand ohne Gottes Willen selig werde.

Diese Theorie Luthers erregte damals bei Einzelnen um so mehr Befremden, als er zugleich lehrte, daß die „Seligkeit" (oder die „Rechtfertigung") dem Menschen ohne alles eigene Zuthun, ausschließlich durch die Gnade zu Theil werde. Da der Mensch durch die „Erwählung" oder durch die „Vorsehung Gottes" (wie Luther sagte) selig wird und die „Werke" oder der eigene freie Wille (dessen Vorhandensein Luther überhaupt bestritt) gar nichts

---

1) J. T. Müller, Das Evangelische Concordienbuch, enthaltend die symbolischen Bücher der evangelisch-lutherischen Kirche. Gütersloh, 1871, S. 27.
2) S. Köstlin, II, 34.

dazu thun, so wird auch die ewige Verdammniß uns ganz ohne
unsere Schuld zu Theil. Man warf Luther damals vor, es folge
aus seiner Lehre, daß es für die Erwerbung der Seligkeit gleichgültig sei, wie man lebe. Darauf erwiderte Luther wörtlich Folgendes: „Ich setze gleich, daß etliche Gottlosen dadurch
ärger werden, so gehörets doch zum Aussatz, den man (um
größeres Uebel zu vermeiden) muß gehen und bleiben lassen.
Denn es wird mit derselben Lehre auch viel Auserwählten
der rechte Weg geweiset zu gründlicher Demuth, zu Gott, zu wahrer
Gerechtigkeit und zum Himmel."[1]

Dieses Eingeständniß hinderte Luther indessen nicht, die Lehre
von der ewigen Verdammniß der nicht Erwählten hauptsächlich
auf die Behauptung zu gründen, daß jede andere Lehre die Gottlosen in ihrem Thun bestärken werde, da die Furcht vor der
ewigen Strafe fortfalle.

Johannes Denck konnte diese Anschauungen nicht billigen.
Ich sehe allerdings, sagt er, daß es einige Stellen der heiligen
Schrift giebt, die man für diese Lehre beibringen kann, aber zugleich finde ich andere, welche klar und deutlich das Gegentheil
sagen. Denn Jerem. 3, 12 steht: „Ich bin barmherzig, spricht
der Herr, und will nicht ewiglich zürnen", und Psalm 77, 8 heißt
es: „Wird denn der Herr ewiglich verstoßen und keine Gnade mehr
erzeigen? Ists denn ganz und gar aus mit seiner Güte?" und
Röm. 11, 32: „Gott hat Alles beschlossen unter dem Unglauben,
auf daß er sich aller erbarme" und Röm. 5, 18: „Wie durch
Eines Sünde die Verdammniß über alle Menschen gekommen ist,
also ist auch durch eines Gerechtigkeit die Rechtfertigung des Lebens
über alle Menschen gekommen". Gott spricht „Ich will nicht den
Tod des Sünders, sondern daß er sich bekehre und lebe" und
Christus sagt: „Es wird ein Hirt und eine Heerde werden."

---

[1] Luthers Werke ed. Walch XVIII, 2117.

Es ist wahr, daß dem gegenüber Matthäus sagt (25, 46):
„Sie werden in die ewige Pein gehen, die Gerechten aber in das
ewige Leben" — aber warum wollt ihr dieser Stelle mehr glauben
als den anderen? Muß man nicht vielmehr danach streben, eine
Auslegung zu finden, die beiden Stellen genug thut? Wo ist
nun aber die Grundlage oder die Richtschnur für die Auslegung?

Die Stimme meines Herzens, von der ich gewiß weiß, daß
sie die Wahrheit wiedergiebt, sagt mir, daß Gott gerecht und
barmherzig ist und diese Stimme spricht in jedem guten
Herzen laut und vernehmlich, um so lauter und deutlicher, je
besser Jemand ist. Mit dieser dem reinen Gemüth innewohnenden
Idee der göttlichen Barmherzigkeit streitet die Annahme, daß Gott
gegen seine Feinde unversöhnlich sein und sie mit ewiger
Pein selbst dann verfolgen sollte, wenn sie dereinst die Sünden,
derentwegen sie gestrauchelt sind, beweinen sollten. Gott hat den
Menschen durch Christus befohlen, ihre Feinde zu lieben, und er
sollte sich nicht selbst gegen die, die ihn hassen, liebreich erweisen?
Auch die Strafe ist für Gott nur ein vorübergehendes Mittel,
dessen sich Gott bedient, um das dauernde Heil der Menschen
und zwar aller Menschen zu bewirken. „Gott erzeigt sich, sagt
Denck, gegen alle Menschen so wie er ist, nämlich gut und wünscht
ihnen das Beste und Edelste zu geben, was er besitzt, nämlich sich
selbst." Die Strafe ist im Diesseits und Jenseits dazu da, damit
die gottlosen Menschen durch sie die Thorheit ihrer Feindschaft
gegen Gott einsehen und ihrer endlich müde werden. Sagt doch
Paulus (Col. 1, 19—20): „Es ist das Wohlgefallen Christi gewesen,
daß in ihm alle Fülle wohnen sollte und alles durch ihn ver-
söhnet würde zu ihm selbst, es sei auf Erden oder im
Himmel."

Ich muß, sagt Denck, um zur Wahrheit zu gelangen, auf
diese unmittelbare Offenbarung Gottes in jedes guten Menschen
Herzen hören. Auch ist es alsdann nicht schwer, eine Erklärung

der Worte des Matthäus zu finden, welcher das Wort „ewig"
selbst nur in dem Sinne von „unabsehbar lang" gebraucht hat,
wie es häufiger in der heiligen Schrift gebraucht wird. Denn
wenn das Gebot der Beschneidung ein „ewiges" genannt wird, so
sind doch Alle darüber einig, daß in diesem Falle nicht ein für
alle Zeiten geltendes Gebot hat gegeben werden sollen.

Denck stand mit seiner Anschauung keineswegs allein da.
Hatte doch schon Origenes dasselbe gelehrt und Augustinus, der
uns in seinem Buch vom Staate Gottes des Origenes Meinung
mittheilt, verwirft dieselbe nur insofern, als sie sich zugleich auch
auf den Teufel selbst erstreckt.¹)

Es ist vielfach behauptet worden, daß Denck ebenfalls die
schließliche Seligkeit auch des Teufels gelehrt habe, ohne daß
man freilich dafür den geringsten Beweis aus einer seiner
Schriften beigebracht hätte.

Die Richtigkeit dieser Angabe muß auch schon deshalb bestritten werden, weil Denck nirgends zu erkennen giebt, daß er
unter dem Wort „Teufel" sich ein bestimmtes selbstbewußtes per-
sönliches Wesen denke. Vielmehr kann mit Sicherheit angenommen werden, daß er zu denjenigen Täufern gehörte, welchen
der bekannte Augsburger Lutheraner Urbanus Rhegius den Vorwurf macht, sie leugneten die Existenz des Teufels.²)

---

1) Augustinus de Civitate Dei, Lib. XXI, Cap. 17 (Opp. Tom. V Col.
1456): „Qua in re misericordior profecto fuit Origenes, qui et ipsum
diabolum atque angelos ejus post graviora pro meritis et diuturniora
supplicia ex illis cruciatibus eruendos atque sociandos sanctis angelis
credidit. Sed illum .. reprobavit Ecclesia. — Extendatur ergo ac profun-
datur fons hujus misericordiae usque ad damnatos angelos, saltem post
multa atque prolixa quantumlibet saecula liberandos. Cur usque ad
universam naturam manat humanam et cum ad angelicam ventum fuerit,
mox arescit? Non audeat tamen se ulterius miserando porrigere et ad
liberationem ipsius quoque diaboli pervenire."

2) Urbanus Rhegius, Zwen wunderseltzam Sendbrief u. s. w. Bl. D. 3:
„Was bittet ihr wider den Teufel, so doch etliche unter euch sprechen, es sei
kein Teufel."

Denck hat seine Anschauung über die ewige Verdammniß
aller Orten mit besonderem Nachdruck und Eifer verfochten und
hatte die Freude, daß ihm viele Tausende zufielen. Daher hielten
es die Verfasser der Augsburgischen Confession für nothwendig,
dagegen ausdrücklich Front zu machen, und der bereits erwähnte
Artikel 17 verwarf diejenige Partei, welche behaupte, „daß die
verdammten Menschen nicht ewige Pein und Qual
haben werden."

Fünftes Capitel.

Die göttliche Weltordnung.

Der Wille zum Guten. — Luthers Anschauung darüber. — „Der Mensch ist ganz in Sünden ersoffen." — Denck kann diese Ansicht nicht billigen. — Von der Vorherbestimmung der Menschen zur Seligkeit und zur Verdammniß. — Wir müssen uns selbst überwinden, darin liegt der wahre Weg zur „Seligkeit". — Worin besteht die „Verdammniß"? — Vom freien Willen. — Ist Gott der Urheber des Bösen? — Von der einigen Dreiheit Gottes. — Vom Gottesdienst im Geist und in der Wahrheit. — Der falsche und der wahre Seelenfrieden. — Schluß.

Wir haben bereits angedeutet, daß die meisten Schriften Dencks seit dem Untergange seiner Partei verschollen und vergessen gewesen sind; kaum daß die Titel derselben einigen wenigen Männern im Laufe der Jahrhunderte gelegentlich begegneten. Während indessen aus einzelnen Büchlein doch wenigstens kleine Auszüge oder Besprechungen in moderne Werke übergegangen sind, ist die Schrift, deren Inhalt wir im Anschluß an das Original hier wiedergeben wollen, kaum je mit einer Silbe erwähnt worden.[1] Der Grund hierfür mag zum Theil darin liegen, daß Exemplare dieser Schrift ungemein selten sind.[2] Doch wird Jeder, welcher die Mühe nicht scheut, dem Gedankengang unseres Autors gerade in diesem Buche zu folgen, mit uns in hohem Grade bedauern, daß eine so reine Quelle echter Religiosität viele Jahrhunderte lang unter dem Schutt hat begraben liegen müssen.

---

1) Die einzigen Andeutungen, die ich darüber habe auffinden können, finden sich bei G. W. Röhrich, Essai sur la vie etc. Straßburg 1853, S. 30.

2) Vgl. die im Anhang gegebene Uebersicht über Dencks Schriften.

Die „Ordnung Gottes und der Creaturen Werk"[1] ist ihrer
Entstehungszeit nach nicht mehr genau zu firiren. Es ist möglich,
daß sie im Jahre 1526 erschienen ist. Wie dem auch sein mag,
so steht doch so viel fest, daß Denck hier zuerst den umfassenden
Versuch macht, seine religiösen Ansichten im Zusammenhang
klar zu stellen. Während seine früheren Erörterungen mehr den
Grundlagen gegolten hatten, auf welchen der Glaube aufgebaut
werden muß, ging er jetzt daran, das Gebäude selbst aufzurichten
oder vielmehr neben den Unterlagen, die er nochmals wiederholt,
auch das Fachwerk zu construiren. Er führt darin zugleich praktisch den Beweis, welche Bedeutung er der heiligen Schrift beilegt,
auf die er überall zurückgeht.[2]

Man kann die Schrift insofern nicht eine Streitschrift nennen,
als sie nicht gegen eine bestimmte Person oder Tendenz polemisch
zu Felde zieht; doch fühlt man überall durch, daß der Verfasser
sich im Gegensatz gegen herrschende Meinungen weiß und sich die
Aufgabe setzt, eine neue Anschauung zur Geltung zu bringen.

Gleich in Bezug auf das Hauptfundament seiner ganzen
Beweisführung, nämlich die Annahme, daß ein innerer Trieb
zum Guten in jedem Menschen vorhanden sei, wußte er sich in
Opposition zu der damals unter Luthers Einfluß herrschenden
Ansicht, daß die menschliche Natur von Grund aus ver-
derbt und zum Guten vollkommen unfähig sei.

„Ich sage", spricht Luther gelegentlich, „daß die geistlichen
Kräfte nicht allein verderbt, sondern auch durch die Sünde ganz
und gar vertilgt seien, beide in Menschen und Teufeln, also,
daß da nichts anderes ist denn ein verderbter Verstand und ein
solcher Wille, der Gott allerding feind und wider ist, der auf

---

1) S. die genaue Angabe des Titels im Anhang a. O.
2) Er geht darin so weit, daß er einzelne Abschnitte hindurch ausschließlich
in biblischen Sprüchen redet und alle seine Ausdrücke und Bilder der heiligen
Schrift entlehnt.

nichts Anderes denkt noch trachtet, denn nur allein auf das, so Gott entgegen und wider ist."[1]

Auch die einfachsten Regungen natürlichen Wohlwollens erklärte Luther für unmöglich; der natürliche Mensch sei ganz und gar voll Hasses und voll Gift. „Bete, wie lange du willst", sagt er, „gieb Almosen, wie lange du willst — du hassest deinen Bruder, du kannst ihn nicht freundlich ansehen."[2] „Ich kann von Natur kein freundlich Wort oder Geberde von mir geben, thue ichs, so ists gewiß Heuchelei, das Herz bleibt ja aufs wenigste voller Gift."[3]

Alle sog. menschliche Größe erwächst lediglich aus der Selbstsucht; die Gewissensfunction selbst ist ausschließlich Sündengefühl, auch im Gewissen ist nichts Gutes, nur Angst und Schrecken und Verzweiflung. Der Mensch, sagt Luther, „ist ganz in Sünden ersoffen." Was wir wollen ist böse, was wir denken ist Irrthum, Finsterniß, Bosheit, Willens- und Verstandesverkehrtheit. Mit keinem Gesetz, keiner Strafe ist sie zu vertreiben. Das Gesetz zeigt sie nur an, wehrt sie aber nicht. Luther bezeichnet diejenigen als Juden und Sophisten, welche nicht alle Menschenwerke Sünde sein lassen und noch etwas Gutes in der menschlichen Natur finden. „Der Mensch hat ein elendes, gefangenes Gewissen, das zuletzt verzweifeln, in seinen Sünden sterben und ewig verdammt sein muß."[4]

Gegen diese Anschauung und gegen die Schlußfolgerungen, welche Luther in mannigfacher Weise daran knüpfte, ist ein großer Theil der Erörterungen gerichtet, die Denck unter dem Titel der „Ordnung Gottes" zusammengefaßt hat. Indessen wollen wir die

---

1) Luthers Werke, Wittenb. Ausgabe 1551, I, 99.
2) Luthers Werke, Walch XI, S. 1810.
3) A. O. S. 1521.
4) Eine ausführliche Darlegung seiner Anschauung über den Mangel jeder guten Regung im Menschen giebt Luther in der Schrift wider Erasmus, Walch XVIII, 2414 ff.

betreffenden Stellen hier nicht im Einzelnen herausheben, sondern die Hauptgedanken des Buchs im Zusammenhang kurz skizziren.

An die Spitze der ganzen Ausführung stellt Denck den Satz, welcher den Grundgedanken seines Systems bildet, nämlich die Idee, daß der Schwerpunkt alles Thuns und Glaubens in dem Willen zum Guten gelegen sei. Christus selbst, sagt er, bestätigt dies mit den Worten: „So Jemand will Gottes Willen thun, der wird inne werden, ob diese Lehre von Gott sei, oder ob ich von mir selber rede" (Joh. 7, 17). Allen Lesern und Hörern, spricht Denck, sage ich mit Christo dasselbe. Denn Derjenige, der Gottes Willen thun, d. h. den Sünden absterben will, ist vor der Verführung falscher Geister sicher. Viele Stellen der heiligen Schrift sagen dasselbe, wenn auch mit andern Worten; so steht in der ersten Epistel Johannis (2, 3—4): „An dem merken wir, daß wir Gott kennen, so wir seine Gebote halten. Wer da sagt: Ich kenne ihn, und hält seine Gebote nicht, der ist ein Lügner und in solchem ist keine Wahrheit."

Der Wille zum Guten ist jener Funke des göttlichen Geistes, den Gott uns gegeben hat. Dieser Funke, (den Denck mit der heiligen Schrift als „heiligen Geist" bezeichnet), bewahrt uns aber, wenn wir ihm Gehör geben, nicht bloß vor Irrlehren, sondern er zeigt uns auch den rechten Weg zur Wahrheit. In diesem Sinne sagt Johannes (1. Joh. 2, 27): „Die Salbung, die ihr vom heiligen Geist empfangen habt, bleibt bei euch und ihr bedürfet nicht, daß euch Jemand lehre, sondern was euch die Salbung in allen Dingen lehret, das ist wahr und nicht erlogen." „Wer da wandelt, wie Christus gewandelt hat" (1. Joh. 2, 6), d. h. wer in Selbstentäußerung und Selbstüberwindung Gott liebt und seinen Nächsten, der ist (nach Dencks Worten) „ein Mitgenosse des Lamms, d. h. Christi, und von diesem gilt das Wort des Johannes: „Sie bedürfen nicht, daß sie Jemand lehre."

Indessen ist Denck der Ansicht, daß für die Erkenntniß der höchsten und letzten Dinge neben unserem Wollen und Empfinden doch auch der heiligen Schrift eine große Bedeutung zukomme.

Christus sagt zu den Schriftgelehrten (Joh. 5, 39): „Suchet in der Schrift, darin ihr vermeint das Leben zu haben; dieselbe giebt Zeugniß von mir." Aber, heißt es ebenda, dieses Forschen genügt nicht; um zum Leben zu gelangen, muß man zu Christo kommen; denn Christus sagt (Joh. 5, 40): „Aber ihr wollt nicht zu mir kommen, daß ihr lebt."

Nachdem Denck in diesen kurzen Sätzen die Grundlagen seiner religiösen Anschauungen dargelegt hat, wendet er sich an seine Leser und zwar sowohl an die, „welche Gott nicht kennen", als an die, „welche Gott suchen im Grunde ihres Herzens".

Ihr, die ihr Gott nicht kennt, sagt er, erkennt doch wohl die Eitelkeit dieser Welt und das Böse, ja, ihr habt auch ein inneres, heimliches Verlangen nach dem Guten. Sehet, fährt er fort, dies Gute ist euch nicht zu fern noch zu hoch, sondern es ist in deinem Herzen und Mund, du kannst davon nicht lassen, du mußt daran denken und davon reden, selbst dann, wenn es dich anklagt. Du kannst ihm widerstreben, wenn du willst, doch es heißt dich's nicht. Willst du ihm aber folgen, so wirst du gar wunderbarlich von ihm geführt werden, wohin du bis dahin verzweifelt hast zu kommen, nämlich zu Gott.

Euch aber, die ihr Gott sucht im Grund eures Herzens, wünsch' ich Verharrung auf dem guten Wege, auf dem ihr begriffen seid. Ihr findet in euch „einen Anfang des Werkes des ewigen unüberwindlichen Gottes", d. h. einen Anfang seines Wirkens. Dieses Wirken will euch von der Selbstsucht, die euer Leben durchbringt, abführen, indem ihr selbst erkennt, daß ein selbstsüchtiges Leben eitel und unbeständig ist. Merket auf, daß ihr die Stimme eures Herzens nicht in den Wind schlagt. Es scheint euch ein kleines Hauptgut zu sein, dies Pfund, das euch

gegeben ist; werdet ihr es aber nicht wohl anlegen, so wird keine
Ausrede euch helfen, wie Christus sagt (Matth. 25). Derjenige,
der euch dies Pfund, d. h. den Keim des Guten, so gering er
auch sein mag, gegeben hat, erwartet, daß ihr ihn hegt und pflegt,
auf daß er Früchte trage.

Wenn ihr sprecht, wir können und vermögen nichts damit
auszurichten, so redet ihr nicht die Wahrheit. Denn es ist kein
Hauptgut so klein, man kann etwas damit ausrichten, ihr wollt
aber nicht. Ihr könnt doch Böses thun; wer hat euch das
gelehrt? Wenn ihr aber sagt, ihr müßtet das Böse thun, so
thut ihr wahrlich dem Allerhöchsten, der die Welt lenkt, Unrecht;
denn ihr wißt, daß er euch das Gegentheil befiehlt, nämlich das
Gute.

Die Worte Gottes sind an sich selbst licht und klar, aber
über unserem Geist liegt Finsterniß, so lange die irdischen Leidenschaften, die aus der Selbstsucht entspringen, unser Gefühl für
das Wahre verdunkeln.

Wir verstehen die heilige Schrift falsch, wenn wir die Worte
Gottes aus Büchern lernen und über Meer holen wollen, die
Stimme in unserem Innern aber verleugnen. Röm. 10, 8 steht
geschrieben: „Das Wort Gottes ist dir nahe, nämlich in deinem
Munde und in deinem Herzen" und 5. Mos. 30, 11 ff. heißt es:
„Das Gebot, das ich dir heute gebiete, ist dir nicht verborgen
noch zu ferne; es ist auch nicht jenseit des Meeres, daß du
möchtest sagen: Wer will uns über das Meer fahren und uns
holen, daß wir es hören und thun; denn es ist das Wort fast
nahe bei dir in deinem Munde und in deinem Herzen, daß
du es thust."

Darum wollen wir, sagt Denck, die sittliche Weltordnung
und die Werke der Menschen aufs Kürzeste hier gegeneinander
halten. Wir wollen suchen, darzuthun, wie weit die Menschen
fehl gehen, die ihren Mund ohne den Befehl Gottes aufthun, zu

6*

reben von den Geheimnissen Gottes, die sie nie verstanden haben. Sie versuchen es, den rechten Weg zur Seligkeit zu lehren, ohne ihn selbst gewandelt zu haben, ja, ohne den Willen, ihn zu wandeln. Brüder, wer Ohren hat, der höre; welchem gebricht, der bitte den Herrn in Wahrheit und Demuth, so wird er ihm geben.

Nach dieser Einleitung geht Denck zur Erörterung seines eigentlichen Themas, nämlich der göttlichen Weltordnung und ihrem Verhältniß zu den Menschen über.

Wir wissen, sagt er, daß Gott gut ist in der Wahrheit, und dieweil er gut ist, darum hat er auch alle Dinge gut gemacht und erschaffen. So viel der Mensch aber böse ist, das ist er ohne Gott, aus seinem Eigenthum. Gott giebt Jedermann Ursache, Gnade und Kraft, sich zu bekehren, Niemanden Ursache, zu sündigen. Das Licht, das Wort Gottes, das unsichtbar ist, scheinet in aller Menschen Herzen. Der Mensch hat freie Wahl, dies Wort anzunehmen und ein Kind Gottes zu werden oder es auszuschlagen. Denn Gott will ungezwungenen Dienst; er zwingt Niemand zum Guten und Niemand zum Bösen. Gott will, daß Jedermann selig werde, weiß aber wohl, daß viele sich selbst in Verdammniß bringen. Wenn Gottes Wille alle Menschen einfach durch Zwang zur Seligkeit führte, so würde seine Gerechtigkeit beeinträchtigt, welche verlangt, daß jedem geschehe nach seinen Werken; wenn aber Gottes Vorherwissen die Seligkeit der Einen oder die Verdammniß der Andern zur Folge hätte, so verliefen die menschlichen Schicksale gegen den von ihm uns geoffenbarten Willen und auch gegen seine Barmherzigkeit — das sei auch ferne von ihm.

Aller verkehrten Menschen Sünde, ihr Tod und ihre Strafe ist ebenso wie aller guten Menschen Gerechtigkeit von Anbeginn vor Gott bekannt gewesen. Aber Niemand wird jemals unschuldig von Gott gestraft und Niemand wird gekrönt, ehe er kämpfte.

Der Kampf aber besteht darin, daß der Mensch danach strebt, sich selbst zu überwinden und sich selbst zu verlieren durch den Gehorsam des Glaubens. Der Lohn des Sieges ist die wahrhaftige Erkenntniß Gottes.

Diese Erkenntniß lehrt den Freund Gottes, daß Alles, was er erstritten, nicht von ihm selbst, sondern durch Gottes Mitwirkung erkämpft worden ist; alsdann ist er ruhig und zufrieden in Gott. In diesem Frieden der Seele achtet er keinen äußeren Unfrieden, Sterben und Leben gilt ihm Alles gleich; er kümmert sich hinfort nicht um sein „Ich", sein einziger Wunsch ist, daß er auch seine Mitmenschen dahin bringe, wo er selbst ist.

Dies ist der Weg, der zum Leben führt; ihm steht gegenüber ein anderer Weg, der zum Tode leitet.

Die Sünde ist der Ungehorsam und Unglauben, wo sich der Mensch selbst sucht; ehe der Mensch persönlich Schaden leidet, eher mag alles Gute zu Grunde gehen, so viel an ihm gelegen ist. Die Strafe aber dieser Gesinnung ist die Verhärtung im Bösen, wenn der Mensch Alles haßt, was gut ist, Wohlgefallen und Lust hat an Allem, was unrecht ist. Alsdann verbindet er sich mit der Hölle; wo er einen Gerechten findet, je näher derselbe Gott ist, um so mehr haßt er ihn. Zuletzt sagt er: Es ist Alles erlogen und erdichtet Ding um das ewige Leben und die Verdammniß; wir leben also dahin, bis wir sterben, dann ists aus.

Damit ist der Mensch in jenem Zustand der Verzweiflung angekommen, den man „Hölle" nennt. Nicht daß er da bleiben soll oder muß, sondern weil Gott ihm in seiner Gerechtigkeit Schmerzen auferlegt, damit der Mensch selbst sein Elend erkenne und in der Noth seiner Seele zu ihm bete, daß er ihm helfe. Das „Wort Gottes", d. h. die Stimme des Gewissens, predigt dem Menschen auch in diesem Zustand und sagt ihm klärlich: „Solches hast du dir Alles selbst gemacht und deinen unglücklichen Seelenzuſtand haſt du ſelbſt verſchuldet; du haſt es ſelbſt gewollt und leideſt billig und recht."

Sobald der Menſch auf dieſe Stimme hört, ſo giebt ihm Gott abermals die Freiheit, zwiſchen dem Böſen und Guten zu wählen. Wenn er ſich fortdauernd weigert, „ſich ſelbſt zu opfern", d. h. ſeine Selbſtſucht aufzugeben, ſo ſinkt er immer tiefer hinab in das Unglück und die Verdammniß.

Wenn er ſich aber ergiebt und demüthigt unter die gewaltige Hand Gottes, ſo reicht ihm Gott die hülfreiche Hand. Denn Gott iſt nicht bloß gerecht, ſondern auch barmherzig und allmächtig.

Gleich wie ein Regen, wenn das Erdreich ausgetrocknet iſt, ergießt ſich dann ein Gefühl der Erquickung und Freude, ein Troſt der göttlichen Barmherzigkeit in die Menſchenſeele. Dann gewinnt er ein herzliches Wohlgefallen an der Gerechtigkeit Gottes und begehrt ſich mit ihr zu vereinigen. Er vergiebt allen ſeinen Feinden; Allen, die ihm Leides thaten, will er gern verzeihen. Dann erſt wird das Herz ganz rein, wenn er nicht allein auf die Dinge der Welt zu verzichten bereit iſt, ſondern auch Allen, die ihn beeinträchtigt haben, gern verzeihen will. Dann werden Güte und Treue einander begegnen, Gerechtigkeit und Friede einander küſſen. Und alsdann iſt mit Gottes Hülfe die Verzweiflung überwunden.

Es iſt wahr, es ſind zwei für ſich ſeiende Weſen, Gott und der Menſch, deren jedes die Fähigkeit hat zu ſelbſtändigem Handeln. Aber dennoch ſind Gott und der Menſch verbunden und verwachſen durch das „Wort", das im Anfang vom göttlichen Geiſt geboren und ausgefloſſen iſt, das göttliche Wort, welches in Chriſto Menſch geworden und zugleich auch in unſeren Herzen iſt.

Der Menſch kann die Sünde wollen und thun; je mehr er ſündigt, um ſo mehr wird er von Gott „gezweiet". So lange wir uns ſelbſt ſuchen und ſein nicht achten, ſo leidet Gott in uns, aber zu unſerem Schaden und Verdammniß.

Der Mensch kann aber auch das Gute wollen; je mehr er
es will, um so mehr wird er mit Gott eins. Wenn wir das
Gute suchen — denn das Gute wirken können wir für uns
allein nicht —, so wirkt Gott in uns und hilft uns, daß wir
in Wahrheit das Gute thun.

Jene „Zertheilung" des göttlichen und des menschlichen
Willens führt in ihren Folgen für uns hier oder im Jenseits zu
unsäglichen Schmerzen. Sobald wir diese empfinden, ist unser
ganzes Streben darauf gerichtet, die Vereinigung unseres Willens
mit dem göttlichen wieder aufzusuchen. Wir streben danach, auf
uns selbst zu verzichten und das Gute zu thun; wenn das
letztere uns auch unmöglich ist, so können wir doch leiden, daß
Gott es thue.

Dann wird uns die enge Thür zum Leben weit genug, das
Joch Christi, (welches der Welt bitter ist und unerträglich dünkt),
wird uns wunderbar brauchsam und leicht.

Je mehr der Mensch dieser Umkehr widerstrebt, um so mehr
schafft er sich Unfrieden und Christus ist ihm nichts nütze, wiewohl
er für Alle gelitten hat; je früher der Mensch sich ergiebt, je eher
vollzieht sich in ihm Gottes Werk, und der Abfall der menschlichen
Natur von ihrer wahren ursprünglichen Bestimmung schadet ihm
nichts, obwohl auch er davon betroffen wird.

Je mehr nun der Mensch seiner ursprünglichen sittlichen Anlage („seinem Ursprung der Schöpfung") nahe und ähnlich ist, um
so mehr ist er frei; je tiefer er in den Banden seiner sinnlichen
Natur („der Verdammniß") liegt, je mehr ist er gefangen. Wie
frei er im obigen Sinne auch sein mag, so kommt das Gute,
was er thut, doch nur unter göttlicher Mitwirkung zu Stande,
und wie unfrei er ist, so ist er doch im Stande, zuzulassen und
zu leiden, daß Gott in ihm wirke, d. h. daß das Gute in ihm
zum Durchbruch gelange.

So viel der Mensch sich selbst sucht und das Seine, so viel

bezeugt der Geist Gottes in seinem Herzen und Gewissen, daß er
Unrecht thut, und giebt ihm mithin das Bewußtsein der Verantwortlichkeit und Freiheit. Wer sich aber selbst verlieren will, der
hat dazu wohl die Fähigkeit; nicht daß wir etwas Gutes von
uns selbst vollbringen mögen, sondern daß der Geist Gottes, der
in sein Eigenthum, (das sind alle Creaturen), gekommen ist, uns
die Fähigkeit giebt, Kinder Gottes zu werden, wenn wir gehorchen.

Es sagen die Einen, der Mensch habe einen freien Willen,
und die Andern behaupten, der Mensch habe keinen. In dieser
Allgemeinheit sind beide Behauptungen wahr und beide falsch.

Wir besitzen die Möglichkeit, das Böse zu thun und das
Wirken Gottes in uns zu leiden, und sind insofern frei; wir
besitzen die Fähigkeit aber nicht, das Gute aus eigner Macht zu
vollbringen, und sind insofern unfrei.

Jenes Erste sagen die Menschen, um sich mit der Freiheit zu
brüsten und hoher Dinge zu vermessen; das Andere reden sie, um
der Verantwortung ledig zu sein, sich auszureden und zu entschuldigen, gleichviel wie Gott sich verantworte wegen des Bösen,
das geschieht.

Das ist meine Ansicht vom freien und gefangenen Willen
der Menschen.

Gott hat uns, wie gesagt, die Freiheit und Möglichkeit gegeben, seine Kinder zu werden, wenn wir ihm glauben. Glauben
aber heißt dem Wort Gottes gehorchen, es sei zum Tod
oder zum Leben, mit gewisser Zuversicht, daß es zum Besten
weise. Wer dies thut, dem ist es nicht möglich, daß er irre. Ein
solcher Mensch sucht aller Dinge Frommen, ihm geschehe selbst
wohl oder wehe. Dieser ist mit Christus eins. Nicht daß er
ganz vollkommen und ohne Gebrechen sei, denn er fühlt fortwährend den Kampf des Fleisches mit dem Geist in sich und
bittet noch täglich für seine Sünde, sondern daß er nach der
Vollkommenheit ringet und zum Theil schon sich selbst über-

wunden hat. Dann ist der freie Wille des Menschen mit Gottes Willen eins.

Wenn Gott der Herr das Böse wirkte, so könnte er die Welt nimmermehr strafen und richten. Er würde ja damit sich selbst richten und strafen. Vielmehr spricht Gott der Herr (Jes. 59, 2): Allein euere Sünden machen die Zweiniß zwischen mir und euch.

Wir selbst also, nicht Gott, sind verantwortlich für das Böse, das geschieht. Prüfet euch wohl, Brüder, und sehet, wie ihr euch wollet verantworten gegen den Herrn. Denn Gott ist zwar barmherzig und allmächtig, aber auch gerecht und straft das Böse, wie er das Gute belohnt.

Ihr sagt: Wir besitzen Gottes Vergebung und unsere Rechtfertigung, weil Christus, an den wir glauben, die Sünden hinweggenommen und den Vater versöhnt hat. Wir brauchen uns also wegen unserer Sünden nicht zu fürchten, können zufrieden und ruhig sein, wenn wir nur glauben.

O ihr Leichtgläubigen, darin also besteht euer Christenthum? Auch die Feinde des Guten und Christi glauben, daß Jesus Christus Mensch geworden, aber in ihrem Thun und Leben wollen sie ihm nicht statt geben. Meint ihr, daß auch diesen alle ihre Sünden bloß durch ihren Glauben vergeben seien? Ihr berühmt euch des Besitzes von Gottes Barmherzigkeit. Ich sage euch aber in der Wahrheit: Wenn ihr Christi Fußstapfen nicht folgt, so wird Gott euch seine Barmherzigkeit sauer genug werden lassen. Mit Ruthen wird er euere Uebertretung heimsuchen und mit Plagen euere Missethat.

Ihr gebt vor, Christus, der Sohn des lebendigen Gottes, sei euer König, aber ihr gehorcht und folgt ihm nicht. Den Weg nicht wandeln, den er im Leben selbst gegangen ist und den er uns auch führen will, das heißt Christo die Ehre verweigern, die wir ihm schuldig sind. Wer aber den Sohn nicht ehrt, der ehrt auch den Vater nicht, und ihr wollt Gottes Kinder sein, ohne ihn zu ehren wie einen Vater.

Nicht also, liebe Brüder. Wenn ihr gesündigt habt, so tröstet euch nicht mit dem Gedanken, daß euer Glaube euch Verzeihung bringe, sondern seid bereit und willig, die Strafe zu erdulden, die ihr verdient habt. Sprecht: Herr, ja, wir haben gesündigt, nimm die Sünde hinweg von uns mit deiner Gerechtigkeit und erweise an uns deine Barmherzigkeit; wir wollen gern leiden, wenn du uns verzeihst.

Ihr könnt euch nicht ausreden, wenn ihr sagt, ihr vermöchtet nur Böses zu thun. Denn ihr seid wohl im Stande, das Wirken Gottes und des Guten in euch zu leiden. Denn in dem Augenblick, in welchem ihr von Herzen das rechte Gute begehrt, ist der Herr bereit, es euch zu geben.

Also seht ihr wohl, daß Gott in jeder Beziehung unschuldig ist und daß der ein Lügner ist, der ihn anklagt.

Herzlich gütig ist der barmherzige Gott; er breitet den ganzen Tag seine Hände aus und ruft Jedermann zu sich. Wohl gerecht ist er aber auch. Mögen wir uns nicht betrügen; wer ihn nicht fürchtet und liebt, dem kann er auch keine Liebe erzeigen, ob er wohl Alle wunderbarlich lieb hat. Wachet auf, die ihr so lange schlaft, daß euch der Verderber nicht wie der Blitz überfalle, denn der Herr ist allmächtig und stärker als alle seine Feinde. Himmel und Erde müssen darob zu Grunde gehen, auf daß seine Barmherzigkeit sammt der Gerechtigkeit erfüllt werde.

Allmacht, Güte und Gerechtigkeit — das ist die Dreifaltigkeit, Einigkeit und einige Dreiheit Gottes.

Der Herr spricht zu dem Volk Israel: Ich will euere Feier und Opfer nicht haben (Jes. 1), nehmt euer Fleisch und Brot und alle Kirchengepränge hinweg von mir, ich mag sie nicht mehr ansehn, hab einen Greuel darob; ja, ich hab mit euern Vätern nichts davon geredet, daß sie solches thun sollten. Ich habe euch nicht befohlen, Kälber und Schafe mir zu opfern; euch wollte ich zu Opfern haben, das wollt ihr nicht verstehn (Psalm 51).

Auch unser Gottesdienst und unsere Kirchengebräuche sind äußeres Gepränge und falsch verstandene göttliche Gebote.

Gott hat uns befohlen, das Brot mit einander zu brechen. Was heißt das? Christus sagt (Joh. 6, 51): Ich bin das lebendige Brod, das vom Himmel gekommen ist; wer von diesem Brod essen wird, der wird leben in Ewigkeit, und es steht geschrieben (1. Cor. 10, 16—17): das Brod, das wir brechen, ist das nicht die Gemeinschaft des Leibes Christi? Denn ein Brod ist es, so sind wir viele ein Leib, dieweil wir alle eines Brodes theilhaftig sind. Mithin wollte Gott, daß wir in Christo auch ein solches Brod würden. Und wie Christus nun für uns gebrochen worden ist und seine Seele aus ganzer Liebe für uns eingesetzt hat, also sollen wir das Gleiche thun für einander. Doch hat Gott nicht befohlen, das Brod mit einander zu brechen wie zankende Hunde.

Und wie die Menschen in diesem Punkte die Gebote Gottes äußerlich auffassen, so sind alle unsere Werke und unser Wandel nicht innerlich nach dem Geist, sondern äußerlich nach dem Fleisch. Feiern müssen wir in Gott und den Herrn in uns wirken und regieren lassen.

Ihr wollt Münz, Anis und Kümmel verzehnten, d. h. ihr gebietet kleine und nebensächliche Gebote wie Ceremonien und Kirchen-Gebräuche, aber ihr versäumt, daß Gott zuvor befohlen hat Gerechtigkeit, Barmherzigkeit und Glauben. Gerechtigkeit ist, daß ihr ohne alles Ansehen der Person den Sünder straft, Barmherzigkeit, daß ihr euere Feinde liebet und ihnen verzeihet ihre Fehler, soviel an euch ist; Glauben, daß ihr euch der göttlichen Gerechtigkeit unterordnet und hoffet auf Gottes Güte. Wißt ihr, daß alles Andere ein Joch weltlicher Knechtschaft ist?

Wenn das Fundament des Glaubens recht von euch erkannt wäre, so würde das kirchliche Gebäude, welches ihr darauf bauet,

wohl bestehn vor Wind und Wasser. Aber ihr habt den Grund
des Glaubens nicht recht gelegt; darum schwanken alle äußerlichen
Ordnungen und sind unbeständig wie ein Rohr am Winde.

Vor Gott ist jener Grund schon gelegt, sehet ihr nur, daß
ihr ihn mit den verkehrten Bauleuten nicht verwerfet, sondern
ihn suchet, wo er zu suchen ist, nämlich im Tempel und Sitz der
göttlichen Herrlichkeit, welches ist euer Herz und euere Seele.

Lasset ab von müßigen Ceremonien und Kirchengepränge, und
übet euern Gottesdienst im Geist und in der Wahrheit.

O du elendes Völkchen, wie vertrauest du deine Seele so
leicht schädlichen Füchsen. Sie verführen dich, mein Volk, sagt
der Herr, diejenigen, welche dir nach dem Mund reden, und den
Gang deines Pfades verderben sie (Jes. 3). Das Gebäu, das die
Bauleute, das ist das ganze Volk, aus thörichten und verkehrten
Werken zurechtbauen, übertünchen die Baumeister, d. i. die Schriftgelehrten, mit ungelochtem Mörtel: sie sagen ohne Bedacht und
ohne Unterschied: Glaubet nur, so seid ihr angenommen und
euere Sache steht wohl, und rufen Frieden, Frieden.[1]

Wahrlich, ich sage euch, wenn ihr im Vertrauen darauf
glaubt, ihr dürftet den Becher der irdischen Freuden in Frieden
trinken, so kann und mag es nicht anders sein, du mußt auch
den bitteren Kelch des göttlichen Zornes versuchen.

---

[1] Es ist sehr merkwürdig, daß Dencks erster und heftigster Gegner, der
ihm auch am meisten geschadet, Osiander, einige Jahrzehnte später fast mit
denselben Worten die lutherische Lehre, die er früher vertheidigt hatte, bekämpft.
In der früher bereits erwähnten Schrift „Vom einigen Mittler Christus"
(1551) sagt Osiander u. A., die Wittenbergische Lehre verführe die Menschen und
mache sie sicher und ruchlos. „Daher kommts, daß sie (die lutherischen Prediger)
den Leuten angenehm sind und ihre Lehre dem unbußfertigen Haufen so wohl
gefällt. Aber Christus spricht: Wehe euch, wenn euch Jedermann wohl redet,
denn also thaten ihre Väter den falschen Propheten auch" (Luc. 6) u. s. w.
(Döllinger, Reformation III, 411). Merkwürdig bleibt auch, daß den Osiander
später wegen derselben Lehre dieselbe Verfolgung betroffen hat, die er eben
wegen dieser Lehre über Denck heraufbeschworen hatte.

Wenn ihr ihn aber trinkt in Gottes Namen und auf ihn hofft in der Nacht eueres Leidens, so wird er euch des Morgens gar wunderbarlich trösten.

Jeder Zusatz und jede Erläuterung, die wir zu Dencks Ausführungen geben könnten, würden den Eindruck nur abschwächen, den die Wahrhaftigkeit und Wärme dieser Schrift in jedem unbefangenen Gemüth hinterlassen muß. Nicht nur die ganze Auffassung, sondern auch die Haltung und der Ton des Buches stehen auf einer Höhe des sittlichen Bewußtseins und zeugen von einer Lauterkeit des Gemüthes, wie sie zu allen Zeiten nur in seltenen Fällen angetroffen wird. Obwohl ich in der Lage gewesen bin, eine große Anzahl von Streitschriften aller Religions-Parteien zu lesen, habe ich doch nicht eine einzige gefunden, die auch nur von Weitem an die Tiefe und Reinheit dieses kleinen Büchleins heranreichte.

Das waren die Schriften, aus denen späterhin so viele Tausende von Dencks Anhängern die sittliche Kraft und die todesmuthige Begeisterung schöpften, welche sie in den schweren Verfolgungen der folgenden Jahrhunderte mehr als irgend eine andere Confession der neueren Zeit bewiesen haben. Erst wenn man die Quellen kennt, aus welchen jene Männer den Muth und Trost im Kampfe schöpften, versteht man jene wunderbare Erscheinung.

Sechstes Capitel.

Dencks Flucht aus Augsburg.

Uebersiedelung von S. Gallen nach Augsburg. — Verdächtigung beim dortigen Magistrat. — Die religiösen und sittlichen Zustände der Stadt sind arg zerrüttet. — Dencks Eindrücke; ihn jammert das arme Volk. — Balthasar Hubmeier in Augsburg. — Die Erneuerung und Läuterung des sittlichen Menschen. — Denck stellt sich an die Spitze der neuen Partei. — Die „Schlange" im „Paradiese der neuen (lutherischen) Kirche". — Die Anfänge der Täufergemeinde in Augsburg. — Welcher Art waren ihre Bestrebungen? — Kirchenlieder. — Predigten. — Die Form der Taufe durch Untertauchen. — Die Angriffe des Urbanus Rhegius gegen die neue Partei. — Der Charakter dieses Mannes.

Die Ruhe, deren sich der Vertriebene in S. Gallen erfreuen durfte, war nicht von langer Dauer. Um die Mitte des Sommers 1525 wurden Dencks S. Galler Freunde in schwere Conflicte mit der dortigen evangelischen Obrigkeit verwickelt und Denck entschloß sich darauf hin, das Haus und die Stadt, die ihn gastfreundlich beherbergt hatte, zu verlassen. Schon damals begann sein Name bekannt zu werden und seine Schriften erwarben ihm Freunde, deren Unterstützung ihm die Möglichkeit zu gewähren schien, sich aus der schwierigen Lage zu befreien, in welche er mit den Seinen[1]) durch die Nürnberger Schicksale gekommen war.

Denck erzählt uns selbst, daß er zu Augsburg in dem Junker Bastian von Freiburg und Georg Regel Beschützer und Gönner besessen habe. Da diese Männer in ihrer Vaterstadt Einfluß und Ansehen besaßen, so gelang es ihnen, dem Denck zwar nicht eine öffentliche Anstellung, aber doch die Erlaubniß zur Lehrthätigkeit in Augsburg bei den dortigen Behörden zu erwirken. Nachdem Denck dorthin übergesiedelt war, gelang es seiner Tüchtigkeit und

---

1) Denck war, wie aus den Akten des Kreis-Archivs zu Nürnberg hervorgeht, schon im Jahre 1524 verheirathet.

seiner vertrauenerweckenden Persönlichkeit bald, sich einen genügen-
den Wirkungskreis zu erwerben, und es schien, als ob er sich eine
dauernde und gesicherte Stellung begründen werde.

Indessen verbreitete sich nach einiger Zeit unter den lutherischen
Rathsmitgliedern das Gerücht, daß Denck zu Nürnberg die Gemeinde
vom Gehorsam der Obrigkeit abgewiesen habe und daß der Nürnberger Magistrat aus diesem Grunde sich habe entschließen müssen,
ihrem Schulrector das Amt und die Stadt aufzusagen. Die Thatsache dieser Ausweisung konnte natürlich nicht verschwiegen bleiben
und Denck selbst machte daraus kein Hehl. Da man ihn aber
unter falschen Anschuldigungen bei seiner nunmehrigen Obrigkeit
verdächtigte, so entschloß er sich, dagegen Protest einzulegen.

Er richtete zu diesem Zweck ein Schreiben[1]) an den Magistrat,
in welchem er nachwies, daß diejenigen die Unwahrheit sagten,
welche Unbotmäßigkeit als Ursache seiner Ausweisung angäben.
„Ich bitte, heißt es in dem Schreiben, Ew. Weisheit wolle mir
eine kurze Antwort nicht verargen, welche Jedermann ohne Schaden
ist, auch denen, die mich solches zeihen, ohne Schaden sein wird.
Gott wolle, daß ihnen auch solche ihre Rede ohne Schaden wäre.“
Er führt dann aus, wie es ihm in Nürnberg ergangen und daß
ihm jede Auflehnung gegen die Obrigkeit fern liege. „Ich weiß
wohl und habe mich nie geweigert, aller menschlichen Ordnung
nach Gott unterworfen zu sein, und wie wollte ich Gottes Gericht
am jüngsten Tag annehmen, wann ich der Welt Gericht nicht leiden
möcht? Will mich hiermit Euer Ers. Weisheit unterthäniglich befohlen haben, bittend, wollet mir vergönnen, weiter zu thun, was
ich mit Euer E. W. Gunst angefangen, verhoffend, ich wolle mich dermaßen halten, daß Euer E. W. kein Mißfallen darob haben werde.“

----

1) Das betr. Schreiben ist in der Zeitschrift des Hist. Vereins für Schwaben
und Neuburg, Bd. I, 1874, S. 220 durch Christian Meyer zuerst publicirt
worden. Ich habe aus mehrfachen Gründen dasselbe aus dem Original noch
einmal abgedruckt und im Anhang beigegeben.

Denck war in einer Zeit nach Augsburg gekommen, wo dort die heftigsten religiösen Kämpfe im Schwange waren. Er selbst befand sich diesen Verhältnissen gegenüber in einer ungemein schwierigen Lage. Er hatte sich in den ersten Jahren der Reformation mit der großen Mehrzahl aller Deutschen den Bestrebungen nach einer gründlichen Besserung der kirchlich-religiösen Zustände angeschlossen und in diesem Wunsche auf Oecolampads Rath eine Stelle in einer Stadt angenommen, die soeben sich formell von der alten Kirche losgesagt hatte. Damit war auch für ihn der Bruch mit der alten Kirche vollzogen. Indessen hatte er in der neuen kirchlichen Gemeinschaft, wie er sie in Nürnberg vorfand, das Ideal, das ihm vorschwebte, nicht gefunden, und da er seine Abneigung offen aussprach, hatte diese ihn ausgestoßen. So stand er ohne festen Rückhalt zwischen den beiden großen Parteien, die sich um Luther und den Papst schaarten, und beide bedrohten in gleicher Weise seine Sicherheit und seine Existenz.

Denck selbst war weder seiner Lebensstellung noch seinen Neigungen nach zum Stifter einer neuen, selbständigen Partei geschaffen. Seinem stillen Wesen war es ursprünglich zuwider, in die Oeffentlichkeit herauszutreten; er hat stets nur ungern öffentlich das Wort ergriffen. Aber die Verhältnisse drängten ihn in eine Rolle, die er sich nicht wünschte, und als er sie einmal übernommen hatte, hat er sich mit Energie und Umsicht der Sache der „Brüder" gewidmet.

———·———

Das Religionswesen zu Augsburg befand sich um jene Zeit in einer „babylonischen Verwirrung" (wie es in einer neueren, vom evangelischen Standpunkt aus geschriebenen Geschichte Augsburgs heißt[1]), und die Stadt war „von Sekten zerrissen". Die Anhänger Luthers und Zwinglis lagen in leidenschaft-

---

1) Roth, Augsburgs Reformationsgeschichte S. 166.

lichem Kampfe und daneben erhielt sich auch eine katholische Partei in der Stadt. Urbanus Rhegius, welcher damals den größten Einfluß besaß, schwankte lange und stand bald auf der lutherischen, bald auf der zwinglischen Seite[1]; er selbst hat uns die Thatsache überliefert, daß in Folge dieses Zwiespalts das Volk nicht wußte, wem es Glauben geben sollte.

Doch schlimmer noch sah es in anderer Beziehung damals in Augsburg aus.

Alle Zeugnisse, welche aus jener Zeit erhalten sind, mögen sie nun aus katholischer, evangelischer oder täuferischer Feder geflossen sein, stimmen darin überein, daß die sittlichen Zu-stände Augsburgs während jener Jahre überaus traurige waren. Weder ältere noch neuere Schriftsteller, selbst wenn sie die eifrigsten Anhänger des damals in Augsburg herrschenden Lutherthums gewesen sind, haben diese Thatsache bestreiten können.

Gerade um die Zeit, als Denck in Augsburg war (Sommer 1526), schreibt Rhegius an seinen Freund Thomas Blaurer, es sei in Augsburg „solche Hoffahrt, wie man kaum sonst finde". Etwas später meint derselbe: „Wir sind lau, ja ganz matt."[2] „Wir Prediger des Wortes werden verachtet, was Wunder, wenn der große Haufe zu allen Werken der Fröm-migkeit träge ist." Wegen der schlimmen Erfahrungen, welche er zwischen den Jahren 1524—1528 gemacht hatte, erklärte er, „sei er schon oft des Sinnes gewesen und sei es noch, davon zu ziehen". Er wolle diese Stätte „der Hoffahrt, des Geizes und der Weltlichkeit dem gerechten Gerichte Gottes befehlen".

---

1) Uhlhorn, Urbanus Rhegius im Abendmahlsstreit. Jahrb. für deutsche Theologie, V, S. 3 ff. — Im September 1526 schreibt Rhegius an Zwingli (Zwinglii Epistolae, Opp. VII, 545): „Quod ad Eucharistiam attinet, Augustae nihil est periculi. Veritas triumphat." Etwas später konnte Luther an Link schreiben: Rhegius habe sich bekehrt und fechte mit ihm gegen die sakramentischen Schwärmer.

2) Uhlhorn, Urbanus Rhegius S. 141.

Der lutherische Magistrat der Stadt suchte dem Verfall aller Moral durch Mandate zu steuern. Im Jahre 1526 publicirte er einen Erlaß, worin den Augsburgern ihre Sittenlosigkeit vorgeworfen wird. „Wenn es so fort geht", heißt es darin, „ist zu besorgen, daß Gott der Herr über solche und andere Missethat und Sünde schrecklich erzürnt und mit ernstlichen und ganz schweren Strafen die Stadt heimsuchen werde."[1]

Der lutherische Prediger Huberinus schreibt im Jahre 1531: „Es will (in Augsburg) doch auch keine äußerliche Ehrbarkeit mehr bewiesen werden. Allerlei Unzucht hat bei uns je länger, je mehr überhand genommen, daß wir gar keine Scheu gehabt haben, weder vor Gott noch vor den Menschen."[2] Der zwinglische Geistliche Musculus spricht sich noch stärker aus: „Jene, welche zu unserer Zeit die evangelische Wahrheit bekennen, behandeln dieselbe geringschätziger und verächtlicher als die verführten Papisten die Fabeleien ihrer Mönche und die Decrete ihrer falschen Bischöfe; ja, so sehr haben sie sich verändert, daß sie nun, erleuchtet von dem Licht der Wahrheit, weltlicher gesinnt, leichtfertiger und frecher sind als selbst die Kinder dieser Welt, während sie doch unter dem Papstthum mitten im Irrthum und Aberglauben religiös waren."[3]

Der Präbicant Dr. Nachtigall sagte im Jahre 1526 auf der Kanzel: „Wenns so fort geht, schlagen wir uns alle einander selber todt; ich habe mein Messerlein mitgenommen."[4] Allsonntäglich kam es selbst in den Kirchen zu den ärgerlichsten Skandalen. Haß und Gewaltthätigkeit hatten in erschreckender Weise um sich gegriffen. „Parteiungen", sagt der lutherische Consistorialrath Uhlhorn, „zerrissen die Gemeinde und eine furchtbare Verwilderung war eingetreten."[5]

In diese Zustände kam nun Denck hinein, erfüllt mit den

---

1) Roth, Augsburger Reformationsgeschichte S. 233.
2) Roth a. O. S. 233.   3) Roth a. O. S. 234.   4) Roth a. O. S. 235.
5) Uhlhorn, Urbanus Rhegius S. 137.

höchsten sittlichen Idealen und mit den strengsten Anforderungen
an sich und an Andere. In diese Welt voll Sinnlichkeit und
Trägheit brachte er eine Lehre, welche die Entsagung und Selbstverleugnung als obersten Grundsatz hinstellte. Durchdrungen von
einer warmen Nächstenliebe jammerte ihn das arme Volk und er
hatte den lebhaften Wunsch, ihnen den Weg zum Guten und zur
Seligkeit zu zeigen. So entschloß er sich „Botschaft zu werben",
wie er sagt, und seine Mitbürger zu einer „Gemeinde der Heiligen"
zu sammeln, welche nicht allein an Christi Verdienst glaubten,
sondern auch Christi Fußstapfen folgten in ihren Werken.

In diesem Bestreben begegnete er sich nun mit den Absichten
und Wünschen der Männer, welche er zu S. Gallen in der Gemeinde der Wiedergetauften kennen gelernt hatte. In vielen
Punkten, besonders in den Lehren vom freien Willen, der Sünde
und der Rechtfertigung wußte er sich mit ihnen eins, und so
gelang es jener Partei bald, ihn ganz zu sich herüber zu ziehen.
Dr. Balthasar Hubmeier scheint es gewesen zu sein, welcher diesen
Entschluß bei Denck zur Reise brachte.

Dr. Hubmeier, genannt Friedberger, war damals einer der
hervorragendsten Vertreter jener kirchlichen Reformpartei, deren
Mitglieder sich selbst „apostolische Brüder" nannten, von den
Gegnern aber kurz als „Wiedertäufer" bezeichnet wurden. Wir
müssen es hier wiederholen, daß es ganz falsch ist, den nach-
maligen Begriff der „Wiedertäufer" auf die Männer anzuwenden,
welche in jenen Jahren sich zu dieser Partei bekannten. Selbst
von entschiedenen Gegnern des Täuferthums wird ausdrücklich eingeräumt, daß um das Jahr 1525 „die Wiedertaufe noch keine
solche Schwärmerei erzeugt hatte wie später."[1]) Die Männer,
welche damals an der Spitze der Bewegung standen, namentlich
Blaurock, Manz, Reublin, Hubmeier waren von einem tiefen und

---

1) Herzog, Oecolampads Leben I, 312.

reinen Streben nach dem Wahren und Guten erfüllt und das
Ideal, welches sie in der neuen Gemeinschaft zu begründen dachten,
war nicht bloß die Erneuerung des Glaubens und der Kirche,
sondern vor Allem die Erneuerung und Läuterung des sittlichen
Menschen. Die Bekehrung zur Gerechtigkeit und brüderlichen
Liebe, die Selbstentäußerung und die Nachfolge Christi waren die
Grundgedanken ihrer Lehre. Alle die genannten Prediger sind
wenige Jahre später für die Wahrheit, wie sie sie faßten, freudigen
Muthes in den Tod gegangen und haben durch ihr Blut Zeugniß
abgelegt für ihren Glauben.

Dr. Hubmeiers Persönlichkeit, die von Freund und Feind
als eine bedeutende anerkannt wird, machte in Augsburg, wohin
er zu Anfang des Jahres 1526 gekommen war, natürlich rasch
Aufsehen. Die religiösen Tendenzen, die er mit Eifer verfocht,
waren den Wünschen, mit welchen Denck sich trug, ungemein verwandt und die persönliche Annäherung war durch die Natur der
Verhältnisse gegeben.[1]

Hubmeiers Beredsamkeit und Begabung scheint es dann
gelungen zu sein, Denck zum formellen Eintritt in die neue Gemeinschaft zu bewegen. Denck empfing heimlich die Taufe und
wurde dann selbst ein thätiges Mitglied des neuen Bundes. Zu
Pfingsten 1526 taufte er den Hans Hut[2] und im Laufe des
Jahres noch andere Personen.[3]

Dieser Schritt Dencks bezeichnet den Moment, wo die täuferische Partei in eine neue Phase ihrer Entwicklung eintrat. Die
„Schlange" hatte sich (wie die lutherischen Prediger sagten)

---

1) Der intime Verkehr der beiden Männer wird uns ausdrücklich bezeugt
von einem Augenzeugen, s. Zwinglii Opera VII, 531.

2) S. Huts Bekenntniß vom 16. Sept. 1527 im Stadt-Archiv zu Augsburg (Wiedertäuferacten).

3) S. Stadt-Archiv zu Augsburg, Rathsdecrete Bd. XIV.

„im Paradiese der neuen Kirche festgesetzt" und die Kapelle, welche (nach Spalatins Worten) der Teufel neben die Kirche Gottes gebaut hatte, war fertig.

Die Genossenschaft der „Brüder" hatte bis zu jenem Augenblick kein Mitglied besessen, welches an Selbständigkeit und Tiefe des Denkens und Empfindens oder an Vorzügen des Charakters mit Denck sich hätte messen können. Die natürliche Ueberlegenheit, welche er mitbrachte, machte sich rasch geltend und willig ergab sich die große Mehrheit derer, welche in jenen Tagen von der alten Kirche sich abwandten, ohne der lutherischen oder zwinglischen zustimmen zu können, der Führung dieses Mannes.

Die ersten Erfolge seiner Thätigkeit errang Denck sogleich in Augsburg.

Die Ansätze zur Bildung einer Täufergemeinde waren schon vor Dencks Ankunft vorhanden gewesen. Wir wissen, daß Jacob Groß aus Waldshut, sowie Caspar Ferber aus dem Innthal, welche damals in Augsburg lebten, schon in ihrer Heimat die Taufe empfangen hatten. Durch Dencks Wirken trat rasch ein starkes Wachsthum ein. Von besonderer Bedeutung wurde der Uebertritt zweier ehemaligen Ordensbrüder, nämlich des Siegmund Salminger aus München und Jacob Dachser aus Ingolstadt, über deren Wesen und Charakter uns nur die besten Zeugnisse erhalten sind und die vermöge ihrer Begabung bald zu Vorstehern der neuen Genossenschaft erwählt wurden.

Es waren wie in den Zeiten der ersten Christen besonders die niederen Stände, welche dem Evangelium der Nächstenliebe und Brüderlichkeit zufielen. Aber auch in den Kreisen der vornehmen städtischen Familien fanden sich Anhänger. Als im Jahre 1527 die Verfolgung begann, stellte es sich heraus, daß auch zwei Mitglieder des kleinen Raths, Lauz Vischer und Endris Widholz, die Taufe empfangen hatten, auch angesehene Kaufleute, wie Haug Miller und Andere, waren darunter.

Die literarische Vertheidigung der Partei übernahm kein
geringerer, als ein Sprößling einer der berühmtesten und ältesten
Familien in Augsburg, nämlich Eitelhans Langenmantel.
Jedermann in der alten Reichsstadt kannte ihn. Sein Vater war
vierzehnmal Bürgermeister gewesen und hatte viele Jahre hindurch
dem schwäbischen Bund mit höchster Auszeichnung Dienste geleistet.
Indem der Sohn dieses Mannes sich jetzt mit Begeisterung in
die neue Bewegung warf, riß er unwillkürlich manchen Schwankenden mit fort. Es wird glaubwürdig berichtet, daß um das
Jahr 1527 die Täufergemeinde 1100 Seelen zählte, und von
diesem Mittelpunkt aus ward denn eine erfolgreiche Agitation in
ganz Oberdeutschland betrieben. In Eßlingen, Passau, Regensburg, München, Salzburg entstanden Brüdergemeinden. Denks
Wirken, sagt Urbanus Rhegius, „hat bald um sich gefressen wie
der Krebs zu vieler Seelen jämmerlichen Schaden."[1]

Alle Anzeichen nun, welche wir besitzen, deuten darauf hin,
daß die Täufergemeinden in dieser ersten Epoche von einem ernsten
Streben nach wahrer Religiosität durchdrungen und getragen
waren. Der entschiedenste Gegner der Augsburger Täufer, Urbanus
Rhegius, sieht sich zu dem Geständniß genöthigt, daß viele „Fromme,
Einfältige, Unschuldige" darunter gewesen seien.[2]

Rhegius meint indessen, die Frömmigkeit der Täufer sei ein
Werk des Teufels, welcher sich vorgesetzt habe, dadurch den Lauf
des Evangeliums (d. h. der lutherischen Lehre) zu hemmen. Er sagt
mit Bezug auf das Leben der neuen Täufergemeinde wörtlich:
„So man dem Teufel zusieht, so mummelt er so greulich in
den Winkeln, daß man wohl sieht, was er sich fürgenommen hat,
nämlich durch ein Fastnachtspiel eines heiligen, apostolischen Lebens das ganze Evangelium verhaßt zu

---

1) Wider den neuen Tauforden, Bl. A. II¹.
2) Zwen wunderseltzam Sendbrieff u. s. w., Bl. E. 3¹.

machen und auszutilgen, daß man in der ganzen Welt nicht
wisse, wo man daran sei."[1]

Ob der Teufel dies heilige Leben verursacht habe oder nicht,
ist Ansichtssache; jedenfalls sehen wir aus Rhegius' Worten so
viel, daß er die Thatsache selbst nicht bestreiten konnte.

Auch in neueren Schriften wird den damaligen Täufern ein
gutes Zeugniß ausgestellt. Friedrich Roth, welcher die Quellen
der Augsburger Reformationsgeschichte am genauesten durchforscht
hat, hat keine ungünstige Nachricht über sie beibringen können —
ein wichtiger Umstand angesichts der Thatsache, daß von der
Majorität der Bürgerschaft und des Clerus alles aufgeboten
wurde, um sie herabzusetzen und verächtlich zu machen. Roth
sagt ausdrücklich, „daß sich gegen den äußeren Lebenswandel der
Wiedertäufer in Augsburg wenig vorbringen lasse."[2] „Man darf
glauben, fügt er hinzu, daß viele aus wahrem Herzensbedürfniß,
angeekelt von dem Geschimpfe und der gegenseitigen Verketzerung
auf der Kanzel, ihre Zuflucht in einer stillen, von allem Con-
fessionswesen losgelösten Erbauung suchten." „Ein schönes Ideal-
bild war es", heißt es an anderer Stelle, „welches den reineren
Geistern unter den Wiedertäufern vor Augen schwebte. Mit Sehnsucht ließen sie ihre Blicke zurückschweifen auf jene herrliche Zeit,
da durch die von Stadt zu Stadt pilgernden Apostel die ersten
Christengemeinden gestiftet wurden, die sich in herzlicher Liebe als
die Glieder eines Leibes aneinander schlossen."[3]

„Wir haben keinen Grund, zu zweifeln", sagt Dencks
Biograph Heberle[4]), „daß es in den meisten Fällen ein wirkliches
inneres Bedürfniß war, welches der Augsburger Gemeinde ihre
Mitglieder zuführte."

Der Geist, der die kleine Gemeinde beseelte, spricht sich in

---

1) Zwen wunderseltzam Sendbrieff zweier Widertäufer. Augsb. 1529.
2) Roth a. O. S. 197.   3) Roth a. O. S. 188.
4) Heberle, 1851, S. 146.

den Liedern aus, welche von Dachser und Salminger veröffentlicht
wurden.¹) So singt Jacob Dachser²):

> Ich hab geliebt, drum wird der Herr
> Die Stimm' erhören meiner Klag
> Und sein Ohr neigen zu mir her,
> Drum will ich anrufen mein Tag;
> Denn Todes Strick
> Und groß Unglück,
> Die hatten mich umfangen gar
> Und Angst der Hell
> Fanden mich schnell,
> Ja, Noth und Leid fand ich fürwahr.

> Des Herren Namen ruf ich an,
> O Herr, errett mein Seel aus Noth;
> Gnädiger Herr, thu mir beistahn,
> Du gerechter, barmherziger Gott.
> Der Herr behüt
> Mit seiner Güt,
> Die kleinen, einfältigen Leut.
> Denn da ich gar
> Verarmet war,
> Half er mir auf zu rechter Zeit.

Einer anderen Stimmung giebt das folgende hübsche Gedicht
Ausdruck³):

> Ich seufz' und klag viel langer Tag
> Mein Trübsal thut sich haufen;
> So ist die Sag, als oft ich frag,
> Ich soll, Herr, zu dir laufen.
> Denn Gnad und Gunst hab du umsunst
> Durch Christum feil getragen,
> Da er zu uns thät sagen:
> „Kommt zu mir all, so euch Trübsal
> Und Kummers Noth, bis in den Tod
> Mit Sünden viel verstricken;
> Kehr zu mir her, du kleines Heer,
> So will ich dich erquicken.

1) Unter Dachsers Namen erschien 1538 „Der ganz Psalter Davids u. s. w.
Augsburg bei Phil. Ulhart." Darin sind Lieder von Dachser und Salminger.
S. Wackernagel, das deutsche Kirchenlied III, 702.
  2) Wackernagel, S. 703, Nr. 812.   3) Wackernagel III, 705, Nr. 816.

Allein daß ihr lernet von mir
Demüthig sein von Herzen,
Und setzt euch für, ganz mit Begier
Gedulbigleit in Schmerzen.
So wird euch noch mein Bürd und Joch
Leichter zu tragen werden;
So ihr mit mir auf Erden
Ein kleine Zeit verlassen seib
In Angst und Pein, so wird euch mein
Vater ben Tröster senben.
Sein guter Geist, der kann und weißt
Euch allen Kummer wenden."

Dir, Herr, der Preis mit höchstem Fleiß
Allein werd zugemessen
Und wir die Speis im Parabeis
Mit Christo mögen essen,
In seinem Reich, da wir alle gleich
Mit ihm werden regieren
Und fröhlich jubilieren,
Durch seinen Geist, der uns hie leist
Beständigleit in unserm Leib,
Zu preisen Gottes Namen,
In Alt und Jung, mit Herz und Zung —
Wer das begehrt, sprech Amen.

Aus einem anderen Gedicht, welches Dachser einen „Bitt-psalm" genannt hat, mögen folgende Verse hier einen Platz finden:

Zu bir schrei ich, Herr Gott, mein Heil,
Und sag: du bist mein Hoffnung,
Im Land der Lebenden mein Theil,
O Herr, merl auf mein Klagung.
Denn sehr gering bin worden ich,
Vor mein Verfolgern rette mich,
Sie sind mir obgelegen.

Mein Seel, Herr, aus dem Gefängniß führ,
Daß ich dank beinem Namen;
Die Gerechten warten dein mit mir,
Dein Geist führ sie zusammen.
Wenn du mir wieder hilfest auf,
Daß ich zu beiner Gemeine lauf,
Dein Treu erzähle, Amen.

Weit weniger formvollkommen, aber gleichfalls innig und
tief empfunden sind Salmingers Lieder. Wir wollen hier nur
den Schlußvers eines seiner Gedichte¹) mittheilen:

> Nun sehet, wie sie sind gezählt
> Unter die Kinder Gottes
> Und das Loos ist ihn' auch gefällt
> Zu den Heiligen voll Muthes;
> Deß freue dich, Gottes Volk gemein,
> Des Geist hält sie zusammen.
> In der Lieb Gottes wandle rein
> Durch Jesus Christus Namen,
> Der beschützen wird. Amen.

Es ist merkwürdig, daß die religiöse Begeisterung dieser
Männer gerade in Liedern so vielfach zum Ausdruck kam. Zu
den Führern der Partei gehörten damals in Augsburg außer den
Genannten besonders Hans Hut, Ludwig Hetzer und Eitelhans
Langenmantel²) und von sämmtlichen besitzen wir Kirchenlieder.
Der formgewandteste von ihnen ist unzweifelhaft Hetzer, dessen „Lied
zur Stärkung und Befestigung des Glaubens“ in seinen Anfangs-
und Schlußversen also lautet³):

> „Sollt du bei Gott dein Wohnung han
> Und seinen Himmel erben,
> So bleib nur stets auf seiner Bahn,
> Mit Christo mußt du sterben.
> Du mußt dein Herz —
> Es gilt kein Scherz —
> In Gottes Gunst versenken,
> Dein Hab und Gut,
> Auch Leib und Blut
> Gänzlich dem Vater schenken.

> Hast du Gott lieb und kennst sein' Suhn
> Als du dich rühmst mit Worten,
> So sollst du seinen Willen thun
> Auf Erden an allen Orten.
> Es hilft kein Gloss',
> Die G'schrift ist bloß,

---

¹) Wackernagel, III, 809, Nr. 960. ²) Wackernagel, III, 457.
³) A. O. S. 480, Nr. 536.

Ich kanns nicht anders lesen,
Willst du sein frumm
So magst kurz um
Vors Teufels G'walt nit g'nesen.

Ja, spricht die Welt, es ist ohn Noth,
Daß ich mit Christo leide,
Er litt doch selbst für mich den Tod,
Nun zech ich auf sein Kreide.
Er zahlt für mich,
Dasselb glaub ich,
Darmit ists ausgerichtet.
O Bruder mein,
Es ist ein Schein,
Der Teufel hats erdichtet.

Merk auf, o Welt, mit deiner Pracht,
Kehr ab von deinem Leben,
Bedenk den Tod und Gottes Macht,
Schau, was er dir will geben.
Thust du hie Buß,
Folgst Christus' Fuß
Er wird dich nicht verdammen;
Das ewig Reich
Wirst haben gleich
Mit Jesu Christo, Amen.

Einem andern Lied hat Hetzer die Worte Pauli (Röm. 5, 4)
„Gebuld bringt Erfahrung" zu Grund gelegt:

Gebuld sollt han auf Gottes Bahn,
Willt du sein Kunst recht lernen.
Wer nicht mit Huld hie hat Gebuld,
Dem fehlt am rechten Kernen.
Gebuld in Noth ist Himmelbrot,
In Gottes Schatz verborgen.
Mit dieser Speis wirst klug und weis
Und ledig aller Sorgen,
Daß du der Rach mögst borgen.

Bringt dich ein Sach in Weh und Ach,
In Angst und schweres Leiden,
Daß du nit weißt vor Gottes Geist,
Was thun sollt oder meiden,
Und denn im Streit Glaub oben leit,
So mußt dich lassen schinden.

In solchem Strauß, wo willt nun aus?
Kein Hilf ist da zu finden,
Gebuld muß überwinden.

Von Hans Huts Gedichten sind nur wenige erhalten; wir
wollen aus einem derselben, welches er „Gottes Wille und Werke"
überschrieben hat, folgende Verse anführen[1]):

Die Werke Gotts sind wunderlich[2]),
In rechter Ordnung ewiglich,
Der Mensch soll sie erfahren,
Gott wills ihm offenbaren,
Er soll sie auch bewahren.

Drum hat Gott seinen Sohn gesandt,
Der uns die Wahrheit macht bekannt
Und auch den Weg zum Leben.
So wir darnach thun streben,
Sein' Geist will er uns geben.

Der zeigt uns an die heilig Schrift,
Drin Gott sein Testament gestift
In seinem Sohn so reiche
In aller Welt zugleiche,
Niemand drum von ihm weiche.

Den Tod er überwunden hat,
Ein rechter Mensch und wahrer Gott,
Mit Kraft hat ers beweiset,
Mit Wahrheit uns gespeiset,
Darum wird er gepreiset.

Schließlich möge auch von Langenmantels Poesie eine kleine
Probe hier ein Plätzchen finden[3]):

In aller Angst und Nothe;
Dazu in Todes Pein,
Gieb uns das Himmelbrote,
Send uns den Tröster dein,
So der Elenden Vater ist
Und die Armen reich machet,
Stärket den, der schwach ist.

___

1) Wackernagel S. 444.   2) wunderlich — wunderbar.
3) Wackernagel III, 457.

Hilf uns das Feld erhalten,
Mit ihm allein auf Erd!
Laß dein Hilf ob uns walten,
Schirm uns mit deinem Schwert!
Auf daß wir als die Helden dein
Mögen die Kron erlangen
Und ewig bei dir sein.

Man darf die Bedeutung dieser religiösen Poesie für die neue Partei nicht unterschätzen. Neben den Hauptartikeln des Glaubens, wie sie sich allmählich ausbildeten und aufgezeichnet wurden, bildeten diese Lieder gleichsam die Bekenntnißschriften der Brüdergemeinden. Im Stadtarchiv zu Augsburg findet sich ein kleines, halbzerrissenes Büchlein, welches einem gefangenen Täufer abgenommen ist; darin stehen neben anderen Aufzeichnungen Abschriften solcher Lieder, und man erkennt, daß der Besitzer das kleine Buch wie ein Amulet bei sich getragen hat. Viele Tausende dieser armen Menschen mögen sich in den schweren Verfolgungen an dem Schatze ihrer Lieder getröstet haben.

Auch bei den gottesdienstlichen Uebungen spielten die Gesänge natürlich eine wesentliche Rolle. Der Mittelpunkt derselben lag in dem Vorlesen der heiligen Schrift und den Erläuterungen, welche die Vorsteher dazu gaben. Diese sprachen von der Nachfolge Christi durch Kreuz und Elend, von dem Gehorsam gegen die Gebote Gottes und von der Uebung der Nächstenliebe.

Es ist uns eine Predigt erhalten, welche um jene Zeit in einer der Täufer-Versammlungen gehalten worden ist. Da bis jetzt, soviel mir bekannt, weder diese noch irgend eine andere Predigt aus jener Epoche des Täuferthums ans Licht gezogen wurde, so will ich hier einige Stellen aus derselben wiedergeben.[1)]

Die Predigt handelt über Jerem. 7, 3—4, wo es heißt: „So spricht der Herr Zebaoth, der Gott Israels: Bessert euer Leben

---

1) Aus einer Handschrift der großherzoglichen Bibliothek zu Heidelberg. Msc. Pal. Germ. 703.

und Thaten, so will ich bei euch an diesem Ort wohnen. Verlaßt euch nicht auf die Lügen, wenn sie sagen: Hier ist des Herrn Tempel!"

Gott begehrt von der ganzen Welt, sagt der Prediger, daß sie hinfort von der Sünde lasse, und verheißt ihr, wenn sie es thue, sie nicht zu verdammen.

Gott begehrt ferner, daß wir die Lehre Christi, die von Gott stammt, erkennen.

Wer diese Befehle Gottes hört und sie thut, der ist ein weiser Mann, der sein Haus auf einen Felsen baut. Wer dieses Haus mit Sünden baut, der baut nicht ein Haus Gottes, sondern ein Haus der Finsterniß.

Wir besitzen äußerliches Zeugniß von Gott; denn Himmel, Erde und Meer verkündigen den Ruhm seines Namens; wir besitzen auch das schriftliche Zeugniß in den heiligen Büchern; aber zum dritten soll auch jeder hören auf den Redner, der in allen Herzen redet; der wird ihn wohl unterweisen, wenn er auf ihn achtet, was zu thun sei. Wer der Stimme folgt, die in seinem Herzen für und für spricht, der findet bei sich allezeit das wahrhaftige Zeugniß, nicht mehr zu sündigen, und eine Mahnung, daß er dem Bösen soll Widerstand thun um des treuen Vaters willen im Himmel, der uns so sehr geliebt hat. Die Kraft zum Widerstand aber finden wir durch Christum, wenn wir Gott bitten, wie es uns Christus lehrt. Dann werden wir den Streit, der sich in uns erhebt, wohl überstehen.

Dann werden wir ein Tempel werden, darin Gott wohnen will; denn Gott will nicht wohnen in Tempeln, die von Menschenhänden gemacht sind, sondern in den Tempeln, die vom Himmel kommen, d. h. in der Menschen Seele und Geist, die an Gott glauben und seinen Willen thun. Spricht doch Gott selbst: In euch will ich wohnen, in euch will ich wandeln.

Das Menschen Herz ist von Natur wie hartes und dürres

Erdreich; wohl hat es die Fähigkeit, gute Frucht zu tragen, doch muß es erst gebaut und gepflügt und gepflegt werden. Der „Baumann" ist das lebendige Wort Gottes, das in unseren Herzen spricht und das wir hören und nicht verleugnen können. Wenn der „Baumann" sein Werk vollbracht und das dürre Erdreich erweicht hat, dann ist es Zeit, daß der Same Gottes durch Christum den „Sämann" darein möge gesäet werden.

Nur dann kommen wir in das Reich Gottes, wenn wir von Neuem geboren werden, d. h. wenn wir willig sind, zu thun nach dem Willen Gottes. Wer aber das Wort hört und will nicht thun, was ihn das Wort Gottes, das von Gott ausgegangen und durch Christum eröffnet ist, lehrt, der mag nimmermehr von Neuem geboren werden. Das Wort in unseren Herzen das ist das Gesetz Gottes, von welchem uns Christus lehrt, daß es nimmer mag aufgelöst werden; denn Christus sagt: „Ehe ein Titel oder Buchstabe von meinem Gesetz zergehen soll, eher müßten zergehen Himmel und Erdreich." Steht Jemand freilich in dem Willen Gottes, so ist für ihn das Gesetz aufgelöst, steht er aber in dem Willen der Welt, so soll er wissen, daß es nimmermehr mag aufgelöst werden.

Wer das Wort Gottes in göttlicher Liebe von ganzem Herzen hört und thut, was das Wort ihn lehrt, der hat himmlische Weisheit und wird ein Haus bauen, das nimmer zergeht; wer aber das Wort hört und thut nicht wie Christus lehrt, der hat eine irdische Weisheit, der wird auch ein irdisches Haus bauen, das zerfallen wird.¹)

---

1) Daß wir in diesem Schriftsatz eine Predigt vor uns haben, geht aus der im Eingang desselben sich findenden Anrede hervor, in welcher es heißt: „Lieben Brüder und Schwestern in der christlichen Versammlung." Diese Predigt ist nachher mit „Einer schönen Auslegung des Vater unser" zusammen in den Druck gegeben worden und im Jahre 1527 als kleines Buch erschienen. Eine Abschrift davon ist dann in der obenerwähnten Handschrift der Heidelberger Bibliothek erhalten. — Man könnte übrigens auf den Gedanken

Besonders wichtig ist für die spätere Entwicklung der Bap-
tistengemeinden — zumal in England und Amerika — die Form
geworden, in welcher hier die Taufe der Erwachsenen vollzogen
wurde. Während nämlich anderwärts (namentlich in Münster)
die Taufe durch Besprengung ertheilt wurde, ward zu Augsburg
die Taufe durch Untertauchen vollzogen. Die Männer waren
bei diesem Acte nackt, die Frauen mit einem Gewande bekleidet.[1]

Durch Dencks schriftstellerische Thätigkeit, die von so großen
Erfolgen begleitet war, kam es bald dahin, daß er der Mittelpunkt einer Partei wurde, die ihm mit Hingebung und Verehrung
anhing.

Aber gleichzeitig erhob sich natürlich auch der Widerspruch im
entgegengesetzten Lager, und um so heftiger war die Reaction, als
der Angriff von einer Seite ausging, auf welche die Männer
der theologischen Wissenschaft und die besitzenden Classen mit
Geringschätzung herabzublicken sich gewöhnt hatten.

Die Führung in dem Kampfe übernahm auf gegnerischer
Seite Urbanus Rhegius, dessen wir oben bereits gedacht haben.

Sowohl von lutherischer wie von zwinglischer Seite ist der
Charakter dieses Mannes vielfach in ungünstigem Lichte dargestellt
worden. Zeitgenossen, die ihn genau kannten und Ursache hatten,
ihn zu schonen, behaupten, daß Rhegius nicht nur unbeständig,
sondern auch factiös gewesen sei[2]; Andere sagten, sein ganzes

kommen, daß wir hier eine Predigt Dencks vor uns haben. Denn seine Ideen
lehren darin fast wörtlich wieder. Doch weiß man ja, wie viele damals in
seinem Sinne gepredigt haben.

1) Die Ueberlieferung dieser Nachricht stützt sich auf einen Augenzeugen,
der in diesen Dingen als durchaus zuverlässig betrachtet werden kann, nämlich
auf den Augsburger Benedictiner Sender (De ortu et progressu etc. pag. 25).
Vgl. Roth, Augsburgs Reformationsgeschichte, S. 212.

2) S. das Urtheil des Lazarus Spengler bei Roth, Augsburgs Reformationsgeschichte, S. 165, Anm.

Handeln werde durch Wohldienerei und Ehrsucht bestimmt, und ein gleichzeitiger protestantischer Chronist nennt ihn einen „unleidsamen" Mann, mit dem Niemand wohl auskommen könne, und allerdings spricht schon die einfache Thatsache, daß er nicht einmal, sondern dreimal die Farbe wechselte, nicht gerade für seine Zuverlässigkeit. Diese Beobachtungen werden leider durch eine nähere Betrachtung der Mittel, deren er sich zur Bekämpfung Dencks und der Wiedertäufer bediente, im vollsten Umfange bestätigt.

Rhegius' Thätigkeit in Augsburg erlitt durch die Täufer großen Abbruch. Er bestätigt dies selbst in den Worten, mit welchen er den Hans Hut, der zu den Führern der dortigen Gemeinde gehörte, anredet: deine Hingabe an die Gemeinde zu Augsburg, sagt er, „sei verbannt und verdammt, denn du hast damit manchen frommen Menschen verführt und solch Unglück angerichtet, daß die christliche Obrigkeit und alle Diener des Evangeliums genug zu schaffen gehabt haben."[1] Rhegius' Stimmung wird am besten illustrirt durch folgende Thatsache, die uns sein eigener Sohn überliefert hat. Eine Frau aus vornehmer augsburgischer Familie war damals wie mehrere ihrer Standesgenossen der Täufergemeinde beigetreten und hing der Lehre Dencks aufs eifrigste an. Man konnte ihr nichts weiter vorwerfen, aber dennoch wurde sie, als sie nicht widerrufen wollte, in Fesseln gelegt und in den Kerker geworfen. Ihre Freunde und Verwandten scheinen es durchgesetzt zu haben, daß man ihr den Wunsch gewährte, welchen sie aussprach, öffentlich von ihrer Lehre Rechenschaft geben und ihren Glauben vertheidigen zu dürfen. Man führte sie in den Ketten, mit welchen man ihre Arme und Füße gefesselt hatte, in das Rathhaus, wo Rhegius mit den lutherischen Predigern und der Rath sich versammelt hatten, und Rhegius gab sich Mühe, seine Gegnerin von der Richtigkeit des lutherischen

_____

1) Ein Sendbrief Hans Huthen Bl. B. 4.

Keller, Hans Denck. 8

Glaubens zu überzeugen. Als sie darauf hinwies, daß es ein
ungleicher Kampf sei, den ihre Feinde ihr anböten, da sie gefesselt
auf der Erde liegen müsse, während Rhegius neben dem Bürgermeister wie ihr Richter sitze, erwiderte ihr Urbanus: „Nicht mit
Unrecht liegst du in Ketten am Boden, denn du hast dich unter
des Teufels Joch begeben. Nun hat man dich mit diesem
Schmuck angethan Andern zum Beispiel."[1]

Wie Rhegius über die Strafwürdigkeit der Wiedertaufe dachte,
ergiebt sich aus seinem gelegentlichen Ausspruch: „Wiedertaufen
ist eine Ketzerei und ein geistlich Laster oder Irrthum, viel schäd-
licher denn das fleischliche Laster Geiz und Hoffahrt."[2] Er hielt
es deshalb für angemessen, daß mit Folter und Richtbeil gegen
die Täufer eingeschritten werde, und der Augsburger Magistrat
verfuhr demgemäß.

Dies Verhalten hinderte ihn indessen nicht, bei einer anderen
Gelegenheit von sich auszusagen, „er habe die Obrigkeit niemals
gegen die Täufer aufgehetzt."[3]

Die wissenschaftliche Polemik, welche Rhegius in zahlreichen
Streitschriften gegen die Täufer führte, stellt seiner Wahrheitsliebe
kein günstiges Zeugniß aus. Natürlich muß ich zum Beleg dieser
Behauptung Beweise beibringen. Rhegius sagt unter Anderem,
daß die Täufer ihre Lehre nicht auf die heilige Schrift, sondern
auf ihren eigenen Geist gründeten. „Wie sich der Wiedertäufer
Abt Joh. Denck läßt merken, so will euer Geist nirgends unter
die Schrift und nicht unbillig, denn soll Schrift bestehen, so liegt
euer Geist im Koth — Summa: Wiedertäufer können und
mögen die Schrift nicht erleiden."[4] Diesen Satz wiederholt
er fortwährend in den verschiedensten Wendungen. Wer sich aber

1) Vita Urbani Regii autore Ernesto Regio filio vor den Opp. lat.
Urbani Regii nach Uhlhorn, S. 134.
2) Urbanus Rhegius, Zwen wunderseltzam Sendbrieff, Bl. D. 3.
3) Uhlhorn, a. O. S. 133.
4) Wider den neuen Tauforden, Bl. B.

von der Unwahrheit überzeugen will, der nehme eine oder die
andere von Dencks Schriften in die Hand und sehe, daß er auf
das Zeugniß der Schrift, die er „über alle menschliche Schätze
hielt", den höchsten Werth legte.

An vielen Orten beschuldigt Rhegius die Täufer unterschieds-
los und ohne nähere Gründe der Anmaßung; wenn er dagegen
versichert: „Du hast, lieber Wiedertäufer, unseren Beruf und
Lehre nicht umgestoßen, denn du redest deine Menschenworte, wir
reden Gottes Wort",[1]) so hält er dies offenbar nicht für eine
Anmaßung.

Ferner behauptet Rhegius, daß die Täufer lehrten, man
brauche keiner Obrigkeit zu gehorchen. „Wo ihr hinkommt, sagt
er, bleibt keine Obrigkeit ungeraffelt." Dieser im Jahre
1527 niedergeschriebene Satz enthält eine Verläumbung. Sagt
doch selbst Uhlhorn, daß „Aufruhr oder auch nur Aufforderung
zum Aufruhr den Wiedertäufern in dieser Zeit in Oberdeutschland
nirgends nachzuweisen ist"[2]), und ich habe trotz vielfacher Nachforschungen bis zum Jahre 1526 nicht die geringste Spur entdecken können.

Endlich verdächtigt Rhegius den sittlichen Lebenswandel der
Täufer als „Schein" und „Gleißnerei". „Die Liebe und der
Gehorsam gegen Gott, die guten Werke und die apostolische Nach-
folgung Christi", welche man bei ihnen wahrnehme, sagt er, sei
erheuchelt. „Sie brauchen große Gleißnerei, damit sie die Einfältigen von Christo (d. h. der lutherischen Auffassung Christi)
wieder auf die eigennützigen Werke abführen." Man kann jedem
Billigdenkenden überlassen, was er hiervon halten will.

Rhegius' ganz besondere Ungunst hat Hans Denck erfahren
und seine Schriften sind voll von Angriffen gegen Denck, die
leider zum größten Theil auf bewußten Unwahrheiten beruhen.

---

1) Wider den neuen Tauforden, Bl. B. 4¹.
2) Uhlhorn a. O. S. 135.

Merkwürdig ist, wie klar Rhegius die Bedeutung des Gegners empfand, den er vor sich hatte. In seiner Hauptschrift gegen die neue Partei sagt Rhegius wörtlich Folgendes[1]): „Paulus ermahnet Timotheum, er solle sich vor Alexander Kupferschmidt hüten, ohne Zweifel, daß er ein Feind war des Evangeliums. Also ermahnen wir euch mit Namen, daß ihr euch hütet vor Johann Dencken, denn er stecket voll Irrsal." Allerdings war Denck ein um so gefährlicherer Gegner, weil es schwer war, ihm beizukommen; doch brachte Rhegius es fertig. Zunächst giebt er zu verstehen, daß Denck es nur auf den „Betrug" der Einfältigen abgesehen habe. Der „mittentag Teufel", sagt er, „führe zuweilen auch Schrift, doch allein zu Betrug der Einfältigen, wie denn Johann Denck (dem Gott verzeihe, wo er noch nicht zu Tod gesündigt hat) sich zuerst in die Winkel gesteckt und heimlich sein Gift ausgegossen hat."[2]) Eben dieses heimliche Wirken wird dem Denck fortwährend als besonderes Vergehen vorgeworfen. Man sollte denken, daß Rhegius sich selbst hätte den Grund sagen können, denn die Hinrichtungen, Einkerkerungen und Ausweisungen, die Dencks Freunde um jene Zeit anderwärts erfuhren, mahnten doch wahrlich zur Vorsicht. Allein bis auf den heutigen Tag wird auf Grund dieses Vorwurfs, den Rhegius zuerst aufbrachte, Denck in den meisten Büchern als „Conventikelheld" und Duckmäuser bezeichnet. Wie steht es denn aber mit der Wahrheit von Rhegius' Angaben?

Rhegius sagt, Denck habe überhaupt nicht gewagt, von seiner Lehre öffentlich Zeugniß vor den lutherischen Predigern abzulegen; „er machte sich eigene Dogmata, Lehren, wie er wollt, und verbarg sie bei allen denen, da er Schrift bei wußte — was das für Apostel seien, ist gar leichtlich zu merken"[3]) und an einer anderen Stelle heißt es: „Mit den verordneten Prädicanten

---

1) Wider den neuen Tauforden, Bl. M. 2.
2) Wider den neuen Tauforden, Bl. A. 2ᵇ.
3) Zwen wunderseltzam Sendbrieff Bl. K. 1.

hat er (Denck) nichts wollen reden, auch ihrer nirgends wollen
erwarten, daß man ihn mit der Schrift lehrte."[1]) Um zu zeigen,
daß die lutherischen Prediger ganz anders verfuhren, sagt er:
„Wir predigen öffentlich Christum, ihr mummelt in den Winkeln."[2])
Man sollte danach annehmen, daß Denck den Besprechungen
mit Vertretern des Lutherthums ängstlich aus dem Wege gegangen
sei; allein in Wahrheit hat er nicht nur privatim mit Rhegius
selbst lange conferirt, sondern auch sich in ein öffentliches
Religionsgespräch mit den Lutheranern eingelassen, worin er sich
rückhaltlos zu seiner Lehre bekannt hat.

Dies bezeugt Niemand anders als Rhegius selbst. Nachdem
mehrere Jahre über den Dingen verflossen und Denck gestorben
war, hatte Rhegius vielleicht seine früheren Aussagen nicht
mehr ganz deutlich in der Erinnerung. Jedenfalls erzählt er
Folgendes.[3]) Im Jahre 1526, als er von Dencks Lehren zu Augsburg erfahren habe, habe er ihn „beschickt" und gefragt, warum
er es gethan hätte. Zum ersten habe Denck „geläugnet" — man
kann annehmen, daß diese Behauptung ebenso wahr ist wie jene
vom „Betrügen" —, dann aber geweint und bekannt. Darauf
habe ihm Rhegius ausführlich seinen Irrthum auseinandergesetzt.
Dann fährt Rhegius wörtlich fort: Denck sagte „einen lauteren
Traum, wie nachmals auch in öffentlicher Disputation
meine Herrn und Mitarbeiter im Evangelio selbst
höreten."

Ueber eben diese Disputation hören wir von Rhegius an
anderer Stelle Genaueres. Wir fragten Denck, erzählt er, „ob er
erleiden möcht, daß ein ganzer Rath oder ein Ausschuß uns zusammen verhörte sammt den Verständigen in dieser Sache — war
er freudig und sprach, er wollte die Sache mit uns vor

---

1) Wider den neuen Tauforden, Bl. A. 2[1].
2) Wider den neuen Tauforden, Bl. D. 3.
3) Ein Sendbrief Hans Huthen u. s. w. 1528, Bl. D. 4[1].

einer ganzen Stadt annehmen."¹) Daß es nachher zu
dieser Verhandlung nicht kam, scheint weniger an Denck als daran
gelegen zu haben, daß Rhegius, wie er selbst versichert, dem Denck
„sein Winkelpredigen nicht mehr gestatten wollte."²)

Es versteht sich, daß Rhegius versichert, er und die Seinen
hätten den Denck (von dessen Partei übrigens Niemand weiter
zugelassen worden war) in jener Disputation überwunden. Als
dem Denck, erzählt Rhegius, „die Schrift zu hell in die Augen
schien", wußte er nichts als Scheltworte vorzubringen. „Das
ist des Tauforbens Brauch in ihren Obersten, heimlich in eine
Stadt schleichen und in den Winkeln zuerst die Prediger unge-
warnt schmähen, damit ihrer Lehre den Lauf zu wenden und
großen Geist fürgeben, das die Apostel nie haben gethan."

Wir wissen, daß Denck einen sittlichen Wandel bei sich und
Anderen auf das Strengste forderte. Man sollte nicht glauben,
daß Rhegius dies mißbilligt hätte, aber er sprach im Sinne vieler
Augsburger Bürger, wenn er die hohen Forderungen ernstlich
tadelte. Denck, sagt er, könne „nicht gedulden, daß ein Bruder
eine Zeit lang schwach sei."³) „Hat nicht auch der Apostel",
fährt er fort, „die Gemeinden getragen in ihrer Schwachheit?"
„Wäre er nicht geduldiger gewesen als die Wiedertäufer, er hätte
weder den Römern, Corinthern, Galatern, noch anderen christlichen Gemeinden geschrieben, dieweil bei ihnen noch soviel Schwachheit war."

An einer anderen Stelle sagt Rhegius in demselben Sinn:
„Dieser Wiedertäufer⁴) hat das Evangelium geschmäht und das
Gesetz der Liebe wüst übertreten, daß er spricht: Man

---

1) Wider den neuen Tauforben Bl. M. 2.
2) Ein Sendbrief Hans Huthen Bl. D. 4¹.
3) Wider den neuen Tauforben Bl. D. 3.
4) Er meint damit zunächst den Schüler Dencks, Hans Laugenmantel, aber
der Vorwurf trifft doch auch den Lehrer. S. Wider den neuen Tauforben,
Augsburg 1527.

sehe Niemand, der ob unserer Predigt besser geworden sei, darum daß nicht gleich Engel aus uns werden. — Er muß eine christliche Gemeinde glauben, wo man das Evangelium predigt, man wird sie ihm nicht zu prüfen geben."

Also wer nicht darüber hinwegsehen mag, wenn Jemand „schwach" oder kein „Engel" ist, der schmäht das Evangelium und übertritt in wüster Weise das Gesetz der Liebe.

Als Denck von der Absicht des Rhegius Kunde erhielt, sein ferneres Wirken zu verhindern, hielt er es im Interesse seiner Sicherheit für gerathen, so rasch als möglich aus der Stadt zu flüchten. Kurz nach jener öffentlichen Disputation zog er von dannen und ließ seinen Beruf und seine Stellung im Stich. Nicht als ob er die Sache aufgegeben hätte, der er seine Kräfte gewidmet hatte, sondern im Gegentheil, um sich den „Brüdern" zu erhalten, eilte er nach Straßburg, wo er sich vor Gefängniß und Tod wenigstens vorläufig sicher wußte.

Diese Ereignisse mögen sich etwa im Spätherbst des Jahres 1526 zugetragen haben.

Siebentes Capitel.

Vom freien Willen.

Bedeutung der Lehre von der Willensfreiheit. — Luther leugnet dieselbe. — Dessen Beweis-führung und Gründe. — Die göttlichen Dinge sind nicht mit der Vernunft, sondern mit dem Glauben zu erfassen. — Die Aussprüche der heiligen Schrift. — Gott und der Teufel „reiten" den Menschen. — Der Mensch muß sündigen. — Unterschied zwischen dem heim-lichen und offenbaren Willen Gottes. — Ob wir sündigen oder nicht, ist für unsere Seligkeit gleichgültig. — Gottes Haß ist ein ewiger Haß. — Desct kann diese Lehren nicht billigen. — Er verfaßt eine eigene Schrift über den freien Willen. — Wesentlicher Inhalt derselben.

Die Frage, ob der Mensch einen freien Willen habe oder nicht, scheint Vielen mehr eine philosophische als eine religiöse Bedeutung zu besitzen. Wie man auch darüber denken mag, so steht doch soviel fest, daß Luther dieser Frage eine ganz funda-mentale Wichtigkeit beilegte und seinen Satz von der Unfreiheit des menschlichen Willens geradezu als den Kern und das Hauptstück seiner ganzen Lehre hinstellte. Er nannte ihn einen wesentlichen Hauptartikel des christlichen Religionsgebäudes und sagte, dieser Artikel sei der allerbeste unter den sämmtlichen Sätzen, die er im Gegensatz gegen die alte Kirche zur Geltung gebracht habe.[1]) Luthers Hauptschrift über die „Knechtschaft des

---

1) Luther hat Wandlungen in seinen Anschauungen durchgemacht — aber bei dieser Lehre ist er stets geblieben. Das wird von seinen eifrigsten An-hängern mit Nachdruck hervorgehoben. Vgl. Stahl, Die lutherische Kirche S. 211. Jul. Köstlin sagt (Luthers Theologie in ihrer geschichtlichen Ent-wicklung, Stuttgart 1863, Bd. II, 39): „Keine Rede kann für Luther davon sein, daß der Mensch hätte, was man gewöhnlich unter freiem Willen versteht, nämlich eam vim, quae libere possit in utrumque se vertere." Hierin hat Köstlin vollständig Recht.

Willens" erschien im Jahre 1525 und wurde rasch in den verschiedensten Ausgaben über ganz Deutschland verbreitet.

Es ist für das Verständniß der nachfolgenden Erörterungen durchaus nothwendig, den Gedankengang, durch welchen Luther zu seiner Ansicht geführt worden war, und die Gründe, auf welche er sich stützte, kurz zu skizziren.

Das Gefühl der persönlichen Verantwortlichkeit, welches sich in der Stimme des Gewissens offenbart, deutet allerdings — das gestand Luther ein — auf eine Freiheit hin, die uns in der Wahl des Bösen oder Guten gegeben ist. Die menschliche „Vernunft", sagt Luther[1]), wird nicht anders urtheilen, als daß wir einen freien Willen haben. Allein in göttlichen Dingen, meint er, darf die menschliche Einsicht gar nicht mitreden, sondern wir müssen „die Geheimnisse Gottes" nur mit dem „Glauben" erfassen.

Die Vernunft ist „blind, schläft und schnarcht, fühlet und empfindet nicht, wie Gott wirkt oder regiert, sondern sie verachtet Gottes Werk." Man bringe gegen den unfreien Willen nur vor, sagt er an einer andern Stelle[2]), daß „sich die menschliche Vernunft daran ärgere." Aber die menschliche Vernunft ist „gar eine geborene Närrin, gottlos und gotteslästerlich." „Also stehen der tollen Vernunft Gedanken von Gott, als habe er den Menschen die Mühe und Arbeit befohlen, seinen Zorn und seine Güte also anzunehmen und auszuschlagen."[3]) „Man muß Gott und Gottes Werk nicht nach menschlicher Vernunft wollen abmessen und Gott entschuldigen wollen, warum er etliche verstocke."[4]) Daß Gott aber in der That „etliche verstockt", d. h. zur Sünde treibt, geht nach Luther mit unzweifelhafter Gewißheit aus der heiligen Schrift hervor, welche an verschiedenen Stellen hierfür Zeugniß giebt. So sagt Gott

---

1) S. die Uebersetzung der Schrift „De servo arbitrio" in Luthers Werken ed. Walch XVIII, 2286.

2) Walch XVIII, 2259.   3) A. O. 2256.   4) A. O. 2266.

(2. Mos. 14, 4): „Ich will verstocken das Herz Pharaonis", besonders aber giebt Paulus in dem Brief an die Römer (9, 18) ganz deutlich vom göttlichen Willen Kunde, indem er sagt: „So erbarmet er sich nun, welches er will, und verstocket, welchen er will." Diese Stellen sind, meint Luther, nicht zu deuten, sondern man muß sie wie alle Schriftstellen, dem einfachen Wortlaut nach auffassen. Hierauf baut sich denn Luthers ganzes System auf. „Der Mensch muß von Nöthen Böses thun und der Sünde eigen und Knecht sein."[1] „Dieweil nun und so lange der Wille Gottes steht, ohne welchen nichts geschiehet, und dieweil das stehet, daß der freie Wille nicht kann Gutes wollen, so ists Alles umsonst, was man aufbringet, Gott zu entschuldigen und den freien Willen zu beschuldigen, daß an uns der Fehl sei."[2]

Man muß „nachlassen (zugeben), sagt Luther anderwärts, daß allein der ewige Gotteswille etliche verstocket, über etliche sich erbarmet und daß der Wille Gottes selbst kräftiglich Alles wirke, schaffe und thue in Allen". Ferner: „Dieweil Gott Alles in Allen regiert, wirket und schaffet, so muß er je auch von Noth wirken und schaffen im Satan und den gottlosen Menschen."[3] „Die allmächtige göttliche Gewalt treibet den Gottlosen immerhin wie andere Creaturen, daß er nicht kann feiern, er muß wollen, sich gelüsten lassen und begehren, wie es an ihm selbst ist. Nun ist er gottlos und böse, so thut er auch Böses."[4]

Luther erläutert seine Vorstellung von der Abhängigkeit des menschlichen Willens an folgendem Gleichniß: „Also ist der menschliche Wille ein Mittel zwischen Gott und Satan und lässet sich führen, leiten und treiben wie ein Pferd oder ander Thier. Nimmt ihn Gott ein und besitzet ihn, so geht er, wohin und wie Gott will, wie der 73. Psalm V. 22 sagt: „Ich bin wie ein Thier bei dir." Nimmt ihn der Teufel ein und besitzet ihn, so will er und

---

1) A. O. 2293.   2) A. O. 2294.   3) A. O. 2293.   4) A. O. 2294.

geht, wie und wohin der Teufel will. Und ist nun der menschliche Wille darinnen nicht frei oder sein selbst mächtig, zu welchen von denen zweien er laufen und sich halten wolle, sondern die zween Starken streiten darum, wer ihn einnehme."[1]

Ein protestantischer Kirchenhistoriker, welcher dies Gleichniß ebenfalls anführt, bemerkt dazu, daß Luther hier nicht mit den Worten spiele; der Satan sei ihm kein dogmatischer Begriff, sondern ein reelles Wesen, und Luther sei der Ueberzeugung, daß des Satans Macht im Stande sei, den Kampf mit Gott aufzunehmen.[2]

Luther erkannte an, daß bei dieser Auffassung eine Reihe von Räthseln entstehen; er leugnete nicht, daß Gott den Menschen strafe für die Sünde und sie ihm als Schuld anrechne, obwohl der Mensch sündigen muß. Im Hinblick hierauf sagte er: „Warum aber Gott die Sünde unserem Willen Schuld giebt, so doch der Mensch den Willen nicht kann noch vermag wegzulegen, das soll Niemand forschen noch fragen."[3]

Wenn man es als feststehend betrachtet, daß Gottes Wille es ist, welcher die Sünde und das daraus folgende Elend, Jammer und Tod wirkt, so entsteht die Frage, ob nicht dieser göttliche Wille mit demjenigen, der uns in der heiligen Schrift geoffenbart ist, in Widerspruch trete. Denn 1. Tim. 2, 4 steht geschrieben:

---

1) Walch XVIII, 2123. — In der lat. Ausgabe (Opp. Jen. III, 171) lautet die Stelle: „Sic humana voluntas in medio posita est ceu jumentum; si insederit Deus, vult et vadit, quo vult Deus, si insederit Satan, vult et vadit, quo vult Satan, nec est in ejus arbitrio, ad utrum sessorem currere aut eum quaerere, sed ipsi sessores certant ob ipsum obtinendum et possidendum."

2) Schenkel, Wesen des Protestantismus. 2. Aufl., S. 276.

3) Walch XVIII, 2236. — Es ist wichtig, zu wissen, daß auch noch heute die hervorragendsten protestantischen Theologen auf der Seite Luthers in Bezug auf die Lehre von der Unfreiheit des Willens stehen. Baur (Gegensatz des Katholicismus und Protestantismus, S. 196) meint, daß die Leugnung der Freiheit wesentlich protestantisch sei.

„Gott will, daß allen Menschen geholfen werde" und an anderer Stelle (Eph. 31, 11): „Ich will nicht den Tod des Sünders, sondern daß er sich bekehre und lebe."

Luther, welcher diesen Widerspruch wohl erkannte, stellte die Lehre auf, daß man einen Unterschied machen müsse zwischen dem in der heiligen Schrift geoffenbarten und dem heimlichen Willen Gottes.

Er spricht sich hierüber selbst in folgender Weise aus: „Gott will den Tod des Sünders nicht nach dem Willen, den er uns durchs Wort, (d. h. durch die heilige Schrift), offenbart hat; er will ihn aber nach dem verborgenen, unerforschlichen Willen. Nun sollen wir das Wort ansehen und den unerforschlichen Willen stehen lassen, davon uns nichts befohlen ist. Denn wir müssen uns nach dem Wort regieren, nicht nach dem unerforschlichen Willen."[1] An einer anderen Stelle sagt er: „Ich sage, Gott hat verboten die Sünde und will derselben nicht. Dieser Wille ist uns geoffenbart und noth zu wissen. Wie aber Gott die Sünde verhängt oder will, das sollen wir nicht wissen, denn er hats uns nicht geoffenbart."[2]

Luther sah wohl ein, daß er hiermit der Vernunft eine starke Zumuthung mache. Er sagt selbst, „die natürliche Vernunft stoße sich daran, daß Gott aus Willen und lauter aus Willen die Menschen verläßt und verstockt, gleich als habe er Lust an ihrem ewigen Verderben, ewiger solcher großer Qual und Pein der armen elenden Menschen, so er doch so hoch und reich läßt rühmen seine Güte, Gnade und Barmherzigkeit."[3]

Indessen sollen wir „Gottes Gerichte und Urtheile" ja auch nicht begreifen, sondern glauben. „Wenn nun Fleisch und Blut", sagt er, „sich daran stößet und murret, so murre es gleich immer-

1) Walch XVIII, 2236.
2) Luthers Werke, Wittenberger Ausgabe X, 1766.
3) Walch XVIII, 2317.

hin; es wird doch nichts ausrichten; Gott wird darum nicht anders. Und wenn sich eben viel Gottlose ärgern und abweichen oder Gott verleugnen oder verachten, so bleiben doch die Frommen und Auserwählten."[1] Die Auserwählten aber sind die, welche glauben.[2]

Wir werden auf die Gründe, mit welchen Luther seine Anschauung stützt, im Laufe der folgenden Darstellung noch wiederholt zurückkommen müssen. Hier wollen wir nur noch auf die Bedeutung hinweisen, welche diese Lehre für die Auffassung über die Erlösung und die Seligkeit der Menschen besitzt.

Aus unserer Unfreiheit folgt naturgemäß, daß unser Seelenheil unabhängig von unserem sittlichen Verhalten zu denken ist. Wir können durch unsere Werke nichts dazu thun, sondern die Erlösung ist ein übernatürlicher, göttlicher Wunderact, den Gott lediglich aus Gnade an denen vollzieht, die er von Ewigkeit her zur Seligkeit bestimmt oder erwählt hat. Der Vorsatz Gottes bezüglich unserer Seligkeit ist gefaßt, ehe wir waren. „Gott hat meine Seligkeit aus meinem freien Willen genommen und in seinen freien Willen gesetzt."[3]

Gott, sagt Luther, hat von Anbeginn der Welt vorausgewußt, wie die Menschen handeln würden. In diesem Vorauswissen oder in dieser Vorhersehung Gottes liegt die Gewißheit, daß Alles, was geschieht, nach einem ewigen, durch uns nicht zu ändernden Rathschluß verläuft. So mußte also z. B., da Gott des Judas Verrath vorauswußte, Judas nothwendig Verräther werden und in der Hand des Judas stand es nicht, anders zu handeln oder seinen Willen zu ändern.[4]

---

1) Walch XVIII, 2301.
2) Vgl. über den offenbaren und heimlichen Willen die Ausführungen von lutherisch-theologischer Seite bei Dorner, Gesch. der prot. Theologie, S. 206 f.
3) S. Dorner, Gesch. der protest. Theologie. München, 1867, S. 200.
4) Köstlin, Luthers Theologie II, S. 37.

Auch das Schriftwort, daß Gott den Jacob geliebt und den
Esau gehaßt habe, führt Luther für sich an. „Denn", sagt er,
Gott liebt und haßt immutabili natura, sein Haß ist ein
ewiger Haß."[1]

Hans Denck konnte weder Luthers Lehre vom freien Willen
noch die Consequenzen derselben billigen. Er fand in der heiligen
Schrift eine Reihe von Stellen, welche Luthers Citaten wider-
sprachen, und vor Allem behauptete er, daß die obigen Anschauungen
mit der natürlichen Gottesoffenbarung in seinem Innern, nämlich
mit dem religiösen Gefühl und der Stimme des Gewissens im
schärfsten Widerspruche ständen.

In Anerkennung der grundlegenden Bedeutung, welche der
Lehre vom freien Willen zukommt, widmete Denck der Besprechung
dieses Gegenstandes eine besondere Schrift. Alsbald nach dem
Erscheinen von Luthers Buch über die „Knechtschaft des Willens",
und mit deutlicher Bezugnahme auf Luthers Ansichten, publicirte
er sein Werkchen, welches den nach der Sitte der Zeit sehr umständ-
lichen Titel führt: „Was geredt sei, daß die Schrift sagt, Gott
thue und mache Gutes und Böses u. s. w.[2]

Denck erklärt in der Vorrede, daß er nicht gern in der
religiösen Frage das Wort ergreife, indessen sei er schließlich durch
verschiedene Umstände dazu gedrängt worden. Doch hören wir
ihn selbst: „Ich, Hans Denck, bekenne frei vor allen gottesfürchtigen
Menschen, daß ich meinen Mund wider meinen Willen aufthue
und ungern vor der Welt von Gott rede, welcher mich doch

---

1) Köstlin a. O.   2) Ueber die Schrift werden wir im Anhang nähere
Mittheilungen machen. Nach Heberle (Stud. und Krit. 1855, S. 887) kommt
dieselbe auch unter dem Titel vor „Ob Gott eine Ursache des Bösen sei" und
ist unter diesem Titel nach Ottius (Annal. anab. ad a. 1527) in Verbindung
mit dem Büchlein vom Gesetz in Octav erschienen. Ich habe diese Ausgabe
nicht auffinden können.

bringet, daß ich nicht schweigen mag. Und allein in seinem Namen will ich fröhlich reden, wie schwer es mir immer sein mag. Es sind etliche Brüder, die meinen, sie haben das Evangelium ganz und gar ergründet, und wer nicht allenthalben auf ihre Rede „Ja" sagt, der muß ein Ketzer über alle Ketzer sein. Will man Rechenschaft vom Glauben geben denen, so es begehren, so sagen sie, man wolle Zwietracht und Aufruhr im Volk machen. Lässet man böse Worte an sich abgleiten, so sagen sie, man scheue das Licht. Wohlan, Gott hat mich aus dem Winkel gezogen, soll es Jemanden zu Gute kommen, das weiß er allein. Denn es fragen ja Viele nach der Wahrheit, aber Wenige sieht man, die sie hören mögen. Rede ich die Wahrheit, so höre, wer hören mag; wer mich der Lügen zeiht, der gebe Zeugniß wider mich. O Herr, mein Gott, laß mich dir befohlen sein und thu mir sonst wie du willst durch deinen allerliebsten Sohn Jesum Christ, durch dessen Geist die Welt soll und muß gestraft werden."

Denck sucht zunächst die Gründe zu widerlegen, welche von gegnerischer Seite für die Behauptung vorgebracht wurden, daß Gott in uns nicht nur das Gute, sondern auch das Böse wirke.

Gott spricht allerdings durch den Propheten: „Ich bin Gott und kein Anderer, der das Licht macht und schaffet die Finsterniß, der den Frieden macht und schaffet das Böse."

Diese Stelle, meint Denck, ist indessen nicht in dem Sinne aufzufassen, daß Gott der Urheber der Sünde und des Guten sei. Denn wie käme es, daß Gott die Menschen für böse Thaten strafte, wenn nicht sie, sondern er selbst der Urheber wäre. Jene Vorstellung widerspricht der Idee von der göttlichen Gerechtigkeit, die in jedes Menschen innerstem Bewußtsein gegeben ist. Auch weiß ich, daß Gott allgütig ist, deshalb kann er nichts als Gutes schaffen. Wer sagt, Gott wirke das Böse, dessen Mund redet anders, „dann im Herzen ist". „Der Mund sagt von einer gött-lichen Wirksamkeit in uns, während sich doch das Herz aller

Freiheit bewußt ist; der Mund stiehlt Gott den Willen, den er gut geschaffen hat und frei, und macht ihn unfrei wider Gottes Willen. Ja der Mund und das Herz stehlen Gott seine höchste und größte Ehre, daß sie gedenken und sagen, Gott habe einen Tempel gemacht, darin er nicht wohnen wolle. Sagen sie aber, er wohne darin, wie sie denn unbeständig sind, so zeihen sie Gott dessen, darab er ein ewiges Grauen hat."

„Alle Geschöpfe sind von Gott gemacht und etlichermaßen Gott gleich. Was die Menschen darüber sündigen, das thun sie aus ihrem Eigenthum und wider Gott."

Es ist freilich wahr, wenn Gott es nicht gewollt oder zugelassen hätte, so wäre keine Sünde in der Welt. Wer kann sagen, warum er es gethan hat, da Niemand ihn kennt? Aber in der Gewißheit seiner Allmacht liegt für uns die Sicherheit, daß, mag die Sünde auch noch so sehr wachsen und noch so viel Verderben anrichten, so kann und will und wird sie doch Gott überwinden und auf Grund seiner Güte wissen wir, daß er die Sünde und das Uebel wenden wird zum Guten. Die bösen Absichten der Menschen sind ein Werkzeug in der Hand Gottes, dessen er sich wie anderer Mittel zur Erreichung des Guten bedient, wie Joseph sagt zu seinen Brüdern, die ihn nach Aegypten verkauft hatten: „Ihr habt Böses über mich gedacht, Gott aber hat Gutes über mich gedacht und vollendet."

Die Sünde erwächst aus der Willensfreiheit; Gott wollte die Menschen nicht „zwingen und treiben wie einen Stein oder Block"; er hätte die Sünde wohl verhindern können, aber dann wäre die Willensfreiheit, die freie Selbstbestimmung zum Guten verloren gegangen, die Gott den Menschen sichern wollte.

Was heißt „Böse"? Sofern man darunter nicht das Uebel versteht, welches Gott zur Strafe in die Welt gesandt hat, sondern die sündhaften Regungen der Menschenseele und die daraus fließenden Handlungen, ist sie in Gottes Augen nichts wirklich

Vorhandenes, sondern nur die Negation, das Nichtthun des Guten; nur das Gute ist etwas Wirkliches vor Gott, und insofern kann man mit Recht sagen, Gott thue Alles, d. h. alles Wirkliche, Bleibende, Dauernde in uns. Aus der Sünde wird nichts Dauerndes und sie ist daher im Grunde auch nichts. Sünde thun heißt aus höchstem göttlichen Gesichtspunkt nur das Gute unterlassen. Das Gute ist wie die Gesundheit das Normale im Menschen; die Sünde ist, wie die Krankheit, mangelnde Gesundheit. Und wie die Krankheit das Wesen des Menschen insofern nicht verändert, als er doch stets ein Mensch bleibt, so verändert die Sündhaftigkeit der Schöpfung nicht die Schöpfung selbst, die ihrem Wesen nach gut und zweckmäßig ist und der Vollkommenheit zustrebt.

Das Böse aber, welches von Gott geschaffen ist, d. h. das Uebel, ist in die Welt gekommen, um den Menschen zum rechten Weg zu führen. „Gott bietet den Menschen zuerst immer das Beste, nämlich Licht und Frieden, je zeitiger sie der Mensch annimmt, je bälder er mit Gott vereinet wird; wer aber sich sperrt und widerstrebt, da nimmt Gott durch seine ewige Weisheit eben das Widerspiel, nämlich Finsterniß und Unfrieden, dieweil wir sie selbst haben wollen, und ficht damit wider uns, so fast als wir wider ihn gefochten haben.“

Die Gegner sagen, sie könnten nichts Gutes thun, und alles, was sie thäten, sei Sünde. Darauf ist zu antworten: das Gute, was wir thun, geschieht allerdings unter Mitwirkung und Unterstützung Gottes, wenn wir uns nur in seinen Willen geben, „ihm vergönnen, daß er es thue“ und an ihm „ein Begnügen haben“.

Freilich ist es dazu nöthig, daß wir das Wort Gottes nicht nur hören, sondern halten. Wenn wir in rechtem Sinne „glauben“, d. h. wenn wir die Gebote wahrhaftig erfüllen, können wir wohl zur Seligkeit gelangen.

Wenn man darauf erwidert, daß wir dann ja die Seligkeit von uns selbst und nicht von Gott haben würden, so ist die

Antwort: Wir sind so wenig die Urheber unserer Seligkeit, als
wir die Urheber des göttlichen Keimes sind, der in uns ist; „denn
Gott ist zwar in allen Creaturen, aber darum nicht von ihnen,
sondern sie von ihm." Es ist wahr, was geschrieben steht, Gott
erfülle Himmel und Erde, das ist alle Creaturen, und folglich ist
auch etwas vom Göttlichen, d. h. von seiner Barmherzigkeit, Gerechtigkeit und Allmacht (und nicht bloß, wie die Gegner sagen,
Böses) in mir. Indessen bin ich durch den Besitz dieser Anlage
nicht schon selig, denn „es ist nicht genug, daß Gott in dir ist, du
mußt auch in Gott sein", d. h. es hilft dir nichts, daß dich „Gott
zu seinem Kinde gemacht hat, wenn du dich nicht hältst wie ein
Kind." Du mußt ihm gehorsam sein, seinen Willen erfüllen, in
seinem Dienst heranreifen und wachsen. Man muß mit andern
Worten den guten Keim entwickeln, der in uns liegt; das ist
unsere Aufgabe und unser Lebensziel. Wer es thut, der wird
selig. Man kann sich das Verhältniß, in welchem wir zu Gottes
Wirken stehen, so denken: Unser Thun ist gleich dem Laufen eines
unmündigen Kindes, zwar ohne des Kindes Willen geht es nicht,
doch kommt seine Fortbewegung nicht zu Stande, wenn nicht ein
Stärkerer es führt, stützt und leitet.

Sprichst du: noch wollte ich gern wissen, was die Seligkeit
an mir verhinderte, dieweil mir sie Gott geben will und ich wohl
sprechen mag, daß ich sie gern nehmen wollte, so ist die Antwort:
Eben das hinderts, was alle Auserwählten gehindert hat, nämlich
daß dein Wille und Gottes Wille, ob sie schon scheinen eins sein,
so sind sie doch noch nicht eins. Das Zusammenwirken des göttlichen und menschlichen Willens in gleicher Richtung kommt leider
nur schwer zu Stande. Der menschliche Wille ist meist ein selbst-
süchtiger, während Gott nicht sich selbst sucht, sondern das Gute.
Der Mensch muß trachten, seinen Willen mit dem göttlichen in
Einklang zu setzen; das kann er aber nur, wenn er es aufgibt,
sich selbst zu suchen, sich selbst verliert. Aber dies scheint ihm

Verdammniß zu sein (während er Seligkeit sucht) und das schmeckt
der verkehrten Natur nicht. „Wenn da der Mensch still hielte,
da wäre es Zeit und Statt, daß ihm der Geist des Lamms Zeugniß
gäbe und sagte, daß dies der einige Weg wäre zur Seligkeit, nämlich sich selbst verlieren." Freilich ist es dazu
nöthig, die eigene Natur zu brechen und sich selbst zu überwinden.
Aber wir sollten doch hören, was der Geist in uns sagt, daß ein
solches „Brechen" das beste „Machen" ist; was uns Entsagung
und „Nichts" dünkt, das ist in Gottes Augen das edelste „Etwas".
„Dieses Gezeugniß ist in allen Menschen und prebigt einem Jeglichen insonderheit nach dem, als er ihm zuhört. Und wer sich
ausreden will, er höre es nicht, der ist ein Lügner, denn er
blendet sich selbst, während ihm doch Gott ein gutes Gesicht gegeben hat. Denn dieses Lamm ist von Anbeginn gewesen und
bleibt bis ans Ende ein Mittler zwischen Gott und den Menschen.
Welcher Menschen? Mein und dein allein? nicht also, sondern
aller Menschen, die ihm Gott zum Erbthum gegeben. Hat er ihm
aber nicht alle Heiden und Juden gegeben? warum willst du denn
ihnen den Weg zuschließen, den du selbst nicht wandeln willst?"

Die Stimme, die in aller Menschen Herzen predigt, meint
Denck, und den Willen Gottes verkündet, das ist jener unsterb-
liche Geist, der seit ewigen Zeiten den Menschen den göttlichen
Willen vermittelt hat, in Christo Mensch geworden ist und bis in
Ewigkeit als Geist der Liebe in den Menschen wirken wird.
Christus hat als Geist von jeher in den Menschen gelebt und wird
ewig leben, nicht nur bildlich, sondern in Wirklichkeit.

„Daß das Lamm selbst predige, mag also vernommen werden.
Denn wo dem Menschen lange geprebigt würde von außen, möchte
er es nimmermehr annehmen von außen, wenn er nicht vorhin
in seinem Herzen vom Geist Gottes Zeugniß hätte, ob es wohl
verdeckt ist. Was Creatur ist, mag man vielleicht an einen Ort
bringen, daran es vorhin nicht ist; wo Gott nicht ist, dahin mag

er nimmermehr gebracht werden. Das Reich Gottes ist in euch, sagt die Wahrheit; wer außerhalb sein selbst darauf luget und wartet, dem kommt es nicht. Wer Gott wahrlich sucht, der hat ihn auch wahrlich; denn ohne Gott mag man Gott weder suchen noch finden."

Wir aber wollen die Stimme in uns nicht hören. Warum nicht? Weil es uns schwer fällt, ihr zu folgen. Wir wollen „sein Werk nicht erleiden", d. h. das Werk, das Christus gethan hat, nämlich sich selbst zu opfern. Weil wir aber Gottes Willen nicht thun wollen, so thut er unseren Willen auch nicht, sondern „kehret ihn um, giebt uns anstatt der Seligkeit, die wir begehren, Verdammniß, anstatt eigner Wollust, die wir nicht lassen wollen, Trübsal und Angst, die uns auch nicht verlassen wird."

Ihr sagt, daß es nicht möglich sei, das Gute zu wollen, weil wir überhaupt nicht wollen können. Aber die heilige Schrift selbst beweist an allen den Stellen, wo sie ermahnt oder gebietet, daß ein freier Wille vorhanden ist.

So heißt es u. A. Jerem. 21, 8: „Siehe, ich lege euch vor den Weg zum Leben und den Weg zum Tode", Deuter. 30, 15: „Siehe, ich habe dir heute vorgelegt das Leben und das Gute, den Tod und das Böse. Genes. 2, 16—17 wird erzählt, daß Gott die Menschen nach der Erschaffung gewarnt habe, nicht vom Baum der Erkenntniß zu essen, weil der Genuß den Tod zur Folge haben werde, daß die Menschen indessen trotz der Warnung die Frucht gebrochen haben. Auch Christus setzt in seinen Worten und Lehren stets die Freiheit des menschlichen Willens voraus.[1]

---

1) Luther sagte, daß die bezüglichen Stellen der Schrift den Zweck hätten, die Menschen zur Erkenntniß ihres Unvermögens zum Wollen des Guten zu bringen. So sagt er (Walch XVIII, 2220), die betr. Stellen seien den Ermahnungen zu vergleichen, welche man einem an beiden Händen gebundenen Manne zu dem Zweck gebe, um ihm seine Ohnmacht zum Bewußtsein zu bringen, damit er sich dann um so rückhaltloser und vollständiger der göttlichen Gnade in die Arme werfe.

Der Mensch weiß in seinem Herzen wohl, was er thun soll. Schon Moses sagt zu dem Volk Israel: „das Wort, welches ich euch gebiete, ist in euerem Mund und Herzen", und Paulus sagt, dies sei eben das Wort, das er predige.

Das Wort, das im Herzen ist, sollte man nicht verleugnen, sondern fleißig und ernstlich hören, was Gott in uns reden will. Daneben soll man auch kein äußerliches Zeugniß schlechthin verachten, sondern Alles prüfen und in der Furcht des Geistes gegeneinander halten.

Alle echten Christen sind etlichermaßen Christo gleich. Denn wie er sich dem Vater aufgeopfert hat, also sind sie auch bereit, sich zu opfern. Nicht sage ich, daß sie also vollkommen sind, wie Christus gewesen ist, sondern insofern als sie eben die Vollkommenheit suchen, die Christus nie verloren hat. Gleichwie das irdische Feuer und das Licht der Sonne auch gleich und eins sind in Bezug auf Wärmen und Leuchten und doch das Sonnenlicht unsäglicher Weise subtiler ist als das irdische. In diesem Sinne nennt Christus sich selbst ein Licht der Welt und ebenso seine Jünger (das sind alle Christen) ein Licht der Welt. Summa, alle Christen, das sind die, die den heiligen Geist empfangen haben, sind in Gott mit Christo eins.

Welches aber ist die Bedeutung von Christi Sendung, Leiden und Sterben?

Der Geist Gottes lebt zwar, wie gesagt, in allen Menschen. Allein zugleich gab Gott den Menschen die Möglichkeit, das Gute zu verwerfen und das Böse zu wählen. In der That hatten die Menschen vor Christi Erscheinen das Gute ganz und gar verlassen und lagen in Finsterniß.

Da nun Gott beschlossen hat, daß alle Menschen selig werden sollen, so sandte er ihnen den „Mittler", der von Ewigkeit bereit war, das göttliche „Wort", welcher Gottes Gebote aufs neue verkündigte.

Auf diese Weise ward allen Menschen, sie mögen Gott verworfen haben, wie sie wollen, die Möglichkeit gegeben, den Weg zum Guten zu finden.

Daraus erhellt, daß diejenigen, welche nicht thun, was sie durch das Mittel des Worts wohl zu thun vermöchten, die Schuld ihres Verhaltens selbst tragen.

Daß das „Wort" in Jesu Fleisch wurde, das hat darum sein müssen, damit den Menschen die göttliche Barmherzigkeit von Neuem bewiesen werde. Gott wollte die Menschen, ohne sie zu zwingen, auf dem sichersten Wege zum Guten zurückführen. Um die Menschen vom Unglück der Sünde zu erlösen, hat Gott das Leiden seines Sohnes zugegeben.

Gott mußte einen Menschen für die Menschen in den Tod gehen lassen und durch eines Menschen Mund seinen Willen verkündigen, weil er auf anderem Wege sich den Menschen nicht hätte mittheilen können. Denn Gott ist ein Geist, aber fleischliche Ohren können nur eine menschliche Stimme hören.

Nach Luthers Lehre sind vermöge der „Vorsehung Gottes" vom Anbeginn der Welt die „Auserwählten" vorausbestimmt zur Seligkeit, die übrigen der ewigen Verdammniß unfehlbar verfallen. Die Auserwählten aber sind die, welchen durch Gottes Gnade der „Glaube" verliehen wird. Alle unsere Hülfe und Heil steht in Gottes Hand, sagten die Lutheraner, und wenn uns Gott das Heil im Voraus bestimmt hat, so ist keine Gewalt so mächtig, daß sie uns dies wieder entreißen könnte.

Darauf entgegnet Denck Folgendes. Die Sicherheit, daß Gott ihm das Heil und die Seligkeit im voraus bestimmt habe, vermagst du Keinem zu geben. Sagt doch Paulus mit Recht: „Wer steht, der sehe, daß er nicht falle." Gott kann das Pfund, das er uns gegeben hat, wieder nehmen, wenn wirs für nichts achten. Aber auch abgesehen hiervon, bestreite ich, sagt Denck, die Richtigkeit der Behauptung, daß Gott die „Gläubigen" bloß ihres

Glaubens wegen zur Seligkeit bestimmt habe. Wie können wir des Lohnes vom Herrn gewiß sein wollen, gleichviel wie wir ihm dienen? Ihr sagt kurzum: Gott hat die Seinen fürsehen zur Seligkeit, unangesehen ihrer Werke. Umsomehr erwidere ich: unangesehen auch den Glauben. Denn die Schriftstellen, die ihr für eure Ansicht beibringt, lassen sich durch viele entgegengesetzte widerlegen.

Spricht doch Christus: „Wer sich selbst nicht verliere, sei sein nicht werth"; nun haben wir noch nicht einmal den geringsten irdischen Besitz um seinetwillen hingegeben, geschweige denn uns selbst, und gleichwohl meinen wir, daß wir mit unserem bloßen Glauben seiner werth seien?

Wenn der Tag des Gerichtes anbricht, wird es Niemanden helfen, daß er sage: Herr, ich habe das Evangelium gepredigt, Herr, ich habe es gehört. Denn er wird antworten, ich kenne euch nicht. Oder meinen wir, er werde zu dieser Antwort nicht Fug und Recht haben? Oder soll er allein die Heiden also abfertigen? Wie wenn dieselben eine so gute Sache vor ihm haben werden als wir?[1])

Gott sagt: Selig ist der, der das Wort Gottes hört und hält. Diejenigen, welche das Gesetz Gottes hören und nicht mit der That erfüllen, sind vor Gott nicht gerecht. Wehe den Verkehrten, die den Willen ihres Herrn wissen und nicht thun und dennoch Recht haben wollen. O, es wird ihnen viel unerträglicher ergehen als denen, welchen es zum Theil verborgen ist gewesen.

---

1) Die Erläuterung dieser Frage folgt weiter unten. — Der Gedanke, daß die Heiden unter irgend einer Bedingung und in irgend einer Form selig werden könnten, wurde von Luther weit abgewiesen. Luther erklärte Zwingli, weil er dafür hielt, daß so gottlose Heiden wie Sokrates u. A., die von Gott, Schrift, Evangelium, Christo, Taufe, Sakrament und christlichem Glauben nichts gewußt hätten, selig werden könnten, selbst für einen Heiden. S. Schenkel, Wesen des Protestantismus, 2. Aufl., S. 53.

In solche Irrthümer gerathen die Menschen, „welche die Schrift trümmerweise aufklauben".

Herzen, welche bereit sind, zu verzichten auf Alles, was wir haben, sollten wir zu Christo bringen; anstatt dessen bringen wir Herzen voller Wünsche mit und hoffen die Erfüllung unserer Anliegen erst bei Christo zu erhalten, gleichviel, wie unsere Sache beschaffen sei. Wir hoffen, Alles durch ihn zu erhalten, während wir uns doch Alle in ihm verlieren sollten, wenn wir anders seiner Stimme gehorchen und nicht der Welt Kinder sein wollen.

Ihr sagt, es sei nicht möglich, ein entsagungsbereites Herz mit zu Christo zu bringen, da erst der Glaube an Christo uns die Fähigkeit zum Guten gebe.

Steht nicht ausdrücklich in der Schrift, daß einzelne Männer vor Christi Auftreten selbstlos, rein und edel gewesen sind? Hat doch auch Paulus „einen rechten und göttlichen Eifer über dem Gesetz Gottes gehabt vor der Offenbarung Christi". Auch Cornelius war „ein frommer und gottesfürchtiger Mann lang darvor ehe er Christum erkannt." In der That, sagt Denck, ist „das Wort Gottes", (d. h. der Geist Christi, der von Ewigkeit her war), bei dir, ehe du den historischen Christus und die heilige Schrift kennst; das Wort Gottes giebt dir, ehe du bittest, thut dir auf, ehe du anklopfst. Eben dies „innere Wort" vermittelt dann die Möglichkeit des Verständnisses des „äußeren Wortes", bewirkt, daß wir durch dasselbe zu höherer Erkenntniß geführt werden; aber wie wir jenes innere Wort nicht von uns selbst haben, sondern von Gott, so bleibt auch Gott die Ehre und das Verdienst. Wenn uns Gott gleichwohl die Möglichkeit gab‘, „Werke der Finsterniß zu üben", so dürfen wir die Schuld an solchen Werken nicht auf Gott wälzen, vielmehr trifft sie uns und ausschließlich uns. Denn wenn Gott selbst sich schuldig wüßte, so würde er vermöge seiner Gerechtigkeit keinen Menschen strafen.

Wenn die Möglichkeit zur Sünde nicht vorläge, so wären alle

Creaturen schon in der Ruhe, das ist doch nicht der Fall, sondern durchs Mittel muß man erst darein kommen. Das Mittel aber ist Christus, welchen Niemand mag wahrlich erkennen, es sei denn, daß er ihm nachfolge mit dem Leben."

„Wer Christum erkennt und nicht mit dem Wandel bezeugt, den wird er sammt anderen Verkehrten richten, unangesehen, daß er vorhin berufen ist und angenommen in die Gemeinschaft des Evangelii." Der frohen Verheißung, welche das Evangelium giebt, mag sich Niemand auf anderem Wege vertrösten „denn in sein selbst Verleugnung."

Wie groß der Gegensatz war, in welchen sich Denck durch diese Auffassung zu Luther setzte, mag aus einigen Bemerkungen des Letzteren abgenommen werden. Diese „papistische" Meinung, daß man durch die Nachfolge Christi allein des Trostes gewiß werde, den das Evangelium giebt, bekämpfte Luther und meinte, sie stamme geradezu vom Teufel. „Der Teufel", sagt er, „giebt für, die Worte: „ich bin der Weg, die Wahrheit und das Leben" seien also zu verstehen, daß Christus habe uns gegeben gute Lehre und Gebot, wie wir thun und leben, so auch gute Exempel, denen wir folgen sollen, und wenn wir solches halten und thun, so treffen wir den rechten Weg zum Himmel — machet also aus Christo einen lauteren Mosen."[1])

„Wir sind vielmehr", meint Luther, „ohne alle Werke gerecht-fertigt und geseligt, so wir nur glauben."

„Wer da glaubet und getauft wird, der soll selig werden. Das ist freilich, sagt Luther, eine liebliche, freundliche, tröstliche Predigt und heißt billig ein Evangelium. Denn hie hörst du mit einem Wort: salvus erit, den Himmel aufgethan, die Hölle zu-geschlossen, das Gesetz und Gottes Gericht aufgehoben, Sünde und

---

1) Walch VIII, 58.

Tod begraben und das Leben und die Seligkeit aller Welt in den Schoß gelegt, wenn sie es nur glauben wollte."[1] Christus hat nach Luther bereits Alles gethan und das Gesetz statt unser erfüllt. „Wer die Seligkeit nicht aus lauter Gnade empfängt, vor allen guten Werken, der wird sie freilich sonst nimmer empfangen." „An dem Seligwerden hat es freilich keinen Mangel noch Fehl, denn das ist gar dargegeben und geschenkt im Evangelio, welches ist Gottes unwandelbare Wahrheit, aber es mangelt noch viel an unserem Glauben, daß wir solches nicht auch fest genug fassen und halten können."[2] „Man muß Glauben und Werke so weit von einander scheiden, sagt Luther gelegentlich, als Himmel und Erde, Engel und Teufel; nur nichts vor Gott mit Werken gehandelt, sondern Christo die Ehre allein gelassen, daß er uns durch sein Blut erkauft und ja mehr denn zu viel für aller Menschen Sünde gethan habe, und solches glauben, darauf gänzlich sich verlassen und darauf sterben, der Glaube sei genug vor Gott und mache uns zu Kindern Gottes, Erben seines Reichs, Miterben Christi und theilhaftig aller seiner Güter." —

In den bisherigen Erörterungen war ein sehr wichtiger Punkt noch nicht berührt worden, nämlich die lutherische Anschauung vom offenbaren und heimlichen Willen Gottes.[3]

Luther sagte und lehrte: „Man muß anders reden von Gott oder dem Willen Gottes, den er hat predigen lassen, den er uns offenbart hat und angeboten, denn von dem Willen Gottes, den er nicht hat predigen lassen, nicht hat offenbart, nicht hat angeboten. Als fern sich nun Gott verbirget und von uns hier nicht will erkennet sein, da sollen wir uns nicht kümmern."[4]

Gott läßt, sagt Luther, allen Menschen die Gnade anbieten und verkündigen, aber sein „heimlicher, heiliger Wille ordnet an,

---

1) Walch, Luthers Werke XII, 193. XI, 1310.   2) Walch, XI, 1311.
3) Vgl. oben S. 124.   4) Walch, XVIII, 2234.

welche und wie viele er der Allen angebotenen Gnade theilhaftig und mitgenossig machen will.[1])

Ein protestantischer Theologe unserer Zeit meint mit Hinblick auf diese Aeußerungen, daß Luther hiermit die Verläßlichkeit des Gnadenwortes bedrohe und Stellen wie 1. Tim. 2, 4 gewaltsam deuten müsse."[2])

Hierauf bezieht sich die Polemik, welche Denck am Schlusse seiner kleinen Schrift eröffnet.

„Gott ist und bleibt in allen Dingen wahrhaftig," sagt er, „und es wird ihm sein Rath nicht umschlagen." Das Wort Gottes, d. h. die heilige Schrift, ist wahr und beständig und offenbart uns nichts Anderes, als was Gott in Wahrheit will. „Wohl dem Manne, in welchem das Wort wahr ist, wie es in Gott wahr ist und in Ewigkeit über alle Ewigkeit wahr bleibt."

Gott verwirft und verstößt mit Absicht Einzelne, die es nicht anders wollen, eine Zeit lang, aber dies thut er nicht deshalb, weil er sie nicht haben wolle, sondern um sie, sobald sie den Schaden erkennen und beweinen, desto fester an sich zu ketten.

„Gleich wie ein Vater mit einem bösen Kind umgeht, er strafe oder verstoße es, wie heftig er immer wolle, käme es wieder und bäte um Gnade, so nähme er es wieder auf. Dies thun die Menschen, welche böse sind, und Gott soll es nicht wollen oder vermögen, dessen Reichthum und Güte Niemand genug gedenken oder reden kann?"

Gott ist, wie er ist, und ewig derselbe, wie er sich geoffenbart und zu erkennen gegeben hat. Er ist der Gott, der sein ganzes Volk selig haben will. Denn er will nicht den Tod des Sünders, sondern daß er sich bekehre und lebe.

„Auf diese Wahrheit sage ich frei im Herrn, der todt und lebendig macht: Welcher sich dem Herrn im Grund seiner Seele

---

1) Walch, XVIII, 2233 u. 2234.
2) Dorner, Geschichte der protest. Theologie, S. 207.

und in der Wahrheit opfern will, also daß er seinen Willen lassen und Gottes Willen suchen will, der habe Achtung auf das Werk Gottes, so wird ihn der barmherzige Vater mit großen Freuden empfangen und aufnehmen, unangesehen wie er sich vorhin gehalten, wie schnöde er sein Erbtheil verthan habe, ja unangesehen, wessen sich der Vater gegen ihn entschlossen habe. O, daß die ganze Welt also käme, wohl wunderbarlich bereit wäre der Herr, sie in Huld aufzunehmen. Er läßt alle Menschen rufen und bietet seine Barmherzigkeit Jedermann an, mit herzlichem Ernst und Begierde, alles in der Wahrheit zu leisten, was er verheißt, ist nicht also tückisch, als unsere Schriftgelehrten sagen, daß er einen zum Abendmahl berufen lasse und sei nicht sein Wille, daß er komme. Der gute Geist Gottes hat sie dies und dergleichen nicht heißen reden, welcher Alles, was er thut, das thut er einfältiglich. Nicht daß er sage: Komm her und gedenke und wolle heimlich, daß er dort bleibe, nicht daß er Jemanden Gnade gebe und heimlich wieder entziehen wolle; nicht daß er in uns der Sünden Reue wirke und heimlich die Hölle über uns zurichte. Denn er ist ja in allen seinen Gaben stät und wahrhaftig."

„Aber man singe und sage, man rufe und schreie, was man wolle", sagt Denck traurig zum Schluß, „die Welt will nicht hören."

Die Menschen wollen die Seligkeit finden ohne sich selbst zu verlieren, Gottes Willen thun ohne ihren Eigenwillen zu lassen, sie reden von geistlicher Freiheit und bleiben unter der Knechtschaft ihrer Leidenschaften. „Aber ich bezeuge und bitte euch bei der Zukunft Jesu Christi, unseres Herrn, euch alle, die ihr die Wahrheit höret, sehet oder sonst vernehmt, daß ihr sie auch in der Wahrheit Christi, das ist nach der Weise, Weg und Gestalt, wie Christus sie gelehrt und selbst bewiesen hat, das ist Verleugnung und Verlierung sein selbst, annehmen

wollet, auf daß ihr vor seinem Stuhl und Gericht unsträflich und
sicher mögt bestehen. Sonst ist und wird euch die (vermeintliche)
Wahrheit zur höchsten Lüge von eurer verkehrten Weise wegen,
und so ihr nicht einkehrt, so lange euch der Herr Raum giebt,
werdet ihr Theil haben mit dem, der die Lüge zu Anfang aus
seinem Eigenthum empfangen und geboren hat. Dessen Erbe ist
der nagende Wurm, den Niemand tödten, und das ewige Feuer,
das Niemand löschen kann."

———————

Achtes Capitel.

Die Verbannung aus Straßburg.

Die kirchlichen Verhältnisse in Straßburg nach dem Sturz der alten Kirche. — Die Gegner der Kindertaufe. — Pilgram Marbeck. — Günstige Urtheile von Andersgläubigen über die Anhänger dieser Partei. — Warum trennen sie sich von den Lutheranern und Zwinglianern? — Wolfgang Fabricius Capito. — Die Verwandtschaft seiner Ideen mit den täuferischen. — Anfänglich sucht Capito die Straßburger Kirche in Eintracht mit Luther und Zwingli zu erhalten. — Allmähliche Trennung von beiden Reformatoren. — Freundschaft Capitos mit dem Wiedertäufer Cellarius. — Wachsthum der täuferischen Partei. — Ankunft Dencks in Straßburg. — Das Eingreifen Martin Bucers und des Straßburger Magistrats. — Denck wird wenige Wochen nach seiner Ankunft aus der Stadt gewiesen. — Erneuerte Annäherung Capitos an Zwingli. — Bucer setzt den Kampf gegen Denck mit verwerflichen Mitteln fort.

In keiner deutschen Stadt lagen die Verhältnisse für die Wünsche und Pläne, mit welchen sich Denck damals trug, so günstig als in Straßburg, und wenn es gelang, an diesem Orte, der durch seine Stellung in den Welthändeln und seine Bedeutung für das deutsche Geistesleben so ungemein wichtig war, einen Stützpunkt für das weitere Vorgehen zu gewinnen, so konnten sich den Ideen Dencks Aussichten eröffnen, die die kühnsten Erwartungen erfüllten.[1]

---

1) Man hat die Bedeutung, welche Denck für die Geschichte Straßburgs in den Jahren 1526—1527 besitzt, keineswegs genügend gewürdigt. Man erkennt dies daraus, daß Joh. Wilhelm Baum, Professor am protestantischen Seminar und Prediger an S. Thomä in Straßburg, in seinem sehr ausführlichen Werke über Capito und Butzer (Elberfeld 1860, S. 371) diese ganze Episode der Straßburger Kirchengeschichte mit folgenden Worten abfertigt: „Joh. Denck, früher Rector in Nürnberg, dann Corrector in den Buchdruckereien von S. Gallen und Basel, war, als er sich in letzterer Stadt seiner Schroffheit wegen nicht mehr halten konnte, nach Straßburg gekommen und hatte hier sich so wichtig gemacht, daß die Prediger sich mit ihm in eine Zusammenkunft einließen." Ich brauche die Mangelhaftigkeit dieser Mittheilung nicht weiter zu erörtern; fast jeder Satz ist falsch darin.

In derselben Weise wie zu Augsburg waren in Straßburg um das Jahr 1526 die kirchlichen Verhältnisse in Verwirrung begriffen. An die Stelle der alten Kirchen-Verfassung, die seit dem Jahre 1524 als gestürzt gelten konnte, war einstweilen ein neues festes Lehr-System nicht getreten. Hier wie dort kämpften die schweizerischen und wittenbergischen Einflüsse um die Herrschaft, nur neigte man sich in Straßburg mehr nach Zürich als zu der norddeutschen Hochschule. Indem man aber in gewissem Sinne sich Zwingli verwandter fühlte, konnten die Straßburger Führer doch in wichtigen Punkten weder dem einen noch dem anderen sich vollständig anschließen und Wolfgang Capito schrieb am 31. Dec. 1524 an Zwingli, daß er über die Kindertaufe noch näher nachdenken und einstweilen sich weder für noch gegen dieselbe entscheiden wolle.[1]

Capito bezeugt, daß es schon um jene Zeit in Straßburg zahlreiche Männer gab, welche von der Kindertaufe nichts wissen wollten; sie bildeten einstweilen noch keine geschlossene Partei, auch fehlte ihnen ein geistiges Haupt, aber diese Mängel konnten bald ersetzt werden und alsdann hatten die Vertreter der neuen Lehre mit dieser Richtung zu rechnen.

In der That machte die Consolidirung der dritten Partei im Laufe der Jahre 1525—1526 ganz erhebliche Fortschritte. Zu den einheimischen Gegnern der Kindertaufe gesellten sich allmählich viele Flüchtlinge zerstreuter Täufergemeinden, die in der großen Reichsstadt Schutz suchten. Sie brachten ein bereits ausgebildetes Lehrsystem mit und übertrugen ihre Anschauungen in die Kreise, in welchen ihnen Aufnahme gewährt wurde. So kam aus Waldshut, wo Balthasar Hubmeier eine große Gemeinde gestiftet hatte, Jacob Groß nach Straßburg; aus S. Gallen Matthis Hiller, aus Schlettstadt Albrecht Wanner, aus dem Etschthal

---

1) Zwinglii Opera ed. Schuler und Schultheß VII, 375.

Michael Erler u. A. Die Mitwirkung der Einheimischen nahm
fortwährend zu. Der Notar Fridolin Meyer, der ehemalige
Kaplan, spätere Almosenpfleger Lucas Hackfurt, der Lehrer
Johannes Schwebel bekannten sich zu der neuen Richtung,
und als geistiges Haupt der „Brüder" konnte eine Zeit lang ein
Mann gelten, der an Vortrefflichkeit des Charakters und geistiger
Begabung sehr viele seiner Zeitgenossen übertraf, nämlich Michael
Sattler, dessen Namen wir bereits erwähnt haben.

Umstände, die wir nicht kennen, veranlaßten Sattler, die
Stadt alsbald zu verlassen. Er fand einen Nachfolger in Pilgram
Marbeck, der zwar eine sehr merkwürdige Persönlichkeit ist, aber
wie alle seine Parteigenossen von den siegreichen Gegnern gänzlich
in den Hintergrund gedrängt worden ist.

Marbeck hatte sein Vaterland Tirol des Glaubens wegen
verlassen müssen. In Straßburg verschaffte er sich durch seine
besonderen Talente und seine Kenntnisse in mechanisch-technischen
Dingen bald Ansehen. Er richtete die Wasserleitung und die
Holzflößen ein, mittels deren die Stadt lange Jahrzehnte hindurch
mit Holz aus dem Bergland versorgt wurde. Er erscheint als
ein durchaus ehrenhafter Mann, voll Energie und Ueberzeugungs-
muth. Seine Straßburger Gegner geben ihm das Zeugniß, daß
er von Gott viel herrlicher Gaben empfangen habe, auch in vielen
Stücken einen guten, tapferen Eifer besitze und deshalb viele gute
Herzen für sich und seine Lehre gewonnen habe. Selbst sein er-
bittertster Feind, Martin Bucer, gesteht zu, daß „Marbeck und
sein Weib eines frommen, unsträflichen Thuns seien." „Das ist
aber eben", fügt Bucer hinzu, „ein alter Lockvogel des Satans,
mit dem er durch alle Kirchen, selbst schon zu den Zeiten des
Apostels Pauli, geangelt hat."[1]) Auch hebt Bucer hervor, daß

---

1) Dieser Brief Bucers ist an die Schwester des bekannten Reformators
Ambrosius Blaurer, Margaretha, gerichtet, welche selbst sehr stark zu den Lehren
Marbecks hinneigte. S. Röhrich in der Zeitschr. f. hist. Theol. 1860. S. 17, Anm.

Marbeck zu allen praktischen Geschäften eine ungewöhnliche Begabung besitze und streng gegen sich selbst und wohlthätig sei. In der That verdankten nicht bloß Straßburg, sondern auch andere Städte ihm viele gemeinnützige Einrichtungen. Auch als Schriftsteller soll er (wie es scheint anonym) nach der Aussage von Straßburger Rathsmitgliedern, für die Sache seines Glaubens aufgetreten sein. Näheres ist leider darüber noch nicht ans Licht gezogen worden.[1])

Marbeck war übrigens keineswegs das einzige wissenschaftlich gebildete Mitglied der Partei; der Pfarrer Nicolaus Prugner, vormals zu Mühlhausen und ein Freund Balthasar Hubmeiers, hielt sich zu ihnen, desgleichen viele Jahre hindurch der Freund des Erasmus und ehemalige Abt des Klosters Hugshofen, Paul Volzius, damals Hülfsprediger in Straßburg. Derselbe wird als ein Mann voll ernsten Sinnes, herzlicher Frömmigkeit, still und nach innen gekehrt, geschildert.

Es waren meistens vertriebene, wegen ihres Glaubens verfolgte Männer, die in der Straßburger Gemeinde das Wort führten. Da sie ohne Amt und ohne öffentliche Autorität, auch ohne Freundschaft und Sippschaft in der großen Reichsstadt dastanden, so war es schwer für sie, die einheimischen Bürger zu sich herüber zu ziehen; ein natürliches Mißtrauen begegnete damals noch mehr als heute dem Fremdling. Doch bezeugt der Mann, welcher die Straßburgische Geschichte jener Jahre am besten kennt, der evangelische Pfarrer Wilhelm Röhrich, ausdrücklich, daß „die Mehrzahl der Wiedertäufer recht würdige Leute waren, die es mit ihrem Glauben ganz ernst nahmen."[2])

---

1) Es wäre eine dankbare Aufgabe, den Spuren dieses Mannes einmal genauer nachzugehen. In dem „Bedenken der Straßburger Censoren über einige Bücher", welches Röhrich (a. a. O. S. 52) abdruckt, heißt es: Duo etiam libelli germanica lingua scripti (Pilgramum autorem ferunt) Anabaptistarum dogmata continent.

2) Zeitschrift für histor. Theol. 1860, S. 3.

Wenn man nach den Ursachen forscht, welche dieses Wachsthum der Täufer veranlaßt haben, so giebt uns Wolfgang Capito,
der darin der beste Zeuge ist, einen merkwürdigen Fingerzeig. In
einer Schrift, die er gegen die Wiedertäufer aus Anlaß eines spe-
ciellen Falles veröffentlichte, beklagt er sich darüber, daß der
„gemeine Verstand" auf die „gesunde Lehre des Glaubens", d. h.
auf die Rechtfertigung allein durch den Glauben, sich immer noch
nicht allgemein einlassen wolle: Vielmehr habe der Verstand der
gewöhnlichen Leute immer noch mehr „Achtung auf die Werk"
und den Schein der Frömmigkeit im Lebenswandel als
auf die „christliche Wahrheit".[1]

Außer diesem wichtigen Differenzpunkt in der Lehre von der
Rechtfertigung waren es aber in Straßburg wie in Augsburg
besonders die sittlichen Zustände der neuen Kirche, welche ihr Viele
entfremdeten. So wird von dem oben erwähnten Paul Volzius
ausdrücklich erzählt, daß er durch den Mangel an Kirchenzucht
unter den Evangelischen sich abgestoßen gefühlt habe, und Capito
bezeugt, daß Michael Sattler die Ermahnungen der Straßburger
Prädicanten besonders deshalb nicht beachtet haben möge, weil er
„etwas Mangel im äußeren Leben der Gemeinde" bei
seinen Gegnern gefunden habe.[2]

Zwei der gelehrtesten und geistvollsten Theologen jener Zeit
waren es, unter deren Führung seit dem Jahre 1523 die alte
Kirche in Straßburg bekämpft und besiegt worden war, nämlich
Wolfgang Fabritius Capito und Martin Bucer. Der erstere
hatte früher die einflußreiche Stellung eines Hofpredigers beim

---

1) Capito, Ein wunderbar Geschicht und ernstlich Warnung Gottes, so
sich an einem Widertäuffer genannt Claus Frey zugetragen rc. Anno 1534.
Bl. A. 2¹.
2) Baum, Capito und Butzer. Elberfeld 1860, S. 373.

Kurfürsten von Mainz besessen und bei seiner frühzeitigen Hinneigung zur Reformation für dieselbe von Anfang an viel gethan.
Jahre lang konnte er sich indessen nicht entschließen, zu Luther
überzutreten und damit seinen Austritt aus der alten Kirche zu
erklären. Er fühlte sich von Luthers Wesen trotz mancher Uebereinstimmung abgestoßen und hatte sich schon im Jahre 1521 über
die Art, in welcher Luther den Kampf führte, mißbilligend ausgesprochen.

Seine Haltung in der kirchlichen Frage war die Ursache, daß
er seine Mainzer Stellung verließ. Doch scheint ihn Papst Leo,
welchem er sich noch im Jahre 1523 durch Erasmus hatte empfehlen
lassen, nicht ganz aufgegeben zu haben; wenigstens erhielt Capito
in demselben Jahr die Propstei des damals noch katholischen
Stifts S. Thomä in Straßburg und gelangte dadurch nicht nur
in den Besitz einer reichen Pfründe, sondern auch einer angesehenen
Stellung in der Reichsstadt. Die Eindrücke und Wahrnehmungen,
welche er hier empfing, brachten seinen Entschluß bald zur Reife;
er stellte sich an die Spitze derer, die schon längst der alten Kirche
feindlich gegenüber standen, und setzte mit Hülfe des in Straßburg
angesehenen und beliebten Predigers Matthäus Zell, der für
die Reformation den Boden bereitet hatte, und des vor Kurzem
dort eingetroffenen früheren Mönches Martin Bucer die Ab-
schaffung der alten Kirchengebräuche durch.

Mit dieser Beseitigung des Alten war aber einstweilen, wie
oben bemerkt, eine klare Entscheidung über das Neue noch nicht
getroffen. Weder Capito noch Matthäus Zell, die damals unbestritten in Straßburg als die angesehensten Geistlichen galten,
theilten Luthers oder Zwinglis Ansichten vollständig und sie
hätten gern für ihre Kirche einen eigenen Weg eingeschlagen. Ein
jeder derartige Gedanke mußte aber an den praktischen Schwierig-
keiten seiner Durchführung die größten Hindernisse finden. Derjenige beurtheilt die religiös-kirchlichen Verhältnisse falsch, der die

politischen und Machtfragen, welche dabei in Betracht kommen, außer Acht läßt, und Capito konnte sich in richtiger Erkenntniß der politischen Thatsachen der Einsicht nicht verschließen, daß ein gesondertes Vorgehen die größten Gefahren in sich berge.

Aus Capitos Verhalten, welches wir unten näher besprechen werden, erhellt, daß er sich dem besseren Theil des Täuferthums innerlich viel verwandter fühlte als dem Lutherschen oder Zwinglischen Kirchenthum. Allein er sah zugleich wohl ein, daß dem Ersteren vorläufig jede sichere äußere Machtunterlage fehlte; in der Welt voll Feinden, die jeder Gegner der römischen Kirche gegen sich aufrief, war eine solche Basis allerdings höchst nothwendig, und nachdem Luther in der Gewinnung des sächsischen Hofes und Zwingli in einzelnen Schweizer Cantonen eine solche sich geschaffen hatten, schien es für jeden Antikatholiken räthlich, sich des Beistandes der einen oder der andern dieser Potenzen oder wo möglich beider zu versichern. Hätten freilich Capito und Zell den Muth und die Begeisterung Dencks oder Marbecks besessen, so würden sie solchen Rathschlägen der Klugheit keinen überwiegenden Einfluß eingeräumt haben.

Diese Erwägungen waren es, welche Capito zu dem Versuch veranlaßten, die neue Straßburger Staatskirche in Eintracht sowohl mit Luther als mit Zwingli erhalten zu wollen. In dem bereits erwähnten Brief vom 31. Dec. 1524 versichert Capito dem Zwingli seine Ergebenheit in allen Punkten — abgesehen von der Kindertaufe —, gleichzeitig aber schrieb er auch einen sehr versöhnlichen Brief an Luther nach Wittenberg, um diesem von der neuen Schwestergemeinde eine günstige Vorstellung beizubringen.

Man würde fehl gehen, wenn man dies Verhalten auf Mangel an Ueberzeugungstreue ausschließlich zurückführen wollte. Vielmehr kam für Capito hierbei auch ein sehr achtungswerthes Motiv in Betracht, nämlich ein aufrichtiges Streben nach Frieden und Eintracht mit Allen, mit welchen er sich in den Hauptpunkten eins wußte. Diese Einigkeit galt ihm viel mehr als zahlreiche nach seiner Auffassung nebensächliche Punkte, und es ist nicht zu leugnen, daß nach seinen Grundsätzen unendlich viel Unglück, Haß und Zwietracht unserem Volke erspart worden wäre. Milde und Duldsamkeit waren Capitos besondere Charaktereigenthümlichkeiten und in seinem wohlwollenden Herzen wäre der Gedanke an blutige Verfolgung von Mitchristen, die sich nur in einzelnen Lehrsätzen und Ceremonien von der allgemeinen Kirche, die er erstrebte, trennten, niemals aufgekommen.

Der Versuch, mit Luther und Zwingli gleichzeitig einig zu bleiben, scheiterte natürlich bald, da diese Capitos Weitherzigkeit in der Dulbung von Abweichungen grundsätzlich verurtheilten.

Als Capito die Nothwendigkeit einer festen und klaren Stellungnahme einsah, trat noch einmal die Frage an ihn heran, ob er seinen principiellen Standpunkt im Interesse des Friedens aufgeben oder auf die Gefahr einer neuen Parteibildung hin festhalten sollte.

Da war es nun von der größten Bedeutung sowohl für Straßburg wie für alle die Gegenden, deren Führerin diese Stadt war, daß seit dem Anfang des Jahres 1526 sich in Capitos Anschauungen eine immer entschiedenere Trennung von Luther wie von Zwingli zu vollziehen begann.

Der Gegensatz zu Luther war durch dessen ganze Gemüthsrichtung und Lehren schon von langer Zeit her vorbereitet. Seit dem Jahre 1525 schlug aber auch Zwingli in der religiösen Frage eine Richtung ein, welche Capito auf das entschiedenste mißbilligte. Die Mittel nämlich, mit welchen Zwingli den Kampf gegen seine Züricher Gegner führte, mißfielen Capito durchaus. Während Letzterer der Ansicht war, daß man in Sachen der Religion nur öffentliche Gottesleugner und Lästerer oder Aufrührer mit Hülfe des weltlichen Armes strafen dürfe, in dogmatischen Abweichungen aber Freiheit lassen müsse, proclamirte seit Ende 1525 Zwingli ein System blutiger Verfolgung gegen diejenigen seiner ehemaligen Glaubensgenossen, von denen er sich in einzelnen Glaubenssätzen getrennt hatte.

Zwinglis Haß gegen einzelne seiner Züricher Mitbürger, die sich zu seinem neuesten Glauben nicht bekennen wollten, war ein so heftiger, daß jede Rücksicht, jedes Gefühl menschlicher Milde aus seinem Herzen verbannt schien. Es handelte sich dabei vorwiegend um die Frage der Kindertaufe; gerade hierin war Zwingli nach seinem eigenen Geständniß ursprünglich derselben Ansicht gewesen[1]) wie seine nunmehrigen Gegner. Aber dies hinderte ihn nicht, nachdem Umstände irgend welcher Art ihn in diesem Punkt zum Renegaten gemacht hatten, den Magistrat der Stadt Zürich, den er beherrschte, zu den schärfsten, ja grausamen Maßregeln gegen die „Baptisten" zu bestimmen. Mit welcher Leidenschaft er Partei ergriffen hatte, geht aus einem Brief an Vabian vom 28. Mai 1525 hervor, in welchem er sagt, alle früheren Kämpfe seien gegenüber diesem Kampf ein Kinderspiel; „Aufruhr ist es, Parteiung, Ketzerei, aber nicht Baptismus."[2]) Schon im Januar 1525 hatte er die Vertreibung einzelner seiner Gegner durchgesetzt; dann folgten schwere Einkerkerungen und am 7. März 1526 konnte Zwingli triumphirend an Vabian melden, daß der Rath zu Zürich die Anwendung der Todesstrafe gegen die Täufer beschlossen habe.[3])

Es macht dem Charakter Capitos Ehre, daß er diese Entwicklung des Zwinglischen Kirchenthums nicht billigen konnte.

Der Gegensatz gegen Zwingli mußte um so schärfer werden, als Capito in denselben Monaten, wo Zwingli den Krieg gegen

---

1) Zwingli erzählt, er habe zeitweilig gemeint, „es wäre viel besser, man taufe die Kinder erst, wenn sie zu gutem Alter kommen wären." Zwinglii Opera II, 1, 245.

2) Zwinglii Opera VII, 398.

3) Dieselbe kam ja dann auf Zwinglis Betreiben alsbald zur Anwendung.

die Täufer mit schwerem Ernst begann, in seinen Anschauungen sich eben denselben Täufern außerordentlich näherte. Dieser Umschwung fand unter dem Einfluß eines Mannes statt, dessen Schicksale denjenigen Dencks sehr ähnlich sind und hier eine besondere Beachtung fordern.

Im Jahre 1526 war Martin Cellarius, ein achtundzwanzigjähriger Stuttgarter, welcher früher in Wittenberg studirt und sich die Freundschaft des Melanchthon erworben hatte, nach Straßburg gekommen. Es war dies derselbe Cellarius, welcher mit den Zwickauer „Propheten" Nicolaus Storch und Marcus Stübner im Jahre 1521 zu Wittenberg gegen Luther aufgetreten war und durch seine Lehre vom „inneren Wort" und von der Kindertaufe selbst den Melanchthon eine Zeit lang schwankend gemacht hatte. Cellarius hatte wie die übrigen Freunde fliehen müssen, war nach Ostpreußen gegangen, später auch in Zürich gewesen, wo er mit Zwingli sich in Beziehung gesetzt hatte, aber erzürnt von ihm geschieden war. Wenn Cellarius auch späterhin (wie Capito versichert) auf die Lehre von dem Eid, der Obrigkeit und der zweiten Taufe nicht mehr den früheren Werth legte, so hatte er doch, als er nach Straßburg kam, in anderen Punkten noch seine eigenen Ansichten.[1]

Daß diese von Luther und Zwingli abweichenden Meinungen diejenigen der Züricher und Augsburger Täufer waren, unterliegt keinem Zweifel. Es ist überliefert, daß Cellarius eine Zeit lang auf dem Standpunkt stand, den Felix Manz vertrat. Als Anfang des Jahres 1527 Zwingli es durchgesetzt hatte, daß Manz wegen der Abweichung von der Schweizer Staatskirche ertränkt wurde — die Hinrichtung geschah am 5. Januar 1527 — kamen die Sympathien des Cellarius für den Genossen zu Tage. Außer-

---

1) Zwinglii Opera VIII, 95. Vgl. VII, 563 „Habet tamen (Cellarius) sua dogmata."

dem bezeugt uns Bucer ausdrücklich, daß Cellarius „vom cata-
baptistischen Geist in Wahrheit erfüllt" gewesen sei.[1]

Gleichwohl hielt sich Cellarius von der Straßburger Gemeinde,
die man dort Wiedertäufer nannte, fern. Der Grund hierfür
lag darin, daß neben den besseren Elementen sich in der großen
Reichsstadt einzelne Gesellen an die neue Partei herandrängten,
die mit den Theorien der Gleichheit und Brüderlichkeit keineswegs
nur religiöse Ziele verfolgten. So entschieden und deutlich man
solchen Leuten seitens der Führer die Thür weisen mochte, so
unmöglich war es bei dem Mangel einer festen kirchlichen Organisation, dieselben zu verhindern, daß sie sich selbst zu den Täufern
zählten. Die Gegner ergriffen natürlich diesen Umstand als er-
wünschten Anlaß, um alle diejenigen, die nicht katholisch oder
zwinglisch sein wollten, verdächtig zu machen, und so kam es, daß
selbst Capito gegen die sog. „Catabaptisten" in demselben Augenblick zu Felde zog, wo er in seinen Anschauungen sich dem besseren
Täuferthum entschieden näherte. Er sagt selbst, daß die Partei,
die er „Wiedertäufer" nennt, durchaus nicht unter sich gleich
und einer Ansicht sei.[2] Eine alles beherrschende Persönlichkeit und
eine allgemein anerkannte Autorität, wie sie die Lutheraner und
Zwinglianer besaßen, fehlte den Täufern und so waren sie allen
den Nachtheilen ausgesetzt, in die eine Partei geräth, welche der
Leitung entbehrt.

Ueber Cellarius waren nun, wie oben bereits erwähnt, in den
unter Luthers Einfluß stehenden Kreisen sehr ungünstige Urtheile
in Umlauf gesetzt worden.

Capito erzählt uns dies, indem er sagt, es seien von Wittenberg her unentschuldbare Vorurtheile gegen Cellarius erweckt
worden.[3] In Folge davon, fügt er an anderer Stelle hinzu,

1) S. Heberles Aufsatz in der Zeitschrift für histor. Theol. 1857, S. 82.
2) Zwinglii Opera VIII, 77.
3) Zwinglii Opera VIII, 83: Hominem cum judicio admisimus, adeo
nobis objecta erat a Witemberga degravatus praejudicio inexcusabili.

habe er (Capito) den Letzteren, bevor er ihn gesehen, auf das ärgste gehaßt.¹) Thorheit, Stolz, Uebermuth, Unverstand und Aufruhr habe man ihm nachgesagt.

Diese Auffassung änderte sich sofort, als Capito ihn kennen lernte. Er berichtet über die neue Bekanntschaft zuerst am 14. November 1526, und aus dem betreffenden Brief geht hervor, daß ein intimerer Verkehr schon vorhergegangen sein muß.

Die Beziehung, welche sich nun zwischen den beiden Männern entspann, gestaltete sich von Monat zu Monat inniger. Ja, Capito nahm den jungen Mann in sein Haus auf und war fortan sein Freund und Beschützer gegen alle die Gegner, die Cellarius verfolgten.

Im August 1527 schickte Capito nach Zürich an Zwingli folgende Charakteristik des Cellarius, den er nun, wie er sagte, aus einem halbjährigen Zusammenwohnen kenne²): „Er ist ein gottergebener Mann", schreibt er, „weit entfernt von jenen Schwächen der Seele, denen ich und meines Gleichen ausgesetzt sind. Was ihm auch begegnen mag, er weiß die gute Seite desselben hervorzuheben. Die Wittenberger reden ihm Uebles nach; er seinerseits redet ihnen Gutes nach, soweit es mit Wahrheit geschehen kann. Während man ihn mit Schmähungen überhäuft, pflegt er zu antworten: Selbst bei den Auserwählten Gottes wird man Mängel finden, und er pflegt dasjenige als leichten Fehler auszulegen, was in Wahrheit, wie ich glaube, ein schweres Vergehen ist. Denn den Ruf eines unschuldigen Menschen zu untergraben, fällt kaum jemals unter die Kategorie des Guten, vielmehr halte ich es bei einem Christen für ein nicht zu duldendes Vergehen. Außerdem bezieht er Alles, was er sagt, auf den Ruhm Gottes und Christi und dies habe ich gleich bei unseren ersten Gesprächen erkannt. Darin lag für

---

1) Zwinglii Opera VIII, 96: Antiquam videram, odi pessime.
2) Zwinglii Opera VIII, 83.

mich der Beweis, daß nichts Leichtfertiges aus einem solchen Herzen
fließen könne." „Die Liebe ist ihm", sagt Capito an einer anderen
Stelle[1]), „der oberste Grundsatz; sein ganzes Dichten und Trachten
geht dahin, daß wir unter Wahrung der Hauptsätze christlicher
Lehre unsere Fehler und Irrthümer gegenseitig tragen und
ertragen; er hofft, daß Gott eine höhere Einsicht zukünftigen Ge-
schlechtern gnädig verleihen werde." Cellarius' Ansicht über das
Treiben der Straßburger Bürger, welche von Capito als Wiedertäufer bezeichnet wurden, scheint keine günstige gewesen sein. Capito
erzählt uns, daß Cellarius gefürchtet habe, die unruhigen Elemente,
welche sich an diese Partei heranbrängten, könnten bei dem
Mangel einer zuverlässigen Führung ganz auf Abwege gerathen
und der öffentlichen Uebung des Evangeliums zuletzt sehr schweren
Nachtheil bereiten.

Es war ein Unglück für die neue Partei gewesen, daß sie in
Straßburg zuerst durch eine Persönlichkeit öffentlich bekannt geworden war, welche wegen ihres Verhaltens den Unwillen weiter
Kreise auf sich gezogen hatte. Ob der betreffende Mann sich
selbst einen „Wiedertäufer" nannte, ist zweifelhaft, jedenfalls aber
hielt man ihn in den Kreisen der evangelischen Geistlichen für
einen solchen und für ein Mitglied der Partei, die in der Schweiz
von Zwingli bekämpft wurde. Im Juni 1526 berichtet Capito
an Zwingli[2]), daß ein Anabaptist, ein Weber aus Benfelden, Ruhe-
störungen und ärgerliche Auftritte veranlaßt habe. Er habe die
evangelischen Geistlichen geschmäht und die Kindertaufe verworfen.
Die Sache war deshalb für Capito und seine Freunde so unan-
genehm, weil die katholische Partei in der Stadt den Anlaß mit
Freuden ergriff und es durchsetzte, daß mehrere öffentliche Disputationen mit dem Weber gehalten wurden. Das Resultat steigerte
das Selbstvertrauen des ungebildeten Mannes in dem Grade, daß

---

1) Zwinglii Opera VII, 563.   2) Opera VII, 516.

er es nach einiger Zeit wagte, den milden und allverehrten Vorkämpfer der Reformation, Matthäus Zell, während des Gottesdienstes Lügner zu nennen. Man warf den Störenfried ins Gefängniß und die Folge seines Auftretens war, daß alle diejenigen, die sich zur Wiedertaufe bekannten, hinfort nicht nur mit der grundsätzlichen, sondern auch mit der persönlichen Gegnerschaft der gekränkten Straßburger Geistlichen zu rechnen hatten.

Daß sich Cellarius indessen trotz seiner Zurückhaltung mit dem besseren Theil der „Täufer" eins wußte, haben wir oben bereits gesehen.

Unter diesen Umständen mußte die Freundschaft zwischen ihm und Capito von wichtigen Folgen für die Haltung des Letzteren werden. Bucer sah mit steigender Besorgniß die wachsende Intimität der beiden Männer. Er fand den Verkehr allzu vertraulich und mußte schließlich dem Zwingli melden, daß Cellarius in vielen Punkten den Capito zu sich herübergezogen habe.[1]

Als Cellarius im Jahre 1527 ein kleines Buch herausgab, schrieb Capito eine Vorrede dazu, in welcher er sich ganz zu der Lehre seines Freundes bekannte.[2] Die Folge davon war, daß eine Entfremdung zwischen Zwingli und Capito eintrat, welche leicht weitere Consequenzen nach sich ziehen konnte. Die Uebersetzung des Propheten Hosea, welche Capito damals (1527) herausgab, zeigte nach Oecolampads Zeugniß deutliche Spuren von Cellarius' religiösen Ansichten.[3]

Die Sache schien Capitos Freunden um so gefährlicher, als

---

1) Brief Bucers an Zwingli vom 15. April 1528.

2) Das kleine Buch führt den Titel: Cellarius, De operibus Dei Electionis et Reprobationis. Es scheint zu Straßburg gedruckt zu sein. Leider habe ich es nicht einsehen können. Seine Wiederauffindung würde von Werth sein.

3) Oecolampad schrieb damals an Zwingli: (Capito) παιδοβάπτισμα abolitum velit et alia quaedam Cellarii in Hoseam infarserit. (Heß, Oecolampad, S. 315).

sie nichts Stichhaltiges gegen Cellarius vorbringen konnten, ja,
Bucer selbst mußte dessen Verhalten loben. Er schrieb im Jahre
1527 an Zwingli: „Weil man das helle Sonnenlicht finster nennen
müßte, wenn man nicht gestehen wollte, daß der Mann eine ausgezeichnete Frömmigkeit besitzt, so werden wir uns hüten, daß wir
Verdächtigungen, die der Liebe fremd sind, gegen ihn zulassen.
Doch ich gestehe dir, daß ich einen großen Gewinn darin erblicken
würde, wenn er unserer Ansicht von der Taufe — denn ich hege
mit dir die gleiche — beiträte. Aber während es uns schriftgemäß scheint, die Kinder zu taufen, und wir der Nächstenliebe
wegen, falls etwa die Kirche die Gewohnheit hätte, nur die Erwachsenen zu taufen, zeitweilig eine Verschiebung der Taufe zulassen wollen, so hat er die gegentheilige Ansicht und glaubt, es
sei schriftgemäß, die Erwachsenen zu taufen, der Liebe wegen
aber könne man es nachsehen, daß die Kinder getauft werden bis
eine tiefere Einsicht durch die Kirche herbeigeführt werde."[1])
Cellarius wolle indessen keine Unruhe stiften und werde eventuell
sein eigenes Kind taufen.

Die Hinneigung Capitos zum Baptismus drückt sich auch in
den Schriften aus, die in der Zeit dieser Freundschaft entstanden
sind. So sagt er einmal[2]): „Diejenigen, welche unter der
härtesten Tyrannei den Anabaptismus in Verbindung mit dem
Bekenntniß Christi vertreten, fehlen ohne bösen Willen, wenn

---

1) Zwinglii Opera VIII, 96. Die merkwürdigen Worte lauten: Quia
apertam lucem tenebras vocare oporteret, nisi fateremur illum ex asse
pium, ita cavebimus ab eo, ne quid alienae a dilectione suspicionis ad-
mittamus. Sed fateor equidem tibi, magno redimerem, ut nostro de
Baptismo sententiae — nam mihi tecum eadem est — accederet. Sed
dum nobis videtur secundum scripturam esse, infantes baptizare, propter
caritatem autem, si qua Ecclesia consuesset adultos dumtaxat baptizare,
ad tempus posse ferri Baptismi dilationem, ipsi prorsus contrarium videtur,
secundum Scripturas esse adultos baptizare, caritati autem posse donari
Baptismum parvulorum donec melius ecclesia edoceantur.

2) S. den Aufsatz Heberles in der Zeitschr. für hist. Theol. 1857, S. 297.

sie fehlen, weil sie sich der Wiedertaufe nicht als eines Mittels der Zertrennung der Kirchen bedienen, sondern als eines Erkennungszeichens, durch welches sie bezeugen, daß sie an das gehörte Wort vom Reiche glauben und ihr Leben für ihren Erlöser darzugeben bereit sind. Es gilt jedoch zu beten, daß der Herr diese Knechte Gottes, Christi Zeugen und unsere theuersten Brüder, mit der Erkenntniß seines Namens erfülle; obgleich ich sie darum nicht weniger werth halte, weil sie in diesem Punkte, wie ich glaube, schwach und an mißverstandene Schriftstellen zu anhänglich sind, auch ohne gewisse Berufung sich in ein gefährliches Unternehmen einlassen." Nicht ohne Berechtigung konnten die Straßburger Täufer eine Zeit lang sich rühmen, daß Capito ihnen günstig gesinnt sei.[1]

Während in der Geistesrichtung des damals in Straßburg angesehensten Theologen eine solche Wandlung sich vollzog, nahm die kleine Partei, die wir oben geschildert haben, gleichzeitig an innerer Festigkeit und Zahl der Anhänger von Monat zu Monat zu. Ein begabter Parteigänger der Züricher Täufer Wilhelm Reublin, früher Vicar in Wytikon bei Zürich, ließ sich zeitweilig in Straßburg nieder; der vielseitig gebildete Arzt Otto Brunfels schloß sich den „Brüdern" an; Jacob Vielfeldt (Polychorius oder Multicampianus), der sich als Uebersetzer lateinischer Classiker bekannt gemacht hat, hielt sich zu ihnen, und ein Flüchtling aus Oesterreich, Johann Bünderlin, trat als Schriftsteller für die Sache der Täufer auf.[2] Männer, welche auf den geringen Mann großen Einfluß besaßen, wie der gut unterrichtete und geschickte Gärtner Clemens Ziegler, stellten ihren Eifer und ihre Hingabe in den Dienst der Partei.

---

1) Brief Oecolampads an Zwingli vom 1. Juli 1527.
2) Es sind die Titel von zwei Schriften desselben bekannt:
    1) Ein gemein Berichtung über den heiligen Schriftinhalt, 1529 s. l.
    2) Aus was Ursach sich Gott in die Nyder gelassen, 1529 s. l.
Sollten sich dieselben erhalten haben?

Von besonderer Bedeutung für die Entwicklung der Gemeinde konnte die Haltung des allgemein beliebten Matthäus Zell werden, der zwar, wie aus dem erzählten Zwischenfall erhellt, keineswegs mit allen sogenannten „Catabaptisten" übereinstimmte, aber doch nach dem Zeugniß seiner Gemahlin Katharina den Standpunkt der principiellen Feinde des Täuferthums nicht theilte. Er erklärte öffentlich auf der Kanzel und bei Gelegenheit einer Berathung der Prediger, daß er mit den Maßregeln, die einzelne seiner gelehrten Amtsgenossen bei der Obrigkeit durchzusetzen suchten, nicht einverstanden war, und bekannte seine Uebereinstimmung mit dem wichtigen Grundsatz der Täufer (den sie im Gegensatz zu Luther lehrten), daß die Obrigkeit in Sachen des Glaubens zur Anwendung von Gewaltmaßregeln nicht berechtigt sei. Je nach dem weiteren Verlauf der Bewegung war eine noch entschiedenere Stellungnahme des Zell im Sinne der Täufer zu erwarten.[1])

In diese Zustände und Stimmungen hinein kam nun Hans Denck, als er im Spätherbst 1526 Augsburg verlassen hatte. Nicht als ob er alle die angedeuteten Verhältnisse schon ausgebildet vorgefunden hätte, aber die Ansätze dazu waren doch vorhanden und seine Ankunft war deshalb ein Ereigniß ersten Ranges für die Straßburger Täufer, weil in ihm der Führer gefunden war, der bisher den zersplitterten Tendenzen gefehlt hatte. Der sittliche Muth, die Energie seines Wollens, die Klarheit seines Denkens und die Begeisterung seiner reinen Seele gaben ihm eine Ueberlegenheit, welche Gelehrte und Ungelehrte, Reiche und Arme mit sich fortriß. Wie in Nürnberg, S. Gallen und Augs-

---

1) Es wäre eine dankbare Aufgabe, die Ansichten Zells einer näheren Untersuchung zu unterziehen. Man würde voraussichtlich dabei überraschende Resultate finden.

burg, trat seine Persönlichkeit rasch in den Vordergrund des
Kampfes und Jedermann fühlte, daß er an ihm seinen Meister
gefunden habe. Er war der Mann, der, wenn man ihn gewähren
ließ, das ganze Gebäude der Straßburger Staatskirche in abseh-
barer Frist über den Haufen werfen konnte.

Kurze Zeit nach seiner Ankunft gelang es Denck, die Persönlichkeit, auf dessen Gewinnung zunächst das Meiste ankam,
Capito, für sich im höchsten Grade einzunehmen. In einem Brief
an Zwingli versicherte Capito, daß Dencks musterhafter Lebenswandel, die Geschicklichkeit seines Geistes und die Würde seiner
persönlichen Haltung in wunderbarer Weise das Volk anzögen.[1]

Denck genieße, sagt Capito an einer anderen Stelle, das größte
Vertrauen, und ringsumher fielen ihm die „Diener des Wortes" zu.

Sehr merkwürdig ist die Erzählung Capitos über eine Conferenz, welche zwischen ihm, Cellarius, Denck und Hetzer über die
religiösen Fragen stattgefunden hatte. Bei dieser Gelegenheit habe,
sagt er, Cellarius den Denck so sehr in allen Punkten auf
seiner Seite gehabt, daß Letzterer dem Cellarius die feierliche
Versicherung gab, es sei „zwischen uns" alles ausgeglichen und
eine Uebereinstimmung herbeigeführt.[2] Es wurde bei dieser Disputation Dencks Schrift vom freien Willen zu Grund gelegt und
Denck gab die Begründung seiner Sätze an der Hand der heiligen
Schrift. Denck erscheint dabei nicht als Vertheidiger oder Ange-
klagter, sondern durchaus als Leiter, dem die übrigen ihre Zu-

---

1) Zwinglii Opera VII, 579. — Kurze Zeit vorher, ehe Capito den Denck
persönlich kennen gelernt hatte, hatte er noch das Urtheil Dritter über Denck
wiederholt. S. a. O. VII, 572. Der Umschwung scheint sehr rasch eingetreten
zu sein und dürfte mit der unten erwähnten Conferenz zwischen Capito, Cellarius und Denck zusammenhängen.

2) Die bis jetzt nicht beachtete Erzählung lautet: „Egit (Cellarius) cum
Denkio praesente Hezero humili dignitate adeoque Denkium in omnibus
assensorem habuit, libellumque suum, quem de libero arbitrio edidit, ad
apostolorum sententias idem exposuit, ita ut Cellarium sancte affirmaret,
compositum transactumque esse inter nos. Zwinglii Opera VIII, 83.

stimmung zu erkennen geben. Selbst wenn man behaupten wollte, daß es doch nur Cellarius gewesen sei, der, nach Capitos Worten, sich mit Denck zu den gleichen Ansichten in allen Punkten bekannt habe, so folgt doch aus der oben bewiesenen Verwandtschaft Capitos mit Cellarius, daß Ersterer miteinbegriffen ist.

Von dieser Conferenz an nahmen die Beziehungen des Capito zu Denck eine immer intimere Gestalt an. Ein armer Wiedertäufer, der Schneider Georg Ziegler, welcher zu Ende des Jahres 1526 gefangen gesetzt worden war, sagte öffentlich aus, daß er auf den Wunsch „Herrn Capitos" und Dencks sein Haus zur Herberge für die Täufer hergegeben habe.[1]) Es liegt um so weniger Grund vor, das Bekenntniß des einfachen Mannes für eine Erfindung zu halten, als dasselbe mit den Aussagen anderer Täufer über die heimliche Unterstützung ihrer Partei durch Capito übereinstimmt und der Letztere seine Annäherung an die Täufer unter dem Hinweis darauf zugiebt, daß er dieselben für seine Lehren habe gewinnen wollen. Besonders merkwürdig aber ist, daß Ziegler die beiden Männer gemeinsam als seine Berather hinstellt.

Man erkennt aber auch zugleich, daß es Denck in kurzer Frist gelungen war, bei Hoch und Niedrig seinen Rathschlägen und Ansichten Eingang zu verschaffen, und wir dürfen es glauben, was Capito gelegentlich dem Zwingli versichert, daß die Ankunft Dencks die Straßburger Kirche in die heftigste Bewegung versetzt habe.[2])

Wenn man sich diese Verhältnisse vergegenwärtigt, so erscheint es auffallend, daß das Täuferthum in Straßburg gleichwohl zur

---

1) S. die Aussagen des Ziegler bei Cornelius, Münst. Aufruhr II, 269.
2) Capito an Zwingli: (Denkius) nostram certe ecclesiam conturbavit vehementer. Zwinglii Opera VII, 579.

herrschenden Stellung nicht gekommen ist. Eben als die Partei auf ihrem Höhepunkte angekommen war und einen Führer gefunden hatte, der ihre Kräfte zusammenfassen und leiten konnte, wurde sie dadurch ihrer bisherigen Erfolge beraubt, daß es den Gegnern gelang, den Mann, auf den Aller Augen gerichtet waren, nach wenigen Wochen aus der Stadt zu vertreiben. Wie aber ist diese Vertreibung möglich geworden?

Als die städtischen Obrigkeiten zu Straßburg unter Führung Capitos und Martin Bucers den Entschluß faßten, sich von der alten Kirche los zu sagen, fühlten sie das Bedürfniß nach Stärkung ihrer kirchlich-politischen Stellung ebenso wie ihre Geistlichen, und es lag in der Natur der Verhältnisse, daß sie bei denjenigen politischen Mächten, die sich bereits gegen Rom erklärt hatten, Anlehnung suchten. Die größere Uebereinstimmung der religiösen Anschauungen und politische Erwägungen führten die Reichsstadt schließlich zur Annäherung an die neue schweizerische Kirche und die innere Nothwendigkeit der Lage drängte das Straßburger Gemeinwesen allmählich zu einer völligen Unterordnung unter den Willen des Schweizer Reformators. Der Magistrat sah in den schwierigen politischen Zeitumständen das einzige Heil der Stadt in einem Bunde mit den evangelischen Cantonen, und Zwingli, der die letzteren beherrschte, verfehlte nicht, die Isolirung Straßburgs zugleich im Sinne seiner religiösen Anschauungen auszunutzen. Er erreichte bei dem Magistrat allmählich nicht nur den Besitz der Herrschaft für seine Freunde, sondern auch Hülfe und Beistand im Kampfe gegen alle seine religiösen Feinde.

Weder Capito noch Zell noch irgend ein anderer der Straßburger Geistlichen hatte die Situation mit allen ihren Consequenzen so rasch und so richtig durchschaut, als Martin Bucer.

Bucer war vor seinem Uebertritt zur neuen Kirche ein Mitglied des Ordens gewesen, den man den Vorläufer der Gesellschaft Jesu im Mittelalter genannt hat, nämlich des Dominicaner-

Ordens. Man kennt ja die feindselige Stellung, die dieser Orden
von jeher gegen alle „Ketzer" eingenommen hat. Bucer hatte sein
Kloster im Jahre 1521 mit päpstlicher Erlaubniß verlassen, war
aber bald aus der alten Kirche ausgetreten, hatte eine ehemalige
Nonne geheirathet und eine Anstellung als lutherischer Pfarrer
in Weißenburg im Unterelsaß gefunden.

Er hatte das Unglück, im Jahre 1523 von dort vertrieben
zu werden, und eilte nun nach Straßburg, wo er mit seiner
Familie gänzlich mittellos und in den gedrücktesten Verhältnissen
anlangte. Als kurz darauf die evangelische Bewegung daselbst
ausbrach, gelang es Bucers hervorragender Begabung bald, sich
im Dienste dieser Sache auszuzeichnen. Er war im Besitz einer
ungewöhnlichen Gelehrsamkeit, und vermöge des Scharfsinns und
der Gewandtheit, die ihm eigen waren, wußte er seine Kenntnisse
in einer für jeden Gegner gefährlichen Weise zu verwenden. Die
Energie, mit welcher er sich aus niedrigem Stande zu seiner
Stellung emporgearbeitet hatte, zeigte sich auch später in allen
seinen Unternehmungen. Um ein Ziel, welches ihm vorschwebte,
zu erreichen, war ihm keine Mühe zu schwer, kein Hinderniß zu
groß. Ein rascher und sicherer Blick für Verhältnisse und Menschen gab seinem erfindungsreichen Geist stets die richtigen Mittel
an die Hand. Ich stimme mit unparteiischen neueren Gelehrten
vollkommen darin überein, daß man ihm Unrecht thut, wenn
man behauptet, daß seine Ziele zunächst persönlichen Vortheilen
gegolten hätten; vielmehr besaß er unzweifelhaft ein ernstes
Streben, der Kirche nützlich zu sein, in deren Dienst er sich begeben hatte. Auch hielt er diese Kirche für die beste, die er erreichbar glaubte. Allein selbst seine damaligen nächsten Bekannten
und Gesinnungsgenossen räumen ein, daß er den Zeitumständen
häufig in höherem Grade Zugeständnisse machte, als derjenige es
gethan haben würde, welcher mit einer starken, begeisterten Ueberzeugung für seinen Glauben erfüllt war. Niemand stand dem

Bucer im Jahre 1524 persönlich näher als Capito, dennoch spricht sich dieser dahin aus, daß Bucer, welcher jetzt sich als eifriger Anhänger Zwinglis bekenne, früher die Ansicht Luthers deshalb verfochten habe, weil er mehr den Zeitverhältnissen als der Wahrheit Rechnung trug.[1]) In derselben Richtung bewegen sich andere Urtheile von ganz unparteiischen Zeitgenossen[2]), und wir werden unten den Beweis erbringen, daß die Mittel, deren er sich zur Erreichung eines in seinem Sinne „guten" Zweckes bediente, in einzelnen Fällen in bewußten Verläumbungen bestanden.

Dem Capito, mit dem er seit 1523 gemeinsam thätig war, war Bucer in vieler Hinsicht überlegen. Die Zähigkeit, Menschenkenntniß, Gewandtheit Bucers mangelten Jenem fast vollständig. Auch wurde Capito weit mehr durch Gemüthsaffecte bestimmt als Bucer, und während Ersterer ängstlich jeden Schritt nach der sittlichen Seite hin prüfte, wurde Bucer durch derartige Bedenken nicht in gleichem Maße aufgehalten. Bucer, der mit raschem und richtigem Blicke das Nothwendige und Erreichbare erkannte, beherrschte die Straßburger Kirche mehr als der angesehenere und mehr geschätzte Capito, und nicht dieser gab die Richtung an, welche sie einschlug, sondern Bucer.

Nachdem Zwingli in der oben geschilderten entschiedenen Weise gegen die Täufer Stellung genommen hatte, konnten sich seine Straßburger Freunde dem gleichen Verhalten nicht entziehen. Allerdings schritt man einstweilen nicht mit Todesstrafen ein, aber Bucer, der zugleich seine religiösen Anschauungen gefährdet sah, hielt die Unterdrückung der aufkommenden Partei, soweit sie ohne Hinrichtungen erreichbar war, doch für nothwendig.

Zunächst wurde, soviel wir wissen, Jacob Groß aus Waldshut

---

1) Capito an Zwingli am 31. Dec. 1524. Opera VII, 375.

2) Selbst Bucers Freund Calvin sagt über ihn und Melanchthon, daß die beiden Männer „in modo agendi se tempori nimis accomodant". Varrentrapp, Hermann von Wied, S. 105, Anm. 1.

nebst Georg Tucher und Wilhelm Echsel gefangen genommen und
in den Thurm geworfen. Bucer hatte dort, wie aus amtlichen
Aufzeichnungen feststeht, ein Gespräch mit Jacob Groß, in welchem
es sich unter Anderm um den Gebrauch der Waffen handelte.
Als Groß erklärte, er wolle Niemand todtschlagen, selbst auf Befehl der Obrigkeit nicht, habe ihn, sagt Groß aus, „der Bucer
dem Teufel befohlen“.[1]) Man ersieht daraus, wie entschieden von Bucer in dieser Sache Partei ergriffen wurde. Alsbald nach diesem Verhör im Thurm erfolgte ein solches vor dem
Rath in Gegenwart Bucers. Dabei erklärte Groß, es befremde
ihn, daß nunmehr das Evangelium und Gotteswort bei vier
Jahre in Straßburg geprebigt worden und dennoch so wenig bei
denen von Straßburg verfange und Frucht bringe, daß man es
an den Früchten spüren könne und möge. Es hätten die Prädicanten oder Andere sie in den Bann gethan, in den Thurm
gelegt und aus der Kirche oder Gemeinde ausgeschlossen, unverhört
der Sachen. Man sollte sie lieber vorher freundlich unterwiesen
haben. Man habe sie behandelt, daß es zu erbarmen wäre.
Doch fürchte er sich nicht, man könne ihm gegen den Willen
Gottes nicht ein Härlein anrühren. Um sein Hab und Gut sei
es schon gethan — er hatte es zu Waldshut verloren —, der
Leib werde jetzt auch daran müssen. Es sei ihnen bestimmt, das
Kreuz zu tragen.“[2])

Trotz dieser Einkerkerungen nahm, wie wir sahen, die Partei
der Täufer fortwährend zu. Bucer verfolgte mit gespannter Auf-
merksamkeit diese Entwicklung; er sah Capito abfallen, Matthäus
Zell opponiren, Cellarius zu Ansehen kommen und hörte täglich
von neuen Abtrünnigen. Da kam nun auch Denck in Straßburg an und die Gefahr nahm damit eine so drohende Gestalt

---

1) Aus den Straßburger Vergichtbüchern 1526, abgedruckt bei Cornelius,
Münsterscher Aufruhr II, 269.

2) Cornelius a. O. II, 268.

an, daß Bucer beschloß, einen energischen Schlag zu führen. Noch hatte er die weltliche Autorität auf seiner Seite, und mit ihrer Hülfe konnte er den gefährlichsten Gegner unschädlich machen.

Am 22. December 1526 fand auf Veranstaltung Bucers ein öffentliches Religionsgespräch zwischen ihm und Hans Denck statt — Capito war zwar zugegen, nahm aber an der Debatte nicht theil[1]) —, und am 23. desselben Monats hatte Denck bereits den Befehl in der Hand, das Gebiet von Straßburg unverzüglich zu räumen. Auf Grund desselben verließ Denck, getreu dem Grundsatz, der Obrigkeit zu gehorchen, am 24. Dec. die Stadt. Am Weihnachtsfeste des Jahres 1526 wurden seine und seiner Anhänger Hoffnungen zu Grabe getragen; die Stadt Straßburg aber erfuhr später die Wahrheit der Thatsache, die sich auch anderwärts bestätigen sollte, daß der Vernichtung des gemäßigten Täuferthums das Emporkommen des fanatischen Anabaptismus auf dem Fuße folgte. Die Aufregung, welche die Kunde von Dencks plötzlicher Ausweisung in der Stadt hervorbrachte, war so groß, daß nach zuverlässigen Berichten ein Aufstand bevorzustehen schien, und es kann kein Zweifel sein, daß Dencks Partei stark genug gewesen wäre, den Befehlen der Obrigkeit Trotz zu bieten. Man muß es ihr zur Ehre anrechnen, daß sie es nicht gethan hat. Auch jetzt hat Denck den Grundsatz festgehalten, Gewalt nicht mit Gewalt zu erwidern. Er zog lieber abermals als armer Verbannter hinaus in die Fremde, ehe er seinen Feinden that, was sie ihm thaten.

Es war ein wichtiger Erfolg, den Bucer erzielt hatte. Nicht allein in der Entfernung Dencks trat derselbe zu Tage, sondern auch in dem Eindruck, den die energische Maßregel auf alle die-

---

1) Ueber diese sehr bezeichnende Passivität Capitos s. Keim in den Jahrbüchern für deutsche Theol. 1856, S. 271.

jenigen machte, die zurückblieben. Die ganze Stadt erkannte, daß
es gefährlich war, gegen die Lehre, welche der Magistrat und
Bucer billigten, Opposition zu machen, und die schwächeren Seelen,
die Dencks Standpunkt theilten, suchten sich wieder unter die
schützenden Flügel Zwinglis zu flüchten.

Zu den letzteren gehörte besonders Wolfgang Capito. Hans
Denck hatte Straßburg noch nicht achtundvierzig Stunden verlassen, da schrieb Capito — es war am 26. December 1526 — einen
langen Brief an Zwingli, in welchem er eine ausführliche Rechtfertigung seines Verhaltens gab. Capito nahm ganz richtig an,
daß die Haltung, welche er in den letzten Monaten beobachtet
hatte, besonders aber sein Benehmen bei der Disputation vom
22. December, dem Zwingli in hohem Grade auffallen mußte.
Das letztere mußte um so befremdender für Zwingli sein, als
Denck bei dem Religionsgespräch mit deutlicher Beziehung auf
Capito geäußert hatte, daß in den wesentlichsten Punkten zwischen
ihm und den Straßburger Geistlichen Uebereinstimmung herrsche.[1]

In diesem Brief hat Capito seinem Muth kein schönes Denkmal gesetzt.[2] Anstatt den Mann, mit dem er in nahen Beziehungen gestanden hatte, nach Kräften in Schutz zu nehmen
oder sich offen zu den Meinungen zu bekennen, die er in Uebereinstimmung mit Cellarius und Denck hegte, verleugnet er den
Denck und windet sich in zweideutigen Wendungen aus der
schwierigen Situation mühevoll heraus. Man sieht, es war ihm
unendlich viel daran gelegen, sich die Gunst Zwinglis und durch
diesen diejenige seiner Obrigkeit zu erhalten. Der vertriebene
„Anabaptist" wurde das Opfer, über welchen hinweg er Zwingli
die Hände wieder reuevoll entgegenstreckte. Er erzählt dem
Zwingli, daß er in das Religionsgespräch deshalb nicht eingegriffen
habe, weil die Gegner es vorzugsweise auf ihn abgesehen gehabt

---

1) Vielleicht hatte Denck außer Capito auch den Matth. Zell im Auge.
2) Derselbe findet sich in Zwinglii Opera VII, 579.

hätten, er aber zu solchen Disputationen viel weniger geschickt sei
als Bucer, und er habe deshalb diesen reden lassen. Es sei nicht
wahr, was Denck behauptet habe, daß er (Denck) mit Jemanden
ihrer Partei einig sei; jene, fährt Capito fort — er braucht
absichtlich einen ganz unbestimmten Ausdruck —, wollen nicht mit
der heiligen Schrift kämpfen, und haben eine unerhörte Hart-
näckigkeit und einen unauslöschlichen Haß gegen Alle, die das
Wort predigen; auch können sie ihren Glauben nicht beweisen.
Dies alles könne Capito nicht billigen. Seine Freundschaft mit
Cellarius, dem Genossen Dencks, rechtfertigt er schließlich dadurch,
daß er sagt, er habe Jenen bis dahin für einen Freund Zwinglis
gehalten.[1]

Von solchen Bundesgenossen konnte Denck allerdings wenig
Hülfe erwarten; sie ließen ihn nicht nur auf dem Kampfplatz der
öffentlichen Rede im Stich, sahen nicht nur seiner Ausweisung
mit vollkommener Gleichgültigkeit zu, sondern verleugneten ihn
schließlich auch, sobald er den Rücken gekehrt hatte. Wenn er
wenige Wochen darauf bitterlich klagte, es fehle den „Schriftgelehrten" der Muth, um die erkannte Wahrheit zu vertheidigen,
so weiß man, auf wen der Vorwurf abzielt und wie sehr er
gerechtfertigt gewesen ist.

Ein weiterer Erfolg Bucers bestand darin, daß der Magistrat
in der Frage des Baptismus nunmehr nicht bloß einzelnen armen
Gesellen, sondern auch einem Manne von Bildung und Ansehen
gegenüber entschieden Stellung genommen und sich gegen die ganze
Partei engagirt hatte.

Die Gründe, welche für den Magistrat maßgebend waren,
lernen wir aus einem Raths-Protokoll vom Jahre 1526 kennen.[2]

---

1) Opera VII, 580: Martinus Cellarius hic fuit, quem hactenus tibi
amicum semper putavi; verum sic se gessit, ut hominem vehementer
amplectar.

2) Dasselbe ist abgedruckt bei Cornelius, Münst. Aufruhr II, 273.

Dort heißt es, nachdem die ergriffenen Maßregeln der Einkerkerung und Ausweisung erwähnt sind, daß die Lehre der Wiedertäufer in drei Punkten bestanden habe und zwar: „1) Keine Obrigkeit haben; 2) Keiner dem Anderen Ehre anthun; 3) Ihrer einer mit dem Andern theilen." Wenn diese Charakteristik richtig gewesen wäre, so hätte der Magistrat allerdings gerechte Ursache zu seinen Maßregeln gehabt.

Die offenbare Unkenntniß des Magistrats über die Tendenzen des besseren Täuferthums würde eine zufällige sein können, wenn uns nicht überliefert wäre, daß das Religionsgespräch vom 22. Dec. 1526, auf Grund dessen der Magistrat die Ausweisung Dencks verfügte, ohne Vorwissen des Magistrats und natürlich auch ohne Betheiligung von Magistrats-Personen stattgefunden hat. Capito, der dies in einer Art von Beschwerde gegen Bucer dem Zwingli berichtet[1]), bedauerte dies sehr und es ist anzunehmen, daß er seinen bezüglichen Wunsch dem Bucer vor dem Termin zu erkennen gegeben hat; gleichwohl ist die städtische Behörde davon nicht unterrichtet worden und hat von den wahren Ansichten der besseren Täufer, wenigstens im Jahre 1526, auf amtlichem Wege keine zutreffende Kenntniß erlangt.

Es ist nicht überliefert, welche Schilderung Bucer dem Magistrat vor der Ausweisung Dencks gegeben hat; dagegen aber kennen wir das Bild, welches Jener dem Zwingli über Dencks Lehre entworfen hat, glücklicherweise aus Bucers eigenem Munde. Es ist anzunehmen, daß beide Schilderungen ungefähr übereingestimmt haben.

Einige Monate nach den Straßburger Ereignissen schrieb Bucer einen Brief nach Zürich[2]), worin er die Absicht ausspricht, den Zwingli mit Dencks Lehren bekannt zu machen. Folgendes seien die Hauptpunkte: 1) Die Menschen können die Rechtfertigung

---

1) S. das Schreiben vom 26. Dec. 1526, Zwinglii Opera VII, 579.
2) Zwinglii Opera VIII, 81.

vor Gott durch sich selbst erlangen; 2) die Sünde ist eine leere Einbildung, d. h. Nichts[1]); 3) Christus ist nur unser Vorbild für das Leben — abgesehen davon, daß er uns auch den Sinn für das Rechte[2]) einflößt; 4) Jedermann hat es in der eignen Hand, sich an das Gute zu halten[3]); 5) die Menschen haben einen freien Willen.

Was soll man zu diesen Angaben sagen? Bucer kannte, das steht aus seiner eigenen Aeußerung fest, Dencks „Büchlein vom Gesetz." Darin ist wörtlich Folgendes zu lesen: „Darum auch das Verdienst (scil. der Rechtfertigung) nicht dem Menschen, sondern Christo zugehört, durch welchen ihm Alles, was er hat, geschenkt worden ist. Welcher aber in seinem Verdienst Ruhm sucht, als ob ers aus ihm selbst habe, dieser vernichtet ja die Gnade durch Christum."[4]) Die zweite Angabe beruht auf dem Büchlein vom freien Willen, welches im Jahre 1526 Bucers Freunden bekannt war. Dort steht: „die Sünde ist gegen Gott nichts zu rechnen und sie sei, wie groß sie immer sein mag, so kann und will und hat sie doch Gott überwunden" und etwas später: „die Sünde, wie sie der Mensch thut, ist nichts vor Gott", und Denck will damit sagen, daß die Sünde in Gottes Augen nur die Negation oder das Nichtthun des Guten sei. Der Unterschied zur Bucerschen „leeren Einbildung" leuchtet ein. Der dritte Punkt kann von Bucer durch keine einzige Stelle aus Dencks Schriften bewiesen werden. Dagegen nennt Denck Christus nicht einmal, sondern sehr häufig den „Sohn Gottes", der „dem Vater ganz

---

1) „inanis opinio h. e. nihil" sagt Bucer.   2) „sensus recti."

3) „In manu sua adserit quemlibet habere sequi bonum" sagt Bucer.

4) Denck wiederholt denselben Gedanken in verschiedenen Wendungen. So sagt er einmal: „Die Seligkeit ist in uns, aber nicht von uns, gleich wie Gott in allen Creaturen ist, aber darum nicht von ihnen, sondern sie von ihm." Er sagt dies ausdrücklich zur Widerlegung derer, welche vorgeben, „wir hätten die Seligkeit nicht von Gott durch Christum, sondern von uns selbst." (Was geredt sei, Bl. A. 4[1].)

gleich gewesen und ihm in allen Dingen gehorcht hat".[1]) „Gott hat seinen Sohn so lieb gehabt, wie sein selbst Augapfel" u. s. w. Denck faßt Christus auf als den ewigen Geist, der mit dem Vater eins und einig ist, der in allen guten Menschen lebt und von Anbeginn der Welt gelebt hat, ja der das Gute selbst ist und in Jesus von Nazareth Mensch geworden, um für Gott und das Gute mit Menschenmund Zeugniß zu geben, da die Menschen nur „mit fleischlichen Augen und Ohren sehen und hören mögen".

Aber, fügt Denck hinzu, darum giebt es nicht mehrere Götter, die von dem einigen Gott weisen und abführen, sondern alle Geister sind eins in dem einigen wahren Gott.

Zu dem vierten angeblich Denck'schen Satz ist Folgendes zu bemerken. Denck sagt[2]): Das Mittel (Christus) ist „also nahe allen Menschen, daß sie es wohl mögen erlangen, dardurch sie zu Gott wiederkehren. Nicht daß sie in ihnen selbst etwas vermögen, sondern dieweil das Wort darum in ihnen ist, daß es sie mit Gott vereine."

Nur im fünften Punkt, in der Lehre vom freien Willen, stimmt Bucers Angabe mit dem wahren Sachverhalt überein.

Wenn man annimmt, daß diese Abweichungen von der Wahrheit auf Mißverständnissen beruhen, so ist es doch ein merkwürdiger Zufall, daß alle die falschen Auslegungen den Erfolg haben mußten, den Zwingli im höchsten Grade gegen Denck zu erbittern.

Bei diesen Maßregeln beruhigte sich Bucer übrigens keineswegs; vielmehr hielt er es im Interesse seiner Sache für nothwendig, den Feldzug, den er gegen Denck mit großem Erfolg begonnen hatte, auf literarischem Gebiet fortzusetzen und Niemand würde ihm daraus einen Vorwurf machen, wenn er mit billigenswerthen Mitteln seine Sache vertheidigt oder die Blößen des Gegners aufgedeckt hätte.

---

1) „Was geredt sei" Bl. C. 2.
2) „Was geredt sei" Bl. C. 1.

Zu Anfang Juli 1527 ließen die Straßburger Geistlichen, als deren Führer Bucer in jenem Moment in uneingeschränktestem Sinne gelten kann, eine besondere Schrift drucken, die, wie es im Titel heißt, gegen „Hans Dencken und anderer Wiedertäufer schwere Irrthümer" gerichtet war. Sie führt den Titel „Getreue Warnung der Prediger des Evangelii zu Straßburg" und nimmt als Ausgangspunkt die Artikel, welche ein Anhänger Dencks, Jacob Kautz, veröffentlicht hatte.[1])

Es würde uns zu weit führen, wenn wir auf alle Einzelheiten des Buches eingehen wollten; doch sind zur Charakteristik der Kampfweise um so mehr einige Bemerkungen nothwendig, als die Angriffe, die es enthält, bis auf den heutigen Tag von den Gesinnungsgenossen des Verfassers häufig wiederholt worden sind.

Es findet sich in der Schrift die Behauptung, daß Denck, des Münzers Jünger, in Straßburg es „nicht habe unbilligen wollen, daß zu Sanct Gallen einer seinem Bruder den Kopf abgehauen hat", daß mit anderen Worten Denck, der Schüler eines offenbaren Aufrührers, den Brudermord vertheidigt hat. Es steht fest, daß Bucer denselben Vorwurf in Straßburg schon gegen andere Täufer erhoben hatte, daß diese aber denselben unter Protest zurückgewiesen hatten.[2]) Denck dagegen soll den Brudermord gebilligt haben? Kann man hier auch ein Mißverständniß annehmen? Hat aber nicht Bucer Gelegenheit genug gehabt, sich hierüber aufzuklären? Vielmehr fällt der Streich, der mit solchen

---

1) „Getrewe Warnung der Prediger des Evangelii zu Straßburg über die Artikel, so Jacob Kautz, Prediger zu Worms, kürzlich hat lassen außgohn, die frucht der Schrift und Gottes worts, den Kinder Tauff und erlösung unsers Herren Jesu Christi sampt anderm, darin sich Hans Dencken und anderer widertäuffer schwere yrthumb erregen betreffend." Am Schluß steht: „Straßburg, am andern tag Julii 1527." Das hier benutzte Exemplar enthält 4 Bogen 8° und beruht in der Hof- und Staats-Bibliothek zu München.

2) Die angegriffenen Täufer hatten gesagt, daß der Mörder gar nicht zu ihrer Partei gehört habe. S. den Brief des Gerbrotus an Vabian vom 1. August 1527 (Baum, Capito und Butzer S. 379).

Waffen geführt wird, auf denjenigen zurück, der sein Urheber ist, aber er charakterisirt zugleich die Mittel, die man zur Erreichung des „guten Zweckes" anzuwenden sich nicht scheute. Denck hat niemals ein Wort darauf erwidert und noch weniger seinerseits den Bucer angegriffen; wenn er aber kurz nach dem Erscheinen der „Getreuen Warnung" die schon erwähnten Worte niederschrieb, daß es selbst einem sanften und demüthigen Herzen schwer sei, gegenüber den Angriffen, wie er sie erfahren, sich im Zaum zu halten, so erkennt man wohl, wie sehr er Grund hatte, dies zu sagen.

Es ist erfreulich, daß einzelne neuere protestantische Theologen, obwohl sie im Uebrigen gegen Denck und die Täufer ebenso wie Bucer in Opposition stehen, sich nicht haben entschließen können, jener Behauptung Bucers Glauben zu schenken. So sagt Heberle: „es wird uns schwer zu glauben, daß ein Mann wie Denck mit so crassen Verwirrungen soll einverstanden gewesen sein."[1]

Uebrigens ist dies keinesweges die einzige Unwahrheit, zu welcher die „Getreue Warnung" sich hergiebt. Gleich im Eingang heißt es, daß Hans Denck sich in seinem Schreiben und Reden erzeige als ein schwerer Feind der Obrigkeit, und etwas später wird gesagt, es gehöre zu Dencks Lehre, daß „man zu bürgerlichem Schirm der Obrigkeit nicht gehorsame". Natürlich konnte ja Denck als „Münzers Schüler" nichts Anderes gelehrt haben. Man kann jeder unparteiischen Beurtheilung anheimgeben, was von solchen Verdächtigungen zu halten ist.

Einen peinlichen Eindruck macht es indessen, wenn die „Getreue Warnung" gleichzeitig versichert, daß der heilige Geist es sei, welcher dem Verfasser seine Gedanken eingegeben habe.

---

1) Theol. Studien und Kritiken 1855, S. 822. — Dagegen bemerkt Bernh. Riggenbach, daß Denck, sowenig er sonst einer laxen Moral das Wort rede, doch einige bedenkliche praktische Consequenzen seiner Lehre nicht entschieden scheine mißbilligt zu haben. S. Herzog u. Plitt, Realencyclopädie, Bd. III, 541.

„Wir sind", heißt es dort wörtlich, „durch die gewisse Schrift und den heiligen Geist versichert, daß nicht schädlichere Lehre auskommen mag, dann mit der leider Hans Denck sich behaftet."[1]

Man kann nicht annehmen, daß die Straßburger Prediger mit ihrer Schrift auf diejenigen einen Eindruck zu machen hofften, welche den Kreisen der Täufer nahe standen. Dagegen konnte ein Erfolg wohl bei solchen erwartet werden, denen an sich eine gewisse Angst vor der Aufregung des geringen Volkes inne wohnte, besonders bei den herrschenden Klassen, die soeben erst den Fanatismus des Bauernaufruhrs kennen gelernt hatten. In der That gelang es, die Obrigkeiten vollständig gegen die neue Partei einzunehmen, und in denselben Tagen, wo die „Getreue Warnung" ans Licht kam, erschien zu Straßburg ein strenges Mandat, welches Jedermann gebot, sich vor „solcher irrigen, der heiligen Schrift widerwärtigen Verführung zu hüten".

Doch waren alle Maßregeln und alle Strenge einstweilen vergeblich. Am 7. Juli 1527 schreibt Capito an Zwingli: „Die Täufer beunruhigen uns heftig."[2] Einige Monate später (am 7. November) steigern sich die Klagen noch; täglich, schreibt Capito, wächst ihre Zahl, und ich bedaure es, daß so viele gute Menschen in die Sache verwickelt werden. Sie wollen durchaus nicht von ihrer Meinung lassen und wenn man sie zum Schweigen gebracht hat, rufen sie: durch Worte könnt ihr unsere Zunge zügeln, aber unser Herz hält Gott in anderer Ueberzeugung fest.[3] „Gerade die besten Herzen", wiederholt Capito nochmals, „werden von dieser Seuche angesteckt." Selbst Bucer mußte im Jahre 1528 trauernd

---

1) Bl. A. 2¹.   2) Zwinglii Opera VIII, 75: „Catabaptistae nos vehementer turbant."

3) Zwinglii Opera VIII, 112: Neque tamen a sententia discedere volunt. Dum nostris respondere nequeunt, occlamant: Verbis linguam vos, sed pectus Dominus diversa persuasione vicit.

gestehen, daß die Verhältnisse des protestantischen Kirchenwesens in Straßburg wohl Klägliches, aber wenig sehr Erfreuliches darböten. Das Laster, schreibt er, hat nicht wenig zugenommen. „Außer diesen Uebeln aber", fährt er fort, „machen die Täufer die Meisten bei uns wankend."[1]) Alle die Mittel, die er aufgeboten hatte, waren vorläufig erfolglos geblieben. Viele Jahre hinburch hat er den Kampf gegen diese Gegner unter den heftigsten Anstrengungen fortsetzen müssen.

Ein langjähriger Freund Bucers, der protestantisch gesinnte Caspar von Schwenkfeld, welcher damals in Straßburg lebte, empfing aus diesen Kämpfen so ungünstige Einbrücke, daß er ums Jahr 1533 schrieb, die Straßburger Kirche sei nichts als eine Tyrannei, da sie sich nur auf Waffengewalt und die Edicte der Senatoren zu stützen pflege.[2])

---

1) Bucer an Blaurer, d. d. 1528 Sept. 13: Nostrae (ecclesiae res) sic habent, ut quod queramur sit, non sit, de quo magnopere gloriemur... Vitia haud parum repullulant. Praeter haec mala catabaptistae plurimos labefactant stupendis et perniciosis dogmatis haereticos (sic). Cornelius a. D. II, 260.

2) Füsslin, Epistolae etc., Tiguri 1742, pag. 112. Die Stelle ist einem Briefe Bullingers an Vabian, vom Febr. 1534 entnommen. Bullinger führt an, Schwenkfeld habe behauptet: „Ecclesiam nostram nihil aliud esse, quam Tyrannidem, ut quae armis et edictis Senatorum nitatur."

Neuntes Capitel.

Von der Rechtfertigung durch den Glauben.

Dencks Schrift vom „Gesetz Gottes". — Anlaß und Entstehung der Schrift. — Luthers Anschauungen vom „Gesetz" als Gegensatz zum „Evangelium". — Es ist den Menschen
(nach Luther) unmöglich, das Sittengesetz zu erfüllen. — Christus hat dasselbe für uns
erfüllt. — Denck sucht Luthers Anschauungen zu widerlegen. — Dencks Ansichten über
Luthers Rechtfertigungs- und Versöhnungs-Lehre. — Seine Lehre über Offenbarung und
Schriftautorität.

Eine der ersten Sorgen, welcher Denck sich nach seiner Ankunft in Straßburg widmete, scheint die Drucklegung der kleinen
Schrift gewesen zu sein, welche er im Jahre 1526 bei Joh. Prüß
unter dem Titel: „Vom Gesetz Gottes, wie das Gesetz aufgehoben
sei und doch erfüllt werden muß" herausgab.

Zufällige Umstände haben bewirkt, daß gerade dies Büchlein
in älterer und neuerer Zeit häufiger besprochen worden ist, als
Dencks übrige Werke. Es ist bei dieser Gelegenheit selbst von
Gegnern Dencks anerkannt worden, daß dasselbe „manchen tiefen
und ansprechenden Gedanken" enthalte.[1]

Uebrigens muß hervorgehoben werden, daß die Schrift ohne
die Kenntniß von Dencks früheren Büchern nur schwer zu verstehen ist. Die Lehre vom freien Willen, welche die Grundlage
der ganzen Erörterung bildet, wird in dem Büchlein vom Gesetz
gar nicht erwähnt. Auch ist es, um von der Lectüre die Befriedigung zu empfangen, die dieselbe zu gewähren im Stande ist,
nothwendig, mit Dencks Ausdrucksweise und Anschauungen ver-

---

[1] Heberle, Studien und Kritiken, 1851, S. 149.

traut zu sein. Leider müssen wir an dieser Stelle auf eine ausführliche Wiedergabe verzichten und uns auf eine Erläuterung
des Anlasses, Zwecks und Hauptinhalts beschränken.

Die Entstehung ist zurückzuführen auf die damals auf-
tauchende Lehre Luthers von dem Gegensatz zwischen Gesetz und
Evangelium. Luther betrachtete diese Doctrin als eine der
wichtigsten Entdeckungen seines Lebens und nahm für sie in seinem
Lehrsystem eine besondere Bedeutung in Anspruch.

Luther spricht sich über den Unterschied in folgender Weise
aus[1]: „Die erste Predigt und Lehre ist das Gesetz Gottes, die
andere das Evangelium, die zwei kommen nicht überein, darum
muß man ihrer guten Verstand haben, daß man sie wisse zu
unterscheiden, wisse, was das Gesetz sei und was das Evangelium.
Das Gesetz gebeut und fordert von uns, was wir thun sollen,
ist allein auf unser Thun gerichtet und steht im Fordern, denn
Gott spricht durch das Gesetz, das thu, das laß, das will ich von
dir haben. Das Evangelium aber predigt nicht, was wir thun
und lassen sollen, fordert nichts von uns, sondern wendet es um,
thut das Widerspiel, spricht, das hat dir Gott gethan, hat seinen
Sohn für dich ins Fleisch gesteckt, hat ihn um deinetwillen
erwürgen lassen. Also sind zweierlei Lehren und zweierlei Werke
Gottes und des Menschen, und wie wir und Gott von einander
geschieden sind, also sind auch die zwei Lehren weit von einander
geschieden, denn das Evangelium lehret allein, was
uns von Gott geschenkt ist, nicht was wir Gott geben
und thun sollen, wie das Gesetz pflegt zu thun."

---

1) Ain unterrichtung, wie sich die Christen in Mosen sollen schicken, ge-
prediget durch Mart. Lut. Wittemberg 1526. Original-Ausg. in der Hof- und
Staats-Bibliothek zu München (Asc. 1657) Bl. A. 2[1].

An einer anderen Stelle sagt er[1]): „Man muß das Gesetz und Evangelium von einander scheiden. Das Gesetz soll schrecken und blöde und verzweifeln machen, sonderlich die groben, rohen Leute, bis daß sie erkennen, daß sie nicht thun können, was das Gesetz haben will, noch die Gnade erlangen, auf daß sie verzweifeln; denn es wird nichts draus, daß sie Gnade erlangen könnten. Wie denn Dr. Staupitz mal zu mir sagte: Ich habe Gott mehr denn tausendmal gelogen, daß ich wollte fromm werden und habs nie gethan; darum will ich mirs nicht fürsetzen, daß ich fromm will sein; denn ich sehe wohl, ich kanns nicht halten, ich will nimmer lügen. Also ging mirs auch. Im Papstthum wars mir ein großer Ernst, daß ich wollte fromm sein, aber wie lange währte es? Nur bis ich hatte Messe gehalten. Ueber eine Stunde war ich böser denn vorhin; das währet so lange, bis einer gar müde wird und muß sagen: Ich will das Frommsein, den Mosen, das Gesetz an einen anderen Ort setzen und mich halten zu einem anderen Prediger, der da Matth. 11, 28 spricht: Komm her zu mir, so du mühselig bist, ich will dich erquicken, und laß dir das Wort „Komm zu mir" lieb sein. Dieser Prediger lehrt nicht, daß du kannst Gott lieben, oder wie du thun und leben sollst, sondern sagt, wenn du es nicht thun kannst, wie du dennoch müssest fromm und selig werden. Das ist eine andere Predigt, denn des Gesetzes Mosis Lehre, die nur mit Werken umgeht. Das Gesetz sagt, du sollst nicht sündigen, fahre hin und sei fromm, thue dies und jenes; aber Christus spricht: **Nimm hin, du bist nicht fromm, ich habe es aber für dich gethan**, remissa sunt tibi peccata.

Dieses Gesetz nun, der „Moses" oder das Sittengesetz ist nach Luther seit der Verkündigung des Evangeliums insofern für uns aufgehoben, als die Erfüllung desselben zu unserer

---

1) Auslegung des 6., 7. und 9. Cap. des Johannes. Walch VII, 2321 f.

Seligkeit nichts mehr beiträgt. Ob wir das Gesetz thun oder lassen, ist für unsere Rechtfertigung vor Gott ganz gleichgültig; der Glaube an das Evangelium ist es, der uns selig macht. Luther sagt sogar, es sei nichts verderblicher als die Einmischung des Gesetzes oder der Liebe zu Gott und dem Nächsten in die Rechtfertigung. Nicht als ob das Gesetz ganz unnütz wäre und nicht geprebigt werden sollte; aber es ist nur zu dem Zweck nütze, um den Menschen zu zeigen, wie große Dinge Gott von ihnen fordert, die sie doch nicht erfüllen können, und sie so zu zwingen, daß sie sich ganz der göttlichen Gnade ergeben und im Glauben an ihn ihr Seelenheil suchen. Denjenigen, welche sich von Herzen bemüthigen, hat Gott Gnade zugesagt. Gründlich aber, sagt er, kann sich kein Mensch bemüthigen, er wisse denn, daß ihm mit allen seinen Werken, Vermögen, Bereiten, Willen oder guten Vorsätzen nicht zu helfen ist, sondern daß sein Heil und Seligkeit gar auf fremder Hülfe stehe, nämlich auf Gottes Hülfe allein.[1])

Das Sittengesetz ist tobt und sein Regiment ist aus, seitdem Christus erschienen ist. Ja, aus 2. Moses 20 „haben wir klar (sagt Luther), daß uns auch die zehn Gebote nicht angehn".[2]) Ein protestantischer Theologe hebt hervor,[3]) daß auch Melanchthon die Aufhebung der zehn Gebote für das christliche Gewissen ausdrücklich betont. Vilissima fuerit libertas Christiana, sagt Melanchthon, et plus quam servitus, si solas Cerimonias tollat, partem legis omnium facillime ferendam — necesse est itaque fateri, decalogum etiam antiquatum esse. Die Reformatoren wollten damit zwar keinen Freibrief für die Unsittlichkeit ausstellen, aber nachweisen, daß für unser künftiges Leben, für die Rechtfertigung und Seligkeit der Glaube

---

1) Walch XVIII, 2118.
2) Ain unterrichtung a. O. Bl. A. VI.
3) Schenkel, Wesen des Protestantismus S. 162.

an Christus oder das Evangelium allein maßgebend sei. „Wenn
dir einer Mosen vorhält mit seinen Geboten"[1]), sagt Luther, „und
will dich bringen, die zu halten, sprich, geh hin zu den Juden
mit deinem Mose. Ich bin kein Jude, laß mich unverworren
mit Mose." Nur wenn ich aus eigenem Antrieb erkenne, daß
Moses Einzelnes klug und fein erdacht hat, so mag ich ihm in
dem oder dem Stück folgen, wie man auch anderen großen Ge-
setzgebern, Kaisern und Lehrern folgt, weil sie kluge Lehren gegeben haben.

Der Gegensatz zwischen „Gesetz" und „Evangelium" löst
sich mithin auf in den Gegensatz der „guten Werke" (d. h. der
sittlichen Pflichten) und des „Glaubens", der ja, wie man weiß,
den Kernpunkt der ganzen lutherischen Lehre bildete.

Luther ging bekanntlich von der Anschauung aus, daß es
dem Menschen ganz unmöglich sei, die sittlichen Pflichten und
Gebote zu erfüllen. Es ist unmöglich, sagt er, „daß man das
Gesetz halten könne, und es ist kein Heiliger auf Erden nie
erfunden, der da Gott und den Nächsten von Herzen und als
sich selber geliebt hätte, sondern das Gesetz ist eine unerträgliche,
unmögliche Bürde und Beschwerde gewesen". Wenn nun aber
der Mensch nur sündigen kann und täglich sündigen muß, so
drängt sich die Frage auf, wie erlangen wir vor Gott Vergebung
unserer Sünden und wie werden wir vor ihm gerechtfertigt?
Luther antwortete darauf: Gott verlangt von uns die Erfüllung der sittlichen Pflichten deshalb nicht, weil Christus sie
für uns erfüllt hat, d. h. weil Christus statt unser gerecht,
mäßig, keusch u. s. w. gewesen ist. Wenn wir an Christum
glauben und uns ihm ganz in Demuth unterwerfen, so wird
den Gläubigen jene Erfüllung des Gesetzes so angerechnet, als
ob sie (die Gläubigen) selbst das Gesetz erfüllt hätten, und ihre

---

1) Ain unberrichtung Bl. A. VI¹.

Sünden sind ihnen mithin vergeben, ohne daß sie selbst ihre Pflichten erfüllt haben oder zu erfüllen brauchten. In diesem Sinne sagt Luther: „Das Evangelium fordert eigentlich nicht unsere Werke, daß wir damit fromm und selig werden, ja es verdammt solche Werke, sondern es fordert den Glauben an Christum, daß derselbe für uns Sünde, Tod und Hölle überwunden hat und also uns nicht durch unsere Werke, sondern durch sein eigen Werk, Sterben und Leiden fromm, lebendig und selig macht, daß wir uns seines Sterbens und Siegs mögen annehmen, als hätten wir es selbst gethan."[1] Derselbe Gedanke kehrt dann in Luthers Schriften in unzähligen Wendungen wieder. „Darum heißen die Heiligen heilig, nicht daß sie ohne Sünde seien oder durch Werke heilig werden, sondern das Widerspiel, daß sie für sich und mit allen ihren Werken nichts denn Sünder und verdammt sind, aber durch fremde Heiligkeit heilig werden, nämlich des Herrn Christi, welche durch den Glauben ihnen geschenkt und eigen wird."[2] „Die rechten Heiligen Christi", heißt es an derselben Stelle, „müssen gute starke Sünder sein und solche Heilige bleiben, die sich nicht schämen, das Vater unser zu beten und zu sagen: Vergieb uns unsere Sünde." Aus diesen Anschauungen entwickelte sich bei Luther ein förmlicher Widerwillen gegen das Gesetz und die „guten Werke", insofern man sie mit der Rechtfertigung in Zusammenhang brachte. So sagt er einmal: Papisten, Türken und Juden „besudeln" sich damit, daß sie sagen: „unsere Werke müssen auch etwas dazu thun, daß wir rein werden" — da liegt die Sau wieder im Koth mit allen Vieren".[3] Anderwärts äußert er: „Die Heuchler und Werkheiligen thun närrisch, daß sie durch ihre Werke vermeinen fromm zu werden und damit

---

1) Walch XIV, 102.
2) Auslegung des 17. Capitels S. Johannis. Ausgabe 1551, IV, 305.
3) Ausgabe von 1551 IV, 322.

einen gnädigen Gott zu erlangen, ja sie lästern Gott, dessen Gnade und Gütigkeit, uns in Christo Jesu erzeigt, sie verachten. Wer von diesem Stück will mehr haben, der lese das Büchlein von der christlichen Freiheit."[1]

Luther führte für seine Lehre mehrere Bibelstellen an und legte besonderes Gewicht auf Röm. 3, 28, wo geschrieben steht: „So halten wir es nun, daß der Mensch gerechtfertigt werde ohne Zuthun der Werke des Gesetzes allein durch den Glauben." Auch auf Marc. 16, 16 „Wer da glaubet und getauft wird, der wird selig werden, wer aber nicht glaubet, der wird verdammt werden", pflegte er sich zu berufen.[2] Es wurde ihm von anderen Seiten, besonders von den damals aufkommenden Täufern entgegengehalten, daß doch auch solche Sprüche in der Bibel stehen, welche das Gegentheil sagen. So heißt es Jacob. 2, 14: „Was hilft es, liebe Brüder, so Jemand sagt, er habe den Glauben und hat doch die Werke nicht? Kann auch der Glaube ihn selig machen?" und Jacob. 2, 17 steht geschrieben: „Also auch der Glaube, wenn er nicht Werke hat, ist er todt an ihm selber", ferner Jacob. 2, 24 „da sehet ihr nun, daß der Mensch durch die Werke gerecht wird, nicht durch den Glauben allein." Auch sagt Christus: „Nicht der wird eingehen in das Himmelreich, der spricht Herr, Herr, sondern der da thut den Willen meines Vaters.") Auch steht Röm. 2, 13 ausdrücklich: „Sintemal vor Gott nicht die das Gesetz hören gerecht sind, sondern die das Gesetz thun werden gerecht sein."

Luther selbst verkannte die Schwierigkeit, die in diesen verschiedenen Aussprüchen lag, keineswegs; er gab seinen Anhängern deshalb folgende Anweisung: „Wo Jemand hören muß, wie mit großem und kräftigem Geschrei die Widersacher solche Sprüche

---

1) Walch XI, 2588.
2) S. die Predigt Luthers „Von dem Glauben, Hoffnung, Liebe" bei Walch XI, 2586.

von den Werken rühmen und aufmuten, der gebe nur aufs ein-
fältigste diese Antwort: Hörest du wohl, du pochest fast mit der
Schrift, welche doch unter Christo als ein Knecht ist, und führest
sie dazu nicht ganz noch das beste Theil daraus an, sondern
allein etliche Sprüchlein, die von Werken reden. Daran kehre
ich mich gar nichts. Poche immerhin auf den Knecht, ich aber
troe auf Christum, der der rechte Herr und Kaiser ist über die
Schrift, welcher mir Gerechtigkeit und Seligkeit durch seinen Tod
und Auferstehung verdient und erworben hat, denselbigen habe
ich und bleibe an ihm und laß dich auf den Werken immerhin
bleiben, die du doch dein Leben lang noch nie gethan hast. Diese
Verantwortung wird dir gewiß kein Werkheiliger, ja auch der
Teufel selbst nicht nehmen noch umstoßen können. Dazu bist
du auch vor Gott sicher, denn dein Herz bleibt ja beständig und
hanget fest an Christo, an dem der Vater ein Wohlgefallen hat
und dir befohlen hat, daß du ihn hören sollst."[1]

Schon frühzeitig hatte sich aus täuferischen Kreisen ein
starker Widerspruch gegen diese Theorien und ihre Consequenzen
erhoben. Die Predigt, welche Luther im Jahre 1526 zu Wittenberg über Moses und das Gesetz drucken ließ, richtete sich ganz
ausdrücklich gegen die „Schwärmer-Geister", „welche klug sein
wollen, etwas weiteres wissen denn in dem Evangelium begriffen
ist und den Glauben klein achten". „Sie ziehen das
Gesetz hoch an", sagt er, „und bringen herfür, wie Moses das
Volk mit Geboten regiert habe."[2]

Mag nun in dieser Schrift oder in dem Büchlein von der
christlichen Freiheit für Denck der Anlaß zu seinem Buch vom
Gesetz gelegen haben, jedenfalls steht fest, daß dasselbe den Zweck
hat, Luthers Meinungen zu widerlegen.

1) Auslegung des dritten Capitels an die Galater. Luthers Werke, Ausgabe von 1551, I, 147. 2) Ain unterrichtung rc. Bl. A. V.

Die Einleitung, welche Denck seiner Schrift vorausgeschickt hat, enthält einige Gedanken über seine Stellung zu den allgemeinen Verhältnissen der Zeit und den Hauptparteien. Viel Unglück, sagt er, ist in unseren Zeiten in der Welt, aber dennoch haben wir Gott gegenwärtig für vieles Gute zu danken. Denn „wo Gott auch sonst nichts gethan hätte, denn daß er alle Welt erweckt hat, daß sie nach der Wahrheit fragen und sich des Irrthums halber bekümmern, so mag man es doch mit aller Welt Schätzen nicht vergleichen."

„Wer aber Gott nicht darum danken mag, der bezeugt, daß er weltlichen Frieden und Ruhe lieber hat denn die Wahrheit, und menschliche Zertrennung nicht um göttlicher Vereinigung willen leiden mag."

Doch giebt es Viele, die sich über das Gute, das Gottes Gnade den Menschen erweist, freuen, und mit Recht freuen sie sich, denn wir dürfen die Ueberzeugung haben, daß Gott selbst dann gnädig ist, wenn es scheint, als ob er sehr zornig wäre. Doch sollen die, die sich freuen, auch gefaßt und vorbereitet sein auf schwere Zeiten. Denn wenn die Zeit der Heimsuchung kommt, sind diejenigen übler daran, die gewohnt sind, sorglos und fröhlich zu sein, als die, welche auf Leiden durch Leiden vorbereitet sind. In diesem Sinne sagt auch die Schrift, es sei besser, man gehe in ein Haus, da man weint, denn da man zecht. „Wer sich dermaßen in Gott freut, daß er sich daneben auch ergiebt und schickt, aus seinem Kelch zu trinken, der freue sich, so lang er mag, und es wird ihm nicht mißlingen. Wer sagt, er freue sich der Wahrheit und wandelt nicht, wie die Wahrheit lehrt, dem wäre besser, er könnte die Wahrheit nicht nennen."

All das Uebel, das vorhanden ist, Krieg, Aufruhr und Krankheiten und wie es heißen mag, ist doch kein Uebel im Vergleich zu dem größten Uebel, nämlich daß es so wenig gute

Menschen in der Welt giebt. Die Einen sagen, sie wollten Gottes Willen in diesem und jenem Punkte thun, wollen aber den wahren Willen weder hören noch erkennen; sie meinen, sie wüßten Gottes Willen ganz und gar, thun ihn aber nicht; sie geben zu, daß sie im Stande sind, die Gebote zu erfüllen, aber sie wollen nicht. Die Anderen sagen, sie wollten wohl, aber sie vermöchten weder Gutes noch Böses zu thun; damit entschuldigen sie sich, werfen aber Gott in die Schuld, der doch sagt, daß wir wohl im Stande seien, das Gute zu vollbringen. So versäumen beide Parteien dasjenige, was die Hauptsache ist, die Besse-rung. Aber gleichwohl verachtet Einer den Andern und hält sich selbst für den Besten.

Möchte doch, sagt Denck, sich ein Jeder vertragen mit seinem Gegner, je bälder, je besser. „Wehe dem, der es spart bis für den Richter. O ihr Allerliebsten! Mache sich Niemand Streit, wo nicht Streitens Noth ist, und leide ein Jeder so viel Unrecht, so viel ihm nicht schadet zum Reich Gottes, so werden wir wohl bestehn vor dem Zorn Gottes. Denn ich besorge, man versün-dige sich hart, daß man so viel vergebener Worte auf beiden Seiten redet. Wozu ist es dir nütze, wenn du alle äußerlichen Dinge auf einmal verachtest? wozu ist es aber dir nütz, wenn du sie schon alle erhieltest? Siehest du deinen Bruder etwas hoch halten, das er nicht thun soll, so lehre ihn zuvor Gott kennen, so wird er ihn allein hoch halten." Vermagst du deinen Nächsten nicht zu Gott, d. h. zum Guten und zur Besserung zu führen, so „laß ihn sein und treibe wenig Worte". Denn wenn du ihm ohne Erreichung dieses Zieles das Alte [1]) verwirfst, so wird er doch bald an Stelle des früheren neue Formen schaffen, „die dem Vorigen gleich oder noch ärger sind."

„Es sehe Niemand auf die Hohen dieser Welt, es sei in

---

[1]) d. h. seine bisherige Kirche und seinen früheren Glauben.

Macht, Kunst oder Reichthum, sondern wem sein Herz gen
Himmel steht, der richte es unter sich auf die Verachteten und
Kleinen dieser Welt, deren Herr und Meister Christus Jesus ist,
der der Verachtetste unter allen Menschen geworden ist und
darum erhöhet von Gott dem Vater, zu regieren über alle Creaturen, die genannt oder gedacht werden mögen. Wehe dem, der
anders wohin sieht denn auf dies Ziel. Denn welcher meint,
er sei Christi, der muß den Weg wandeln, den Christus
gewandelt hat, so kommt man in die ewige Wohnung
Gottes."

Wie sich Christus geopfert hat für seine armen Mitmenschen,
so sollen auch wir, meint Denck, nicht nach Einfluß oder Reichthum oder Glückseligkeit trachten, sondern für unsere armen Mitbürger zu opfern Willens und fähig sein. Wer einen andern
Weg wandelt oder zeigt, der beweist, daß er Gott und Christus
nur um seines eigenen Nutzens willen lieb hat — „das ist und
thut die ganze Welt."

Daß ich den Wunsch habe, den Verachteten und Kleinen
dieser Welt zu helfen, fährt er fort, „das habe ich nicht von
mir selbst, sondern Gott hat mir ein solches Herz
gegeben; soll es etwas fruchten, das vermag er auch wohl zu
geben." „Dies ist die Ursache, darum ich dies Büchlein vom
Gesetz Gottes geschrieben habe, denn ich sehe hierin auf beiden
Seiten nicht allein das Volk, sondern auch die Hirten irre gehn."

„Ich bitte alle die, so dies Büchlein lesen, um Gottes
Willen, sie wollen sich nicht übereilen mit dem Urtheil; diejenigen aber, die doch so vorschnell sein wollen, beschwöre ich bei
der Wiederkunft Jesu Christi, daß sie dermaßen urtheilen, wie
sie begehren vom Herrn geurtheilt zu werden; hoffen sie wahrlich
auf die Barmherzigkeit Gottes, so mag ich ihre Gerechtigkeit wohl
leiden." Will mich Jemand nicht bei Recht bleiben lassen, so
bin ich nicht mein selbst; will Gott, für den ich streite, dulden,

daß man ihm Gewalt anthue, so wird mich Niemand erretten können, denn er allein zu seiner, das ist zur rechten Zeit.

Ich weiß wohl, sagt Denck am Schluß der Einleitung, daß man mir vorwirft, meine Rede sei schwer und dunkel; man mag sie wohl also nennen, doch sind es ja auch schwere Fragen, um die es sich handelt. Um so mehr aber bitte ich sie wie oben, daß sie meine Worte nicht zu schnell verachten oder etwa eine Thorheit nennen, ehe sie wissen, was ich meine.

Dencks Abhandlung selbst zerfällt in zwei Haupttheile, nämlich erstens in den Nachweis, daß das Sittengesetz von den Menschen erfüllt werden könne und solle, und zweitens in eine Darlegung der Umstände, unter welchen man das Gesetz als aufgehoben bezeichnen kann. Der erste Abschnitt enthält eine Widerlegung von Luthers Rechtfertigungs- und Versöhnungslehre, der zweite läßt Dencks Ansichten über Offenbarung und Schriftautorität erkennen.

„Der, den die ganze Welt mit dem Mund bekennt und mit den Werken verleugnet, sagt (Matth. 5, 17) „Ich bin nicht gekommen das Gesetz aufzulösen, sondern zu erfüllen.“ Die Weisheit der Welt, meint Denck, schließt aus diesen Worten, Christus habe das Gesetz also anstatt unser erfüllt, daß wir es nicht zu erfüllen brauchen, d. h. Christus sei an unserer Stelle fromm, gerecht und selbstlos gewesen und Gott rechne den Menschen diese Frömmigkeit als Verdienst zu, sobald wir nur glauben. „Also legt man diese Worte aus, denn also dienen sie der verkehrten Natur.“

Daß diese Lehre falsch ist, fährt er fort, kann man schon an den Folgen sehen, die sie bereits gehabt hat und noch haben muß. „Wenn dieser Verstand wahr wäre, so gälte es gleich, wie man nach der Bekehrung lebte, wie auch die ganze Welt solcher Menschen voll ist, deren Früchte und Leben etwa besser sind gewesen, ehe sie sich des Glaubens rühmten, denn hernach.“

Es ist wahr, daß Christus das Sittengesetz erfüllt hat und daß es in dem „Leib Christi" auch in Zukunft erfüllt werden muß und wird. Es steht geschrieben (Röm. 12, 4—5; 1. Cor. 12, 12; Eph. 4, 16; Röm. 8), daß die Gläubigen und die Anhänger Christi ein „Leib in Christo" sind und Jeder gleichsam ein Glied an diesem Körper, dessen Haupt Christus ist; d. h. der Geist Christi, der seit Ewigkeit lebt und in Ewigkeit leben wird, umfaßt alle Menschenseelen, die in Liebe sich ihm ergeben. Das Gesetz aber, dessen sich das Haupt annimmt, dessen müssen sich auch die Glieder annehmen; denn das Glied, das nicht thut, was das Haupt will oder duldet, das ist ein abgestorbenes Glied und wird aller Gutthat des Leibes beraubt werden. Christus hat das Gesetz erfüllt, nicht damit er uns der Erfüllung überheben wollte, sondern um uns den Weg zu bahnen zur Nachfolge. „Wer den Weg nicht wandelt, der kommt zum Leben nicht."

Ihr sagt, ihr könntet den Weg nicht wandeln, weil wir alle krumm und lahm sind. Darauf ist zu antworten, daß Christus den Menschen das göttliche Gesetz nicht allein äußerlich vorgesprochen und vorgeschrieben hat wie Moses, sondern daß durch Christi Vermittelung das Sittengesetz (das Gefühl des Sollens oder das Gewissen) von Ewigkeit her in dem Innern des Menschenherzens wohnt und bis in Ewigkeit wohnen wird. Eben der Funke des göttlichen Geistes, der in uns ist, das ist Christi Geist, der, wie die Schrift sagt, in uns lebt (Röm. 8, 10). Wer Christum wirklich in seinem Herzen hat, d. h. wer den Willen zum Guten besitzt, „dem mangelt weder an Weg noch Füßen, weder an Licht noch Augen, noch an Allem was noth ist, zu vollbringen den Willen Gottes."

Ihr sagt, es sei keinem Menschen möglich, Gutes zu thun. In gewissem Sinne ist dies wahr, man muß es nur recht verstehn. Es giebt nichts Wirkliches, Dauerndes und Bleibendes, was außer Gott oder wider Gott wäre, und wo etwas Gutes geschieht, da ist es gewiß nicht ohne Gottes Mitwirkung zu Stande gekommen. Insofern ist es wahr, daß nicht der Mensch aus eigener Machtvollkommenheit das Gute thut, sondern Gott. Deshalb ist nur den Menschen die Erfüllung des Gesetzes möglich, die in ihrem Willen mit dem göttlichen Willen eins sind, d. h. denjenigen, welche „gläubig“ sind. Wer außer Gott oder wider Gott einen besonderen Verstand, Willen oder Kraft haben will, der mag wohl wähnen, er habe etwas, doch in der Wahrheit hat er Nichts. Je mehr er aber etwas haben oder sein will, was er nicht hat oder ist, um so mehr ist Gott wider ihn. Wer nach dem Wahne eines besonderen Willens wandelt, dem freilich ist alles Gute unmöglich; was er thut, ist Sünde, d. h. in Gottes Augen etwas Hinfälliges und Nichts.

Schon den ersten Menschen ist das Gebot gegeben, daß sie Gott und das Gute allein lieben und Alles, was diese Liebe hindern könnte, verabscheuen sollen. Der Apfel, den Gott Adam im Paradiese verbietet, ist ein Sinnbild aller vergänglichen Dinge, an welche der Mensch außer Gott sein Herz hängen möchte. Wer dies Gesetz der Liebe erfüllt, der ist von allen kirchlichen Gesetzen, Ceremonien und Geboten frei; sofern die letzteren die Liebe fördern, soll man sie gleichfalls erfüllen, wenn sie aber den wahren Gottesdienst hindern, soll man sie meiden. Wer Goldmünze genug hat, kann alle kleine Münze fahren lassen, nicht als ob er sie verachte, sondern damit er ihretwegen das größere nicht versäume. Wer Gold genug hat, hat Kupfer übrig, wenn er schon keinen Heller hätte.

Ihr sprecht: „Der Herr sagt durch den Propheten: Wenn sich der Sünder bekehret, will ich seiner Sünde nimmermehr gedenken — deß halt ich mich.“ Ja, diese Zusage ist gewißlich wahr, denn Gott ist wahrhaftig und barmherzig. Aber ihr müßt nur das Wort „Bekehrung“ recht verstehn und nicht glauben, daß eine leichte Reue genüge oder daß es genug sei, wenn man sich kurz vor dem Tode bekehre. Sich bekehren heißt nicht eine oberflächliche Reue haben, sondern das alte Leben verlassen und ein neuer Mensch werden und wer ernstlich zu Gott strebt, der wird sofort umkehren; „denn wer das Gute aufschiebt, der bezeugt, daß er sein nicht hart mangele. Wer das Oel erst kaufen will, so der Bräutigam kommt, wird die Hochzeit versäumen."

Ihr wendet ein, daß Niemand selig werden würde, wenn die Seligkeit von der Erfüllung des Gesetzes abhänge, denn Alle haben das Gesetz gebrochen, d. h. alle Menschen sind Sünder. Ja, es ist wahr, daß wir durch die Sünde unser Heil und uns selbst „zerbrochen" haben, und wir selbst können durch eignes Thun oder Lassen uns nicht wieder „machen". Meint ihr denn, daß ihr durch den „Glauben" die Seligkeit mit Sicherheit in der Hand haltet? „So lange der Mensch die Seligkeit nicht aus der Hand lassen will, mag sie ihm nicht werden." „Es wird Niemand etwas von Gott empfangen, er sei denn bereit, wo es Gott gefalle, zu seines Verlangens Widerspiel. Wer Gott um Weisheit bittet und nicht leiden will, daß er ihm Thorheit gebe, der bittet nicht, daß Gottes Wille, sondern daß sein eigner geschehe." Gott allein ist es, der das Zerbrochene wieder machen kann, und in seiner Hand ruht unsere Seligkeit. Doch wissen wir, daß Gott gut ist und bereit, den guten Menschen „das Edelste und Beste zu geben, was er hat, das ist, sich selbst." Darum ist es falsch, wenn ihr sagt, wir wollten „Verdienst aufrichten und die Gnade verwerfen." Auch ist nach unserer Lehre Christus nicht, wie ihr behauptet, vergebens in die Welt gekommen; denn Niemand vermag dem Gesetz genug zu thun, wer Christum nicht liebt. Wer das Gesetz durch ihn erfüllt, der hat ja allerdings in gewissem Sinne Verdienst, aber das Hauptverdienst und aller Ruhm gehört Gott, durch dessen Gnade der Weg gegeben worden ist, der aller Welt unmöglich war. In diesem

Sinne gehört auch das Verdienst nicht dem Menschen, sondern Christo, welchem die Möglichkeit zum Guten und Alles, was er hat, durch Gott geschenkt worden ist.

Wer sagt, das Gesetz sei nicht darum gegeben, daß man es erfülle, sondern allein, daß man sich dadurch erkenne, der sagt die Unwahrheit. Als ob es genug sei, daß man sich für böse erkenne, man bleibe es oder nicht!

Wer sagt, er vermöge es nicht zu halten, dessen Geist ist nicht aus Gott, denn Christus ist doch ins Fleisch gekommen, d. h. im Wesen den Menschen völlig gleich gewesen und allen Schwächen unterworfen und hat dennoch das Gesetz erfüllt. Wer mithin behauptet, daß er es nicht erfüllen könne, „der spricht in seinem Herzen, Christus sei zehntausend Meilen weit von ihm." Diese eure Rede ist eine dürre Lüge, denn es steht in der Schrift ausdrücklich (1. Joh. 5, 3): „das ist die Liebe zu Gott, daß wir seine Gebote halten und seine Gebote sind nicht schwer" und Matth. 5, 18 sagt Christus: „Ich sage euch wahrlich, bis daß Himmel und Erde zergehe, wird nicht zergehen der kleinste Buchstabe noch ein Titel vom Gesetz, bis daß es Alles geschehe."

Allerdings giebt es auch Stellen in der heiligen Schrift, welche sagen, daß das Gesetz aufgehoben und unnütz sei. So heißt es Hebr. 7, 18: Denn damit wird das vorige Gesetz aufgehoben, darum daß es zu schwach und nicht nütze war (vgl. Röm. 8, und 1. Tim. 1). Widersprechen diese Stellen aber den obigen Ausführungen? Keineswegs, denn in gewissem Sinne und für viele Menschen ist das Gesetz allerdings aufgehoben, man muß diesen Sinn nur recht verstehn.

Hiermit geht Denck zum zweiten Theile seines Themas über, welcher auch bereits im Titel des Büchleins angekündigt ist, und sucht nachzuweisen, inwiefern man das Gesetz für die Christen als aufgehoben bezeichnen könne.

Der Apostel Paulus sagt (1. Tim. 1, 9): „dem Gerechten ist kein Gesetz gegeben, sondern den Ungerechten und Ungehorsamen." Wie wird man aber gerecht? Glaubt ihr, daß der Buchstabe des mosaischen Gesetzes euch zur Besserung und Umkehr bewege? Nein, vielmehr die Stimme des Gewissens oder der uns inne wohnende Funke des göttlichen Geistes ist es, der uns den rechten Weg weist und zum Wahren, zum Guten führt. „Wer diesen Geist nicht hat und ihn in der Schrift zu finden sich vermißt, der suchet Licht und findet Finsterniß, suchet Leben und findet eitel Tod, nicht allein im alten Testament, sondern auch im neuen." Diejenigen Schriftgelehrten, welche nicht in erster Linie ihrem religiösen Gefühl und dem Gewissen Gehör schenken, sondern ihre Weisheit „klug und zart aus der heiligen Schrift erlesen haben", sind allezeit fehl gegangen und werden stets fehl gehen. „Wenn nun gar eines Zimmermanns Sohn käme, der nicht gen Schul gangen ist und sie (die Schriftgelehrten) Lügen strafte, wo sollte er es gelernt haben?" Als dieser Zimmermannssohn den Schriftgelehrten ihren „buchstabischen Unverstand nicht zugestehen wollte", da riefen sie und sprachen: Er verwirft das Gesetz. Die Schriftgelehrten wollen die Wahrheit nicht von der Wahrheit, d. h. von Gott selbst empfangen, sondern sie von den Zeugen der Wahrheit auf falsche Weise übernehmen. Wer die Wahrheit und Gerechtigkeit selbst im Herzen hat, für den ist das Gesetz allenthalben aufgehoben; sofern aber Jemand Gott noch nicht kennt und liebt, sofern muß er unterworfen bleiben allen Gesetzen, die ihm sein Unrecht erweisen und ihn strafen mögen.

Die Aufgabe des Gesetzes ist es, den Menschen, welcher Gott und dem Guten feind ist, seines Unrechts zu überführen; denn der Haß gegen das Gute ist die Wurzel aller Bosheit. Sobald der Mensch sich selbst erkennt und fühlt, daß er im Grunde seines Herzens doch eigentlich eine Hinneigung zum Guten besitzt, so beginnt „die Kraft des Allerhöchsten" in seinem Herzen sich zu offenbaren und zu wirken. Das geschieht ohne jede Vermittlung eines äußeren Dinges oder Zeugnisses, „denn Gott ist selbst das wahrhaftige Mittel, Anfang und Ende alles Guten."

„Wer nicht in Gott ist und in Gott kommen soll, der muß zuvor erkennen, daß er nicht in ihm ist"; denn alle Menschen sind Feinde des Guten, aber fähig und bestimmt, zum Guten zu kommen. Wer behauptet, daß irgend ein irdisches Ding (wozu doch die heilige Schrift auch gehört), wie heilig und gut es immer sein mag, die Feindschaft der Menschen gegen das Gute überwinden könne, der lehrt eine falsche Lehre und nimmt Gott den Ruhm, der ihm allein gebührt.

Es giebt für die Menschen keinen anderen Weg, von den Sünden abzukommen, als daß sie ihrer müde werden. Deshalb soll man die falschen Christen zu überzeugen suchen, daß all ihr Thun und Lassen, so sehr es auch glänzen mag, Finsterniß ist. Denn obwohl man dadurch Zorn und Unwillen wecken und die Feindschaft gegen Gott und das Gute zunächst steigern wird, so ist es doch der einzige Weg, die Menschen durch die Sünden hindurch zum Guten zu führen. Je mehr der Menschen Feindschaft gegen das Gute sich steigert, um so mehr fühlen sie durch den inneren Zwiespalt sich unglücklich und werden der Sünden überdrüssig. Wer dagegen der Welt anstatt hoher sittlicher Forderungen, die allem Fleisch häßlich sind, nur solche Lehren predigt, die sie gern hört, und den falschen Christen nicht in ihr Herz bis an den Boden reden kann, der ist Gottes unberufener und unbestellter Knecht. Gerade die allerbeste Botschaft, die ein rechter Bote Christi wirbt, wird allen Menschen, ehe sie sie in der Wahrheit angenommen haben, lästig sein. Wer aber eine solche Botschaft vorträgt, die auch den niedrigsten Seelen angenehm ist, der ist ein Schaffner, welcher seines Herrn Gut nicht hoch hält.

Wer Gottes Zorn recht verkündet, der mag auch seine Gnade mit Frucht verkünden. Wer von dem einen schweigt, der darf auch von der andern nicht reden.

Wo die Feindschaft gegen das Gute in eines Menschen Herzen durch die Kraft Gottes überwunden worden ist, da wird das Gesetz und Evangelium im Herzen empfunden und empfangen und nicht bloß äußerlich gehört. „Ein solcher kann die heilige Schrift nicht höher halten, dann so er hält, was sie ihm lehrt, nämlich daß er allein Gott von ganzem Herzen liebe." Wer die Schrift ehrt und in göttlicher Liebe kalt ist, der sehe, daß er nicht aus der Schrift einen Abgott mache. Das Letztere thun alle Schriftgelehrten, wenn sie nicht vom Geiste Gottes gelehrt sind.

Ihr sagt, daß man allein durch die Schrift zur Erkenntniß Gottes und der göttlichen Dinge komme und daß es deshalb recht sei, sich an sie zu halten. Darauf antworte ich: „Thäte Gott alle Stunden und Augenblicke nicht mehr, denn daß man ihn allein aus seinem Brief erst erkennen muß, wie mächtig fromm und gerecht er sei, so würde er ja lange unbekannt bleiben. Wer Gott nicht von Gott selbst erkennen lernt, der hat ihn nie erkannt." Denkt euch ein Gleichniß. Es giebt euch Jemand, den ihr nicht kennt, ein Schriftstück und verheißt euch darin viel Gutes. So lange ihr den Geber nicht kennt und wißt, daß er wahrhaftig, allmächtig und gut ist, werdet ihr euch nicht darauf verlassen, daß die Zusagen erfüllt werden. Ist es nicht ebenso mit der heiligen Schrift? Wer giebt euch denn das Vertrauen auf ihre Wahrheit, wenn nicht der Glaube, daß derjenige, der sie gegeben und verkündigt hat, allweise, barmherzig und allmächtig ist? Erst durch die Offenbarung Gottes in eurem Herzen könnt ihr den Werth der äußeren schriftlichen Zeugnisse recht würdigen und erkennen.

Doch magst du auch den Brief nicht verwerfen, wie treulich

du dem Herrn immer dienest. Denn er ist aufgerichtet, um dir
den Weg zu weisen, wenn du eines Tags verkehrt gingest. „Hältst
du den Brief nicht, so magst du dich sein nicht vertrösten."

Gott offenbart sich den Menschen — auch denen, welche
die heilige Schrift nicht kennen — auf unmittelbarere Weise
als durch die heiligen Bücher. Gott ist bei uns, ehe wir ihn
suchen. Eben die Stimme in unserem Herzen, die uns warnt
vor dem Bösen, das ist Gottes Stimme.

O wer giebt mir eine Stimme, daß ich so laut schreien
möchte, daß mich die ganze Welt hörte, daß Gott, der der Aller-
höchste ist, doch zugleich auch alle Tiefen der Erde durchbringt.
Herr mein Gott, wie geht es zu in dieser verkehrten elenden
Welt, daß du so groß bist und dich Niemand findet, so laut
redest und dich Niemand hört, und Jedermann so nahe bist und
daß dich Niemand siehet? Du giebst dich Jedermann zu erkennen
und Niemand ist, der deinen Namen kenne. Die Menschen fliehen
dich und sagen, sie könnten dich nicht finden; sie wenden dir den
Rücken und sagen, du wollest dich nicht sehen lassen.

Sie haben ihre Herzen mit eines unbekannten Abgotts Mal-
schloß versiegelt und sagen, du wollest dich ihnen nicht zu erkennen
geben. Zwar mit dem Munde sagen sie, sie kennten dich, doch
ihre Werke reden deutlich von ihrer Unkenntniß.

Wer Gottes Wirken zulassen und das Gute thun will, dem
wird alles dasjenige leicht werden und zum Besten ausschlagen,
was den Menschen, die Gott und dem Guten widerstreben, schwer
wird und zum Verderben ausschlägt. Wem Gottes Gebote schwer
sind, der hat Gott nicht lieb und kennt ihn nicht, wie gut er ist.
Und wiederum, wer Gott nicht kennt, der mag ihn nicht lieben;
wer ihn nicht liebt, der hält seine Gebote nicht und erwirbt in
Folge dessen auch das „Leben" nicht. Ein gottergebener Sinn,
meint Denck, thut und leidet leicht und gern, was sinnlichen Naturen eine unerträgliche Bürde scheint; wer es einmal an sich

erfahren hat, wie sehr der Wille zum Guten und das Thun des Guten innerlich beglückt, der wird nicht mehr sagen, daß es ihm schwer sei, die göttlichen Gesetze zu erfüllen.

Wer das Wort: „du sollst Gott allein lieben" in Wahrheit im Herzen trägt, der weiß, wonach er all sein Thun und Lassen zu richten hat, selbst wenn er kein geschriebenes Gesetz besäße. 1. Tim. 1, 5 steht geschrieben: „denn die Hauptsumme des Gebots ist die Liebe von reinem Herzen." Wer dies Gebot in Wahrheit erfüllt, für den sind alle Gesetze, welche im alten und neuen Testament stehen, aufgehoben.

Wohl dem Menschen, der von Herzen gern sich dem Gesetze fügen will, auf daß Gottes Wille allein geschehe, Gott selbst allein regiere, sein Name geheiligt und unser Wille zerbrochen werde — immer und ewiglich, Amen.

Zehntes Capitel.

Dencks letzte Schicksale.

Denck wendet sich nach der Pfalz. — Disputationen zu Landau mit Joh. Bader. — Bader tritt späterhin auf die Seite Dencks. — Denck eilt nach Worms. — Zahlreiche und hervorragende Anhänger Dencks in Worms. — Denck schreibt das Büchlein von der wahren Liebe, eine Mahnung an alle Menschen zur Liebe gegen Jedermann, auch gegen ihre Widersacher. — Denck und Hetzer geben zu Worms eine deutsche Uebersetzung der Propheten heraus. — Diese Uebersetzung wird später von Luther und Zwingli ausgeschrieben. — Schicksale dieser Uebersetzung. — Denck und die Seinen verlassen Worms. — Beginn der Verfolgungen in der Pfalz. — Der Wiedertäufer-Convent zu Augsburg. — Denck begiebt sich nach Basel. — Er kommt seelisch und körperlich leidend hier an. — Rückblick auf Dencks bisherige Schicksale und Bestrebungen. — Schreiben an Oecolampad. — Denck hat keinen Widerruf gethan. — Sein letztes Bekenntniß. — Fast dreihundert Jahre sind nöthig gewesen, um den Ideen Dencks Raum zu schaffen.

Das Jahr 1527 begann für Denck unter den traurigsten Aussichten. Nachdem er am Weihnachtsabend des Jahres 1526 seine Freunde in Straßburg verlassen hatte, war für ihn jede Hoffnung auf ein sicheres Asyl vernichtet. Die Kunde von den Verfolgungen seiner Schüler und Genossen drang immer lauter an sein Ohr und er selbst mußte darauf gefaßt sein, daß man ihn, sobald er seinen Feinden in die Hände fiel, als Führer der Partei mit ausgesuchten Strafen vom Leben zum Tode bringen werde. Schutz- und schirmlos, ohne Mittel und ohne festes Ziel irrte er umher. Ob es noch möglich war, seinen Ueberzeugungen in einem oder dem anderen deutschen Lande einen festen Stützpunkt zu schaffen? Wer mochte dem flüchtigen, heimathlosen Manne, der für sich und seine Sache nichts als deren innere Ueberzeugungskraft in die Wagschale werfen konnte, sein Schicksal anvertrauen? War nicht vielmehr die sichere Aussicht auf schwere Leiden ein fast unübersteigliches Hemmniß für große allgemeine Erfolge?

Denck wandte sich zunächst nach dem Unterelsaß und der Pfalz. Die Beziehungen, welche diese Gegenden mit Straßburg verbanden, waren sehr enge; schon vor Dencks Ankunft waren Täufer von Straßburg aus dort thätig gewesen und hatten einige Anhänger gewonnen, aber der größere Theil der Prediger und des Volkes folgte doch derjenigen Strömung, die in Straßburg die herrschende war, zumal da Bucer hier von seiner früheren Thätigkeit her zahlreiche Verbindungen besaß und Capitos Name am ganzen Mittelrhein in hohem Ansehn stand. In Bergzabern war um diese Zeit Thomas Sigelspach Pfarrer, ein Freund der Straßburger und besonders Oecolampads. Es ist möglich, daß Denck die Hoffnung hegte, ihn für sich zu gewinnen; jedenfalls wissen wir, daß er wenige Wochen nach seinem Fortgang von Straßburg sich einige Zeit in Zabern aufhielt und den Versuch machte, eine öffentliche Disputation dortselbst herbeizuführen. „Johannes Denck“, erzählt Sigelspach, „kam nach dem heiligen Dreikönigstag zu uns.“ „Einige Tage hindurch hat er ohne Tumult brüderlich mit uns verhandelt und uns unterrichtet, auch mit den Juden über das Gesetz gestritten und Vieles, was sich gut an-hörte, vorgebracht.“ Er sprach freundlich von Oecolampad, mit dem er einst in Basel viel verkehrt hatte. In seinen Disputa-tionen wurde er, wenn man ihm widersprach, leicht heftig und er schien, sagt Sigelspach, an einer gewissen Melancholie zu leiden, die er sich vielleicht durch übermäßiges Studium zugezogen habe. „Ein öffentliches Gespräch vor den Brüdern und Freunden“, fährt Sigelspach fort, „wollte ich ihm nicht gestatten, damit er den Predigern, besonders den Straßburgern und Andern keinen Eintrag thue, und damit es nicht scheine, als ob er sie aus Neid verkleinere und bei Unerfahrenen Ruhm suchen wolle.“ Denck habe darauf erwiedert, falsche Propheten dürfe man nicht schonen und Sigelspach fürchte sich vor der Wahrheit, wie seine Parteigenossen in Straßburg es gleichfalls thäten.

Später habe Denck sein Bedauern ausgesprochen, daß er so heftig geworden sei, und Sigelspach sei als Freund von ihm geschieden. „Bei seinem Weggang gab Denck mir warme Mahnungen zu einem reinen Leben im Sinn des Evangeliums, wofür ich ihm außerordentlich dankbar bin; über seine übrigen Meinungen bin ich dagegen in Ungewißheit."[1] So schwer waren die Zweifel, die Denck geweckt hatte, daß Sigelspach sich an Oecolampad wandte, damit ihm dieser sage, was von Dencks Sätzen zu halten sei.

Von Zabern lenkte Denck seine Schritte nach Landau, wo sein Erscheinen bereits durch einen seiner Freunde angekündigt worden war. Der Letztere, dessen Name uns nicht bekannt ist, hatte dem Denck einen Brief an etliche Gesinnungsgenossen in Landau mitgegeben und es ist wahrscheinlich, daß Denck bei den „Brüdern" freundliche Aufnahme und Obdach fand.

Damals war Johannes Bader Pfarrer zu Landau, ein eifriger und wissenschaftlich gebildeter Geistlicher, der sich aus innerer Ueberzeugung dem Kampf gegen die alte Kirche angeschlossen hatte.

Die beiden begabten Männer fühlten das Bedürfniß, ihre Ansichten gegenseitig auszutauschen, und so kam es nach der Sitte der Zeit zu einer öffentlichen Disputation, bei welcher (nach Baders Relation) „zu beiden Seiten mehr Sittigkeit denn Ungestüm gehalten ist."[2] Gegenstand des Gesprächs, welches am 20. Januar 1527 stattfand, war ausschließlich die Kindertaufe, mithin ein einzelner und bei weitem nicht der wichtigste Punkt in Dencks Lehrsystem.

Nach Beendigung des Gesprächs behaupteten Denck und seine Landauer Freunde, deren Zahl gerade bei diesem Anlaß sich sehr vermehrt hatte, daß ihre „Gründe unverletzt stehen geblieben seien",

---

1) Füsslin, J. C., Epistolae ab Eccl. helv. Reformatoribus vel ad eos scriptae. Tiguri 1742, pag. 50.

2) Joh. Bader, Brüderliche Warnung für den newen Abgöttischen orden der Widertäuffer u. s. w. 1527.

unb bies veranlaßte Baber, dem Denck eine schriftliche Rechtfertigung der Kindertaufe zukommen zu lassen. Daraufhin repli-
cirte Denck ebenfalls schriftlich und nun gab Baber, um das
letzte Wort zu behalten, diese ganzen Verhandlungen im Druck
heraus. Dies bereits erwähnte „Warnungsbüchlein" ist in mehr-
facher Beziehung sehr interessant. Denn abgesehen von manchen
darin wiedergegebenen Aeußerungen Dencks, die dessen Gedanken
über die Taufe beleuchten, enthält dasselbe auch sehr merkwürdige
Bekenntnisse Babers, welche auf eine Sinnesweise hindeuten, die
der Denck'schen sich sehr nähert. Denck pflegte zu sagen, die
Taufe sei „der Bund eines guten Gewissens mit Gott";
da nun ein unmündiges Kind zum Eingehen eines solchen Bundes
unfähig sei, so nütze die Kindertaufe nichts, selbst wenn man sie
(um des Friedens und der Eintracht willen) den Kindern ertheilen
wolle. Baber bemerkt, daß auch nach seiner Ansicht die Kindertaufe nichts nütze, wenn nicht die Eltern, die ihre Kinder zur
Taufe schicken, die letzteren „zu rechter gebührlicher Zeit der
empfangenen Taufe erinnern und in der Lehre Christi aufziehn
und das so getreulich ausrichten, so ernstlich sie vorhin mit ihnen
zur Taufe geeilt haben. Denn wo solches nicht geschieht, da wird
man straffällig an Gott und an den Kindern, und wäre viel
besser, welcher solches nicht thun will, er ginge der christlichen
Taufe gar müßig."[1] Diese „Erinnerung" an die Taufe ist
zwar nicht der Form nach, aber doch dem Wesen nach eine
„Erneuerung" der Taufe oder mit anderen Worten eine zweite
Taufe. Baber gesteht damit zu, daß eine Wirksamkeit der Taufe
erst dann möglich ist, wenn die herangereisten Kinder auf die
Bedeutung derselben aufmerksam gemacht worden sind. Den
Mangel an Zucht, den er in der damaligen Welt erkennen will,
führt er darauf zurück, daß „der größere Theil Menschen also

---

1) Brüderliche Warnung, Bl. L. 6.

sterben, daß sie nicht erfahren, was die christliche Taufe sei und wozu sich der Mensch seiner Taufe zu gebrauchen habe."[1])

Trotz solcher Anschauungen war Baber damals noch ein entschiedener Gegner der „Taufstürmer" und setzte es durch, daß einige seiner Mitbürger, obwohl sie sogar mehrere Rathsherren auf ihrer Seite hatten, wegen dieser „Irrlehre" vertrieben wurden.[2]) Aber nach einer Reihe von Jahren war aus dem Saulus ein Paulus geworden; zu Beginn des vierten Jahrzehnts sagte sich Baber öffentlich von der bis dahin bekannten Lehre los, schaffte die Kindertaufe ab und wurde mit seiner Gemeinde ein eifriger Anhänger des Mannes, der in vielen Punkten Denck sehr nahe stand, nämlich des bekannten schlesischen Edelmanns, Caspar von Schwenkfeld.

Der Aufenthalt Dencks in Landau war ein kurzer; er eilte nach Worms, wo der Kampf zwischen den Täufern und dem Lutherthum bereits entbrannt war und seine Hülfe von den Freunden gewünscht wurde. Zu Worms war unter Vermittlung des Kurfürsten Ludwig V. von der Pfalz im Jahre 1526 die alte Kirche abgeschafft und die lutherische Lehre eingeführt worden. Fast gleichzeitig aber hatten unter der Bürgerschaft die Lehren der Täufer Fuß gefaßt, und der erste, welcher für dieselben hier thätig gewesen zu sein scheint, war Melchior Hofmann, der von Straßburg aus dorthin gekommen war. Der Wormser Chronist Friedrich Zorn[3]) erzählt uns, daß Hofmann, „der sich einen Bekenner Jesu Christi genannt, in allen Sprachen ein gelehrter Mann und aller Wiedertäufer gemeiner Reformator", eine Zeit

---

1) Brüderliche Warnung a. O.

2) Aus einem Schreiben Bucers an A. Blaurer vom 19. Dec. 1531, f. Heberle, Stud. u. Krit. 1855, S. 843.

3) Die Mittheilungen Zorns schöpfe ich aus Becker, Beiträge zur Geschichte der Frei- und Reichsstadt Worms, Worms 1880, wo sie zum ersten Mal gedruckt worden sind. Zorn war 1538 geboren, also in der Lage, genau und zuverlässig unterrichtet zu sein.

lang im Hause des Jacob Kautz, welcher damals Prediger zu
Worms war, gelebt und dem Letzteren Unterricht in seinen Lehren
ertheilt habe.¹) Kautz trat in der That zu der neuen Partei alsbald über und in ihm hatte dieselbe einen Genossen gefunden,
der durch Begabung und Eifer ebensosehr wie durch seine Cha-
raktereigenschaften vor Vielen sich auszeichnete. In Worms selbst
erfreute er sich der allgemeinsten Achtung und es lag in der
Natur der Sache, daß er durch seinen Uebertritt viele Gemeinde-
glieder nach sich zog. Im Januar 1527 gelang es Kautz sogar,
seinen Amtsgenossen Hilarius zum öffentlichen Austritt aus der
lutherischen Gemeinschaft zu bewegen.

Auf die Kunde von diesen Vorgängen hielt Kurfürst Ludwig
es für nothwendig, noch in demselben Monat ein Schreiben nach
Worms zu richten, worin er in seiner Eigenschaft als Schutzherr
des Vertrags vom Jahre 1526 dem Magistrat verbot, eine Ver-
letzung desselben durch die Einführung abermaliger Neuerungen
zu gestatten, und der Rath gab das Versprechen, einzuschreiten.

Aber während die Lutheraner die obrigkeitliche Gewalt zu
ihrer Hülfe herbeiriefen, zogen auch die Täufer Verstärkung an
sich, besonders durch die Berufung Dencks und Ludwig Hetzers,
die in den letzten Tagen des Januar oder Anfang Februar dort
ankamen. Der Rath ergriff wirklich Maßregeln. Am 31. März
1527 ließ er die Prediger Kautz und Hilarius vor sich bescheiden
und forderte sie auf, von ihrem Unternehmen abzulassen. Kautz
erwiderte, er könne, um Menschen zu gefallen, nicht von seiner
Ueberzeugung lassen, und der Magistrat mußte einsehen, daß nur
durch Anwendung von strengeren Maßregeln ein Erfolg erzielt

---

1) Wie diese Nachricht über Hofmanns Aufenthalt um die Jahreswende
1526/27 in Worms mit den sonstigen Quellen über Hofmann zu vereinigen
sei, muß ich vorläufig dahingestellt sein lassen. Die Chronik Zorns verdient in
solchem Maße Glauben, daß ich kein Bedenken trage, die Nachricht bis zur
urkundlichen Widerlegung als richtig anzunehmen.

werden könne. Vor diesen aber schreckte man um so mehr zurück, als der Anhang der Täufer von Woche zu Woche, ja von Tag zu Tag wuchs. So bildete sich im Laufe des Jahres 1527 Worms zu einem Asyl der Taufgesinnten aus, wo die Mehrzahl der Wortführer eine Zeit lang eine ruhige Stätte fand.

Hans Denck ist in den Monaten, welche er in Worms zubrachte, soweit die Ueberlieferung reicht, nicht an die Oeffentlichkeit getreten; zufrieden damit, daß er Sicherheit und Ruhe gefunden hatte, gab er sich seinen wissenschaftlichen Arbeiten hin, die ihn fortwährend lebhaft beschäftigten.

Um die Zeit, als die Straßburger Prediger die „Getreue Warnung" verfaßten, deren Angriffe gegen Denck wir kennen gelernt haben, schrieb auch er ein Buch, aber weder eine Warnung noch einen Angriff, sondern eine Mahnung an alle Menschen zur Liebe gegen Jedermann, auch gegen ihre Widersacher. Es ist merkwürdig, wie verschieden die Wirkungen waren, welche die soeben erlebten Ereignisse auf die Sieger und auf den Besiegten ausübten; es giebt keinen größeren Gegensatz als diese beiden Schriften und kein glänzenderes Zeugniß für Denck als die Thatsache, daß er trotz der schmerzlichsten Erfahrungen das Evangelium der Liebe immer von Neuem verkündete, ohne auch nur mit einem Worte oder einer Anspielung auf persönliche Kränkungen Bezug zu nehmen.

Wir lassen den Hauptinhalt des Büchleins „von der wahren Liebe"[1]) hier folgen.

Die Liebe, sagt Denck gleich im Eingang, „vergißt sich selbst", und wer sie besitzt, „dem gilt aller Schaden nichts, den er um des Gegenstandes seiner Liebe willen leiden muß." Ja, der Liebende strebt danach, seine Liebe zu beweisen in Gefahren, und

---

1) „Von der waren Lieb." Hanns Denck. 1527. Ohne Ort. S. die bibliographischen Notizen im Anhang.

wenn es nothwendig ist, giebt sich „der Liebende für das Geliebte willig und fröhlich in den Tod." Je weniger die Liebe von denjenigen, denen sie gilt, erkannt wird, um so viel weher geschieht dem Liebenden und doch kann er von der Liebe nicht lassen, sondern muß sie beweisen, ob sie schon Niemand erkennt.

Wo die Liebe lauter und rein ist, da erstreckt sie sich auf Alle und begehrt, mit Allen einig zu sein und Alle mit Liebe zu umfassen. Doch wenn sich ihr auch alle Menschen und alle Dinge ganz und gar entzögen, so ist sie doch so tief und reich, daß sie auf Alles gern verzichtet und würde gern selbst zu Grunde gehen, wenn sie die Andern dadurch glücklich machen könnte. Insofern ist sie ihre eigene Feindin; denn sie begehrt bloß Anderen nützlich und gut zu sein; sie wäre nicht gut, wenn sie eigennützig wäre.

„Von dieser Liebe spüret man in etlichen Menschen ein Fünklein, im Einen mehr, im Andern minder, wiewohl es leider fast in allen Menschen zu unseren Zeiten erloschen ist. Dennoch ist es gewiß, dieweil die Liebe geistig ist und die Menschen alle fleischlich sind, daß dies Fünklein, wie klein es in dem Menschen ist, nicht von den Menschen, sondern von der vollkommenen Liebe hergekommen ist. Diese Liebe ist Gott, der sich selbst nicht machen kann, wiewohl er alle Dinge gemacht hat, der sich selbst nicht brechen kann, wiewohl er alle Dinge brechen wird."

„Diese Liebe könnte Fleisch und Blut nicht begreifen, wo sie Gott nicht sonderlich in etlichen Menschen bewiese, die man nennet Gottes Kinder, insofern als sie Gott nacharten als ihrem geistigen Vater. Je höher sie nun bewiesen wird, je höher (d. h. deutlicher) mag sie von den Menschen erkannt werden; je besser sie erkannt wird, um so mehr wird sie geliebt; je mehr die Liebe geliebt wird, um so viel näher ist dem, der die Liebe besitzt, die Seligkeit. Darum hat es der Liebe gefallen, daß der Mensch, in welchem die Liebe am höchsten bewiesen wurde[1]), ein

---

1) d. h. „am deutlichsten zu Tage getreten ist".

Seligmacher seines Volks genannt wurde, nicht als ob es einem
Menschen möglich wäre, Jemanden selig zu machen, sondern weil
Gott so völlig mit ihm vereint war, daß alles Thun Gottes
dieses Menschen Thun war und alles Leiden dieses Menschen wie
Gottes Leiden geachtet wurde."

Wir sind gewiß, fährt Denck fort, daß sich die Liebe Gottes
zu den Menschen nicht deutlicher hat zeigen können, als in Jesu
von Nazareth. Durch ihn haben wir erfahren, daß Gott in seiner
Liebe auf die Strafe, die wir verwirkt haben, gern verzichten will,
wenn wir die Lehre Christi nicht verachten, und durch ihn wissen
wir, „daß der Mensch in der höchsten Liebe gegen Gott stehen soll
und, soviel ihm möglich ist, auch seinem Nächsten dazu helfen und
förderlich sein, daß er Gott erkenne und lieb habe."

Mithin ist es wahr, daß der, welcher die Liebe und mithin
die Seligkeit zu erkennen und zu erlangen begehrt, sein Ziel nicht
besser zu erreichen vermag als durch Jesum Christum; ja sie kann
und mag anders nicht erkannt werden denn durch ihn. „Alle,
die selig werden, sind eines Geistes mit Gott"; wer aber
der Vollkommenste ist in dieser Liebe, dieser ist ja ein Vorgänger
aller derer, so selig werden sollen, nicht daß er von ihm selbst
an das Ziel gelange, sondern daß es Gott allezeit also gefallen
hat, daß man allen denen folgen und gehorchen soll
in seinem Namen, die seinen Willen lehren. Je besser
ihn einer lehrt, je billiger soll man ihm folgen. Niemand hat
ihn aber vollkommener und besser gelehrt, denn der ihn auch am
vollkommensten vollstreckt hat, der ist Jesus Christus. — „Alle
die den Weg Gottes gesucht und gefunden haben, sind eins mit
Gott geworden, aber dieser, der in Gottes Weg nie gestrauchelt
hat, ist auch mit Gott nie uneins geworden, sondern nach dem
Geist von Anbeginn eins mit Gott gewesen, ob er wohl
nach dem Fleisch in der Zeit geboren und aller Menschen Gebrechen außer der Sünde, unterworfen gewesen ist."

.

Dies ist die Ursache, daß geschrieben ist und man sagt: Alle, die selig werden, müssen durch diesen Christum selig werden. Die Vollkommenheit, die ihm eigen war, ist das Ziel, nach welchem alle die, die selig werden sollen, streben müssen. Je näher ihm einer kommt, um so mehr ist er der Verdammniß entronnen.

Was nun die Liebe, d. h. Christus selbst, gelehrt und gethan hat, das ist im höchsten Sinne die wahre und rechte Lehre. Jede andere Lehre, wie z. B. die Lehre des alten Testaments, mag vergleichsweise ebenfalls eine gute und nützliche sein und für das Volk und die Zeit, denen sie gegeben war, angemessen und zweckentsprechend, aber wo die Lehre der Liebe sie mit Besserem übertroffen hat, da muß man jene um des Besseren willen für mangelhaft und unnütz halten.

Die Lehre des alten Bundes, daß man das Böse mit Bösem vergelten solle, mag für ein Volk, welches Gott erziehen und aus rohen Sitten neu gebären und umschaffen will, ein nützliches Gesetz und eine gute Lehre sein. Aber vollkommener bleibt doch die Lehre, welche uns befiehlt, daß wir das Böse mit Gutem vergelten sollen. Freilich, wer Völkern oder Menschen, die noch nicht „geschickt sind", sie zu verstehen und zu begreifen, diese Lehre predigt, der wird damit wenig Frucht schaffen. Auch war es nicht möglich, daß irgend Jemand, d. h. irgend ein Mensch, diese vollkommene Liebe hätte lehren können; vielmehr war es der Liebe selbst, d. h. Christo, vorbehalten, sie vorzutragen.

 Wenn man sich diese Thatsachen vergegenwärtigt, wird man auch den Sinn der Schriftstellen verstehen, welche sagen, daß aus des Gesetzes Werken Niemand gerechtfertigt werde vor Gott, sondern daß es die Gerechtigkeit des Glaubens ist, die vor Gott gilt. Die Werke des Gesetzes, d. h. die Werke, welche aus den Geboten des mosaischen Gesetzes herfließen, haben in Rücksicht auf ihre relative Unvollkommenheit nicht die Kraft, den Menschen vor Gott gerecht zu machen, vielmehr gilt vor Gott die Gerechtigkeit des Glaubens, d. h. der Hingabe und Selbstentsagung, welche „bereit ist und gründlich begehrt, Gott dem Herrn alles das zurückzustellen, so ihm zugehörig ist, das ist alles, was wir haben und vermögen." Diese Hingabe, welche die Schrift Glauben nennt, umfaßt die Erfüllung der Gebote der Liebe und giebt die Gerechtigkeit und Vergebung der Sünden.

Die Menschen, welche nur thun, was das Gesetz ihnen vorschreibt und alles unterlassen, was sie nicht darin finden, stehen Gott gegenüber wie gedungene Knechte, die aus Zwang oder Drohung gehorchen. Diejenigen aber, welche „im Glauben" sind, werden Kinder Gottes genannt, weil sie aus Liebe zu Gott und dem Guten soviel thun, als ihnen möglich ist; das ist mehr, als man in einem Vertrag oder Gesetz je ausmachen kann. Deswegen haben die „Kinder Gottes" auch den Vortheil voraus, daß ihnen von Gott kein anderes Gesetz oder Gebot vorgeschrieben und auferlegt ist als das, daß sie ihn lieb haben. Man kann sich das Verhältniß also denken. Ein Knecht hat nach dem Vertrag, der mit ihm abgeschlossen ist, bestimmte einzelne Verpflichtungen; er muß täglich um fünf Uhr zur Arbeit gehen und braucht Abends nicht zu arbeiten. Der Sohn des Hauses dagegen hat solche „Gesetze" nicht; ist er aber ein rechter Sohn, so thut er mehr als der Knecht zu jeder Tages- oder Nacht-Zeit und hält dann am treuesten zum Vater, wenn die Knechte ihn verlassen.

Damit soll aber nicht gesagt sein, daß das „Gesetz", welches dem Knecht seine Pflichten vorschreibt, an sich unnütz oder unrecht sei — im Gegentheil ist ein solcher Zwang für die rohen Naturen sehr gut und zweckmäßig —, sondern es ist nur im Vergleich zu dem Besseren und Höheren mangelhaft und nur diejenigen thun unrecht, welche, nachdem sie das Bessere, das Gott durch Christus uns gezeigt hat, kennen, dies Höhere dennoch verachten. Die

Lehre Christi steht nicht im Widerspruch mit dem Gesetz, sondern sie enthält die höhere Entwicklung desselben Gedankens. Auch den Knechten ist geboten, daß sie ihrem Herrn treu und hold sein sollen und dagegen hat Christus nie etwas gelehrt oder gethan.

Das neue Testament will das Gebot der Liebe, welches sich auch im alten Bunde in den Worten findet: du sollst Gott von ganzem Herzen und von ganzer Seele lieben, „höher spannen", dagegen die Kirchengebote (die „Sitten") „nachlassen". Wer die Liebe täglich mehrt und bessert, der fügt nichts Neues zu den Geboten des Gesetzes hinzu, sondern erfüllt sie nur im höchsten Sinn.

Worin besteht aber die Liebe? Sie besteht darin, daß man lerne, alle Geschöpfe und Dinge, die dem Menschen nach seiner sinnlichen Natur anmuthig sind, hinzugeben und zu verlieren, hingegen wisse, alle Dinge, die unsern Sinnen zuwider sind, in der Liebe zu Gott, über sich zu nehmen und zu ertragen — mit anderen Worten, in der Fähigkeit, um des Guten willen uns selbst zu überwinden.

Der alte Bund war eine Knechtschaft insofern, als Gott um des Unverstandes willen, der den Menschen noch eigen war, sie nöthigte, ihm zu dienen. Darum wurde das Bundeszeichen (die Beschneidung) den Menschen damals ertheilt, ehe sie dasselbe begehrten; sie erhielten das Zeichen, ob sie willig waren oder nicht.

Das neue Gesetz aber ist eine Kindschaft, ein Verhältniß wie vom Vater zum Sohn. In ein solches Verhältniß kann Niemand gezwungen werden oder durch die Erfüllung irgend welcher Vorschriften sich selbst setzen, sondern es beruht darauf, daß die Menschen von dem barmherzigen Gott als dem treuen Vater herangezogen und so gleichsam von Neuem „geboren" werden. Dies geschieht dadurch, daß Gott den Menschen seinen Willen, welcher in Christus vorgetragen und ausgerufen worden ist, zu erkennen giebt. Gottes Wille aber ist die Liebe selbst.

„Darum auch das Bundeszeichen, die Taufe, allein denen, die von Gottes Kraft durch die Erkenntniß der wahren Liebe dazu geladen, dieselbe begehren und einwilligen, der wahren Liebe nachzufolgen, gegeben und nicht abgeschlagen werden soll. Dennoch sollen sie ungezwungen sein von allen Bundesgenossen und Mit-kindern (wo sie nicht die Liebe selbst zwingt), bei der Liebe zu zu bleiben, wie im Psalter geschrieben ist: Dein Volk wird willig da sein."

Christus, der die Liebe selbst war, hat von den Ceremonien und Kirchengebräuchen des alten Gesetzes geschwiegen und nichts davon geboten noch verboten, als wolle er zu verstehen geben, daß man wohl ohne die Gebräuche zu der Liebe kommen könne. Wer die Liebe nicht besitzt, dem sind die Gebräuche an sich nichts nütz; wer aber die Liebe versteht und hat, der soll sie üben und handeln, wie sie Jesus gehandelt hat.

Darum ist es nicht nothwendig, daß man, wenn man den Heiden das Evangelium von der Liebe predigt, sie auch in den Ceremonien des Kirchendienstes unterrichte. Denn wenn sie die Liebe annehmen, werden sie sich wohl auch in den Gebräuchen recht zu verhalten wissen, wo es von Nöthen sein wird.

In diesem Sinne giebt die Liebe ihren Freunden die Er-laubniß, die Gebräuche zu thun oder zu lassen, sofern sie den Vater in Wahrheit lieben wie Kinder. Diese Erlaubniß werden sie erlangen, wenn sie auch früher (ehe sie den Vater liebten) unter der Verpflichtung gestanden haben mögen, daß sie die Gebräuche erfüllten, d. h. unter der Pflicht des Knechts gegen den Herrn.

Wenn man nun fragt, warum die Liebe, d. h. Christus, die alten Bräuche zu lassen erlaubte und gleichwohl andere an deren Stelle aufrichtete, wie Taufen und Brodbrechen, so ist die Ant-

wort: Die neuen Bräuche geschehen, damit wir uns dadurch
bekennen zu Christo und uns untereinander erinnern, wozu wir
berufen sind, nämlich daß wir aus der Welt zu Gott kommen
sollen. Wir sind berufen, Gott unser Leben lang in Heiligkeit
und Gerechtigkeit zu dienen.

Heiligkeit bedeutet, daß man allen Leidenschaften der sinnlichen Natur entsagen und dem Guten allein leben will. Die
Taufe bedeutet und bezeugt, daß wir entschlossen sind, fortan in
reinerem Thun und Streben zu wandeln.

Gerechtigkeit heißt, daß wir Jedermann geben, was wir ihm
schuldig sind. Nun sind wir aber Gott alles schuldig, was wir
haben und vermögen an Seele und Leib, Ehre und Gut. Daher
sollen wir bereit sein, für Gott und das Gute alles hinzugeben
und zu opfern; die Kinder Gottes sollen den erstgeborenen Sohn
vor Augen haben, der sich in unsere Natur verwandelt hat.
Denn so wie er für uns ein Brod geworden ist, das uns stärkt
und das für uns gebrochen ist, so sollen wir bereit sein, Einer
dem Andern ein Brod zu sein und gebrochen zu werden. Daran
sollen wir uns beim Abendmahl erinnern und ermahnen.

„Aber dennoch sind diese Bräuche Christi nicht dermaßen
aufgerichtet, daß Niemand selig werden möge, der sie nicht halte,
sondern wo man sie halten mag, daß man es mit rechtem Ernst
thue, denn wie einfältig und thöricht ein Ding vor der Welt
scheine, so will es doch der Herr unverachtet haben. Darum hat
er es auch selbst vorgethan, auf daß er also alle Gerechtigkeit
vom Kleinsten an bis auf das Größte uns zu einem Exempel
erfüllte, damit er auch hat bezeugen wollen, daß Nichts also gering
sei, wobei man sich nicht etwas Köstliches möge erinnern."

Dies sind die Hauptpunkte der Lehre Jesu Christi. Aus
ihnen könnte aller Streit, der sich um der Wahrheit willen erheben mag, entschieden werden für denjenigen, der sie gründlich
versteht oder von Herzen begehrt zu verstehen.

Wer etwas lehrt, was er nicht von Christo, d. h. von der
Liebe empfangen hat, das ist, was nicht auf die Liebe gegründet
ist, der wird es vor der Liebe nicht verantworten können.

Der Weisen Weisheit und der Gottesfreunde Gemüth muß
darauf besonders sehen, daß die Liebe zu Gott und dem Guten
das höchste Gebot ist. Aus ihr fließet die rechte Liebe zu den
Menschen. Wer jene besitzt, der wird Niemanden jemals weiter
entgegen handeln oder feind sein als dadurch, daß er ihn ernstlich
ermahne und, wo er es nicht hören mag, mit Herzeleid meide.
Hierauf beruht die Absonderung der Kinder Gottes von den Welt-
kindern und auch der Bann oder die Ausschließung der falschen
Brüder. Derselbe muß lauter und ganz in der wahren Liebe
geschehen, will man anders den Bund der Kinder Gottes nicht
verleugnen, in welchen man durch die Taufe eintritt. —

Diese Schrift, die von Worms aus rasch in der Pfalz verbreitet worden zu sein scheint, machte in Stadt und Land einen
tiefen Eindruck. Nicht am wenigsten ihren Wirkungen dürfte es
zuzuschreiben sein, daß sich seit demselben Jahr ringsumher am
Mittelrhein eine außerordentliche Ausbreitung Denck'scher Ideen
zu erkennen giebt. Leider sind die Forschungen hierüber noch so
wenig abgeschlossen, daß wir uns mit allgemeinen Andeutungen
begnügen müssen. Aber der Bericht des „Cronickel der Wiedertäufer", daß in der Pfalz in kurzer Zeit etwa 350 Personen
wegen der Wiedertaufe hingerichtet worden seien, giebt ein unge-
fähres Bild von den Zuständen, welche sich hier entwickelten.

Denck benutzte die Muße des Wormser Aufenthalts in Gemeinschaft mit Ludwig Hetzer noch zum Abschluß einer anderen
großen wissenschaftlichen Arbeit, nämlich der Uebersetzung der
prophetischen Bücher des alten Testaments. Dieses Werk
war von den beiden Männern, wie es scheint, schon zu Straßburg

begonnen worden und wurde nun nach Ausweis der Vorrede am 13. April 1527 zu Worms von ihnen beendigt und von P. Schöffer daselbst gedruckt. Wenn alle übrigen Schriften Dencks verloren wären, so würde dies eine Buch genügen, um ihm einen Platz in unserer Literatur zu sichern. Denn er hat sich und Hetzer durch diese Arbeit ein Denkmal gesetzt, welches seiner Gelehrsamkeit, seiner Wahrheitsliebe und seinem Talent besondere Ehre macht. Ist diese Uebersetzung doch die Grundlage gewesen, auf welcher nicht allein die schweizerische, sondern auch die lutherische Verdeutschung der Propheten in vielen Theilen aufgebaut ist, ohne freilich jemals zu der Anerkennung zu gelangen, die sonst denjenigen Quellen zu Theil zu werden pflegt, welche den Weg gewiesen und gebahnt haben.')

Nachdem die Männer, welche auf Dencks Schultern standen, zu ausschließlicher Geltung gelangt waren, ist des Letzteren Arbeit in Vergessenheit gerathen. Bis zu der Zeit aber war das Ansehen der Denck-Hetzerschen Ausgabe unbestritten und allgemein. Innerhalb drei Jahren erschienen 13 verschiedene Ausgaben in Folio, Quart, Octav, Duodez zu Straßburg, Augsburg, Hagenau u. s. w.

Jede dieser Ausgaben erlebte eine Reihe von Auflagen; die erste Ausgabe wurde in einem Jahr fünfmal gedruckt, im Jahre 1528 war bereits die elfte Auflage erschienen. Die Augsburger Edition mußte in neun Monaten fünfmal wiederholt werden. Kurz, in ganz Deutschland ward das Buch der verachteten „Wiedertäufer" gekauft, gelesen und hochgeschätzt. Sogar Luther sprach sich privatim günstig darüber aus, indem er am 4. Mai 1527 an Wenzeslaus Link schrieb, daß die Wormser Propheten-Ueber-

---

1) Daß die Züricher Uebersetzer die Denck-Hetzersche Ausgabe benutzt haben, s. bei Herzog und Plitt, Realencyclopädie der theol. Wissensch. 2. Aufl. III, 542. Luther aber hat sie, wie schon Wizel nachweist, vielfach ausgeschrieben. S. Döllinger, die Reformation I, 199.

setzung nicht zu verachten sei; die Verfasser hätten Fleiß angewendet, doch könne Niemand Alles erreichen.[1]) Alle neueren Be-
urtheilungen, die ich habe einsehen können, widmen der Arbeit
ein noch weit uneingeschränkteres Lob. „Die Uebersetzung zeigt,"
sagt eine competente Autorität, „große Sprachtreue, viel Sprach-
gewandtheit und feinen Sinn für den prophetischen, schwungvollen
Ausdruck" und von anderer antitäuferischer Seite wird anerkannt,
„daß die Bearbeiter eine durchaus objective Haltung beobachten
und weder im Text noch in den Anmerkungen ein besonderes
dogmatisches Interesse durchblicken lassen."[2]) Die wissenschaftliche
Forschung unserer Tage bestätigt mithin die Wahrheit des Bekenntnisses, welches die Uebersetzer in der Vorrede niedergelegt
haben, indem sie sagen, daß sie „ihren höchsten Fleiß nicht gespart,
sich nicht geschämt, zu fragen, wo sie Antwort hofften, kein Lesen
unterlassen, nichts verachtet, Alles dargespannt, um die allertreu-
lichste Verdolmetschung zu liefern." In bescheidener Weise erklären sie sich bereit, „das Ihrige liegen zu lassen, wenn Gott
noch ein Besseres hervorkommen ließe." Doch bitten sie um Gottes
willen, nicht zu richten, ehe der Handel bekannt sei, nicht zu
stürmen, ehe es brenne, da Schelten und Verdammen bald gethan sei.

Es scheint fast, als ob sie eine Ahnung gehabt hätten von
dem Schicksal, welches ihrem Buch bevorstand; denn kurze Zeit
nach dessen Erscheinen hielten die Wittenberger und die Züricher
Theologen es für angezeigt, sich der Verbreitung des Werkes mit
Entschiedenheit zu widersetzen. Luther hatte zwar in dem oben
erwähnten Privatbrief sich in gewissem Sinne lobend ausgesprochen,
bald aber erklärte er öffentlich: „Ich halte, daß kein falscher

1) de Wette III, 171.

2) Heberle in den Stub. u. Krit. 1855, S. 835. — Heberle weist auch
darauf hin, daß Denck das Beste an der Arbeit gethan habe, wie man aus
einer Vergleichung der Bearbeitung des Maleachi, welche Hetzer selbständig in
Basel besorgt hatte, und derjenigen in den Wormser Propheten, sehen könne.

Prophet und Rottengeist treulich dolmetschen könne, wie das wohl scheinet in den Propheten zu Worms verdeutschet." Der lutherische Magistrat von Nürnberg aber ließ auf das Gutachten Osianders die Ausgabe sofort verbieten, eine Maßnahme, welche Georg Regel aus Augsburg am 15. Mai 1527 nach Zürich mit der Bemerkung meldet: „Was Osianber meint und glaubt, das müssen auch die Nürnberger glauben — wenn nun aber der Teufel die Wahrheit sagte (er meint Denck und Hetzer), sollte es deswegen nicht wahr sein?"[1])

Noch auffallender ist das Verhalten der Züricher Theologen. Sie ließen im Jahre 1529 eine neue Uebersetzung der Propheten drucken, die wir oben schon erwähnt haben. In der Vorrede verdammen sie die Verdolmetschung Dencks auf das entschiedenste: „Wem wollt nicht schenen und grausen ob der Verdolmetschung, die von denen ausgegangen ist, die die rechten Rädelsführer waren der Sekten und Rotten, die uns heutigen Tages in der Kirche Gottes mehr Unrath schaffen, als das Papstthum je gethan hat, die lehren, einer Obrigkeit nicht gehorsam sein und die Werke dermaßen wieder einführen, daß man an ihrer Lehre spürt, daß Christus bei ihnen nicht viel gilt, die die größte Gleißnerei wieder einführen und im falschen Schein der Frömmigkeit sich selbst vor Allen gefallen? Wer wollte je solchen getrauen, daß sie die Stellen in den Propheten, die von Christo, dem Behalter der Welt, wahrem Menschen und Gott lauten und geweissagt sind, getreulich handeln?"[2])

Es ist interessant, daß neuere Anhänger Zwinglis bemerken, dieser Deduction fehle doch eigentlich alle Beweiskraft, und daß die wissenschaftliche Forschung unserer Tage festgestellt hat, daß die hier angegriffenen Männer in ihrer Arbeit eine größere Objectivität und Wahrheitsliebe bewiesen haben als

1) Zwinglii Opera VIII, 64.
2) Heberle, Stub. u. Krit. 1855, S. 836.

die Angreifer. Aber allerdings wäre es für die Letzteren mißlich gewesen, wenn den „Rädelsführern der Rotten und Sekten" auch nur ein einziges Verdienst hätte gelassen werden müssen.

Die Ruhe, welche Denck in Worms genoß, sollte nicht von langer Dauer sein. Seine Anhänger und Freunde drängten auf eine Entscheidung und hofften, durch eine öffentliche Disputation mit ihren Gegnern den Sieg der Ihrigen zu sichern. Am 9. Juni 1527 schlug Kautz am Predigerkloster zu Worms eine Reihe von Thesen an[1]) und lud die Gegenpartei zu einem Religionsgespräch auf Donnerstag den 13. Juni Morgens 6 Uhr ein. Die Lutheraner stellten Gegenthesen auf, auch die Katholiken begannen sich zu regen und eine große Aufregung bemächtigte sich der Bürgerschaft, die täglich zu einem Conflict führen konnte. Als Kurfürst Ludwig von diesen Dingen hörte, hielt er ernste Maßregeln für nothwendig; es ist wahrscheinlich, daß er seine eigene Intervention in Aussicht stellte, falls der Magistrat nicht Ordnung und Ruhe schaffe. Der Letztere, welcher seine und der Stadt Privilegien bedroht sah, rief die Zünfte zusammen und es schien ein blutiges Ende bevorzustehen. Doch kam ein Vergleich zu Stande, worin die Täufer, welche ihren Grundsätzen gemäß jeden Gewaltact vermeiden wollten, das Feld räumten und die Stadt verließen.

Wolfgang Capito schreibt am 9. Juli 1527 an Zwingli, daß die Stadt Worms durch ein öffentliches Uebereinkommen sich von dem Worte Gottes (d. h. von der lutherischen Lehre) losgesagt habe.[2])

---

1) Die Thesen sind nach einer eigenhändigen Aufzeichnung des Wormser Chronisten Zorn bei Becker, Beiträge S. 42 vollständig abgedruckt. Auch sind dieselben im Jahre 1527 im Druck erschienen unter dem Titel: „Sieben Artikel zu Worms, von Jacob Kautzen angeschlagen und geprebigt. Verworfen und widerlegt mit Schriften und Ursachen auf zwen Weg. Anno 1527." (S. Becker a. O. S. 41, Anm.). Ich habe diesen Druck nicht ermitteln können.

2) Zwinglii Opera VIII, 76: „Wormatia prorsus abdicavit Verbum regni consensu publico."

Wenn man diese Notiz zusammenhält mit der Erzählung des Chronisten Zorn, worin er sagt, daß „die wiedertäuferischen Prediger
und Wortführer mit glatten Worten und scheinheiligem Leben unter
der Bürgerschaft einen großen Anhang erworben hatten", so ergiebt sich die Wahrscheinlichkeit, daß Worms auf dem Punkte stand,
den Wiedertäufern ganz in die Hände zu fallen. Die Zwischen-
fälle, welche den plötzlichen Umschlag herbeiführten, sind leider noch
nicht genügend aufgeklärt.[1])

Jedenfalls steht indessen soviel fest (und darin liegt ein
sehr wichtiges Moment), daß es den Gegnern der Wiedertäufer
gelungen war, den Kurfürsten Ludwig zur entschiedensten Partei-
nahme zu bewegen. Mit schwerem Ernst nahm die pfälzische Regierung seit der Mitte des Jahres 1527 den Kampf gegen die
Täufer auf und setzte eine Verfolgung ins Werk, die keine Rücksicht auf Gerechtigkeit und Menschlichkeit mehr kannte. Die Schriften
Dencks hatten es, wie bereits erwähnt, zu Wege gebracht, daß nicht
nur in den pfälzischen Städten, sondern auch auf dem Lande Viele
sich zu ihm bekannten. Der Städter konnte der Kurfürst nicht
ohne Weiteres habhaft werden, dagegen ließ er alle Landleute, die
sich verdächtig gemacht hatten, aufgreifen, in seine Festungen
schleppen, martern und hinrichten. Am meisten Aufsehen erregten
die Dinge, welche sich zu Alzei abspielten, wo des Kurfürsten
Amtmann Dietrich von Schönberg mit ausgesuchter Grausamkeit
den Befehlen seiner Obrigkeit nachkam; er gebrauchte, wie uns
erzählt wird, alle erdenkbaren Qualen der Folter, um die armen
Leute zum Widerruf zu bewegen, aber die Meisten haben im Namen
Christi alle Leiden standhaft ertragen bis zum Tode.

Das Vorgehen der pfälzischen Regierung erregte selbst in

---

1) Eine „Geschichte der Wiedertäufer in der Pfalz" würde ein
sehr dankbares Thema sein. Die Resultate dürften, vorausgesetzt daß die
Archive der Städte und Bisthümer nicht ganz verloren sind, überraschender
Natur sein.

antitäuferischen Kreisen solche Indignation, daß ein Geistlicher es für nothwendig hielt, eine besondere Schrift dagegen zu veröffentlichen. Der Name des wackeren Mannes ist Johannes Odenbach aus Moscheln unter Landsberg und sein Buch führt den Titel: „Sendbrief und Rathschlag an verordnete Richter über die armen Gefangenen zu Alzey, so man nennet Wiedertäufer."[1] Er geht darin auf das schärffste gegen das Verfahren der weltlichen Gerichtsbehörden in dieser Sache vor. „Diebe, Mörder und Bösewichter," sagt er, „habt ihr barmherziger im Gefängniß gehalten als diese Armen, die doch nicht gestohlen, nicht gemordet, nicht geraubt, nicht gebrannt, nicht verrathen oder einige schändliche Missethat begangen haben." „Sie haben sich Gott zu Ehren und Niemands zu Leid um geringen Irrthums willen zum zweiten Male taufen lassen." „Ihr mögt überzeugt sein, daß diese Armen sich mit der Wiedertaufe nicht so hoch gegen Gott verschuldigt, daß ihre Seele darum werde verdammt, noch auch gegen die Obrigkeit oder alle Menschen deshalb also gefrevelt, daß sie ihren Leib verwirkt haben." „Man soll die Wiedertäufer mit der heiligen Schrift, nicht mit Henkers Händen vertilgen." Die Menschen werden sagen, meint Odenbach: „Siehe, mit welcher großer Gebuld, Liebe und Andacht sind diese frommen Leute gestorben, wie ritterlich haben sie der Welt widerstrebt, man hat sie mit Wahrheit nicht überwunden, ihnen ist Gewalt geschehen und sie sind heilige Märtyrer Gottes." „Auch unter euch sind viele," ruft er den Richtern zu, „die Christum und die Wahrheit heimlich bekennen, und wenn die gewaltige Welt sie bekennte, so würden sie sich bald bereden lassen."

Aber diese Warnungen blieben fruchtlos. Die Behörden fuhren fort, die Religion ihrer Regierungen mit Henkers Händen

---

[1] Das Buch erschien ohne Ortsangabe im Jahre 1528. Das von mir benutzte Exemplar beruht in der Hof- und Staats-Bibliothek zu München (sub Polem. 875).

zu befestigen, und der schwächere Theil fand seinen Untergang in diesem Kampfe.

Im Juli 1527 mußte, wie gesagt, Denck mit seinen Freunden das kaum gefundene Asyl abermals verlassen. Die Mangelhaftigkeit der Quellen gestattet uns nicht, mit Sicherheit anzugeben, wohin er zunächst seine Schritte gerichtet hat. Ein uns erhaltener Brief der Stadt Zürich an die Städte Straßburg und Constanz vom 10. August 1527 läßt den Schluß zu, daß Denck den Rhein hinauf nach der Schweiz gewandert ist. Die Stadt Zürich warnt die genannten Orte vor denen, „die nicht allein das innerliche Gewissen, sondern auch die äußerlichen, menschlichen Satzungen einer ordentlichen und christlichen Obrigkeit zu zerstören begehren", und führt dann fort: „Nun ist in kurzen Tagen einer mit Namen Hans Denck, der sich von Augsburg nennt, dieses Wiedertaufs ein Erztäufer, und der die Unruhe sammt Ludwig Hetzern und Andern zu Worms verursacht haben soll, als wir nach seinem Abschied deß gute Kundschaft empfangen haben, durch unsere Stadt und Land gezogen, die Unsern, die deßhalb auch verdacht sind, heimgesucht und hinter ihm verlassen, daß er Willens sei gen Schaffhausen, Constanz und darnach fürber auf Augsburg zu ziehen."[1]

Obwohl von anderer Seite behauptet wird, daß Denck zunächst nach Nürnberg gezogen sei,[2] so ist doch anzunehmen, daß der Züricher Magistrat recht unterrichtet gewesen ist. In der That erscheint Denck nach der Mittheilung des Urbanus Rhegius im Herbst des Jahres 1527, also etwa zu Anfang September, in Augsburg.[3]

1) Nach den Mittheilungen Riggenbachs in Herzog und Plitts Realencyclopädie der protestantischen Theologie, 2. Aufl.

2) Ottius, Annales anabaptistici, pag. 46.

3) Die „Zween wunderseltzam Sendbrieff", in welchen Rhegius sagt, Denck sei im letzten Herbst in Augsburg gewesen, sind im Mai des Jahres 1528 herausgekommen.

Um diese Zeit war an letztgenanntem Orte die Mehrzahl der damaligen Führer des Täuferthums versammelt. Außer Denck, Hetzer und Kautz waren dort anwesend Jacob Groß aus Waldshut, Jacob Dachser, Siegmund Salminger, Hans Hut, Hans Gulden von Biberach, Ulrich Trechsel, Peter Scheppach, Gregor Maler von Chur, Hans Beckenknecht von Basel und viele Andere. Man benutzte die Gelegenheit, um eine Art von „Synode" zu halten und über die gemeinsamen Angelegenheiten zu berathen. Hans Denck führte nach dem Bekenntniß eines gefangenen Täufers, Marx Mayer, den Vorsitz und leitete die Verhandlungen;[1]) neben ihm aber scheint Hans Hut in jenem Moment sich besonders hervorgethan zu haben.

Hut war, als Denck nach Straßburg zog, in Franken zurückgeblieben und hatte hier, von Ort zu Ort reisend, eine eifrige und erfolgreiche Thätigkeit entwickelt.

Es war natürlich, daß er bei diesen Wanderungen die Beziehungen zu seinen früheren Münzerischen Genossen, die doch noch keineswegs ausgestorben waren, wieder anknüpfte, und indem er sie zu sich herüberzuziehen suchte, geschah es, daß er seinerseits wieder mehr unter ihren Einfluß gerieth[2]) und so wurde Hans Hut der Vermittler, durch welchen eine unheilvolle Vermischung Denck'scher und Münzerischer Ideen stattfand, die nachher den Untergang der ganzen Partei herbeiführen sollte. Je mehr die herrschenden weltlichen und kirchlichen Gewalten durch die fortdauernden Verfolgungen und Hinrichtungen vieler unschuldigen Leute den Haß und die Leidenschaften des gemeinen Mannes wach riefen, um so mehr wurde die Denck'sche Partei, die in ihrer Friedfertigkeit alles über sich ergehen ließ, von der socialen Revolution in

---

1) Jörg, Deutschland in der Revolutions-Periode, S. 684.
2) Ueber die Wiederanknüpfung seiner Beziehung zu dem ehemaligen Bauernführer Lenhart Sporle, seinem alten Genossen, s. Roth, Augsburgs Reformationsgeschichte, S. 214.

den Hintergrund gedrängt, bis die letztere schließlich innerhalb des Täuferthums vollständig dominirte.

Man kann darüber streiten, ob und wie weit die Umgestaltung der zweiten Taufe aus einem religiösen Act zum Bundeszeichen einer heimlichen Verschwörung (denn als solches faßten die Anhänger Münzers die Taufe auf) auf die Initiative Hans Huts zurückzuführen ist. Jedenfalls ergeben die Bekenntnisse einzelner Angeklagten, daß er bei dieser Entwicklung nicht unbetheiligt war. Ein gewisser Hans Weischenfelder sagt aus, daß er und Andere in der „Hopfenmühle" einen Bund beschworen hätten, „alle Obrigkeit und Herrschaft zu erschlagen"; wenn dies geschehen sei, so wollten sie „Hansen Huten zu einer Obrigkeit auf Erden und Christum im Himmel zu einem Herrn haben; er und seine Brüderschaft wollten zu Mühlhausen zusammenkommen; Hans Hut sei unter ihnen gewesen, als sie dies beschlossen hätten. Ein Gefangener, Namens Thomas Spiegel, bekannte am 19. Februar 1527, daß ein „Bündniß" bestehe, um die Edelleute zu erschlagen und die Pfaffen zu steinigen; Mühlhausen werde ihr Stützpunkt sein, wohin sie sich zurückziehen wollten; er sagte zwar nicht, daß Hut der Anstifter sei, aber er nannte ihn seinen Freund, den er habe predigen hören. Sobald die Getauften, fügte er hinzu, durch den, der ihnen die Taufe ertheilt habe, erfordert würden, müßten sie sich zusammenschaaren und gen Mühlhausen ziehen. Am 13. Februar 1527 that der Aurachsmüller zu Aurachsmühl ein ganz ähnliches Bekenntniß; er sagte, es werde sich bald ein Aufruhr erheben, dann sollten alle, die getauft seien, nach Mühlhausen ziehen und sich dort sammeln.

Wenn es des Beweises bedürfte, daß wir in diesen Agitationen eine Wiederauffrischung der Münzer'schen Empörung vor uns haben, die dem Denck'schen Täuferthum ursprünglich durchaus fremd war, so würde die Beziehung auf Mühlhausen, die überall wiederkehrt, einen hinreichenden Beleg liefern.

Es kann nichts falscher sein als die Behauptung, daß irgend ein ursächlicher Zusammenhang zwischen diesen revolutionären Bestrebungen und den Lehren Dencks oder der besseren Täufer überhaupt vorhanden sei. Es ist nachweisbar, daß die Mehrzahl derjenigen, welche Hans Hut getauft hat, von den oben angedeuteten Absichten nicht das Geringste wußte; nur einige wenige Personen schaarten sich um ihn zu einem Geheimbunde,[1]) wie es deren einzelne innerhalb jeder Religionsgemeinschaft zur Verfolgung weltlicher Zwecke unter religiösem Deckmantel gegeben hat. Auch innerhalb der evangelischen Kreise hat es in jener Zeit (zumal in den Reichsstädten) einzelne Geheimbünde gegeben — in den norddeutschen evangelischen Städten pflegte man sie „Schutterien" zu nennen —, die den Gesammtcharakter der Partei nicht alterirten. Es kam Alles darauf an, diese geheimen Gesellschaften zur Auflösung zu bringen oder, wenn dies unmöglich war, sie wenigstens von der Herrschaft auszuschließen. Während dies in den erwähnten evangelischen Städten glückte, erlangten späterhin bei den Täufern jene Kreise die Oberhand.

Es ist möglich, daß bei der Augsburger Versammlung vom Jahre 1527 die Absichten und Wünsche jenes geheimen Bundes zur Sprache kamen; jedenfalls steht soviel fest, daß der Convent beschloß, daß die Christen sich nirgends des Regiments auf ungesetzlichem Wege bemächtigen sollten, und in Folge dessen wurden wirklich die Pläne des Aufruhrs vorläufig bis ins Ungewisse hinaus geschoben. Dagegen wurden von der Versammlung diejenigen Männer ausersehen, die hinausziehen sollten, um als Apostel zu wirken, und so wurden u. A. nach Worms Ulrich

---

1) Dieser revolutionäre Geheimbund unter den Täufern nannte sich die „Wissenden". Es wird selbst von den Gegnern bezeugt, daß unter den Taufgesinnten damals der „Wissenden" nur sehr wenige waren. (Vgl. Jörg a. O. S. 685.)

Trechsel und Peter Scheppach, und in die Schweiz Hans Denck, Gregor Maler und Hans Beckenknecht abgeordnet.[1])

Der Reiseweg führte die Letztgenannten über Ulm, und da sie dort Freunde besaßen, so beschlossen sie, sich kurze Zeit daselbst aufzuhalten. Vorstand der Ulmer Täufergemeinde war in jenem Augenblick Wilhelm Reublin, der ehemalige Leutpriester zu S. Alban in Basel, welcher unter „den Brüdern" eine angesehene Stellung einnahm. Der Magistrat der Stadt erfuhr bald, daß die „Apostel" in Ulm sich aufhielten, und da war denn auch hier ihres Bleibens nicht länger.[2])

Wir wissen nicht, wohin die drei Abgesandten sich von Ulm aus zunächst begeben haben. Es ist sehr wahrscheinlich, daß die Beziehungen, welche sowohl Denck als Beckenknecht in Basel besaßen, in ihnen den Entschluß zur Reise brachten, dorthin ihre Schritte zu lenken. Obwohl die städtische Obrigkeit zu Basel noch unter dem 3. August 1527 ein scharfes Mandat erlassen hatte, welches befahl, daß kein Täufer im Gebiet der Stadt leben und Niemand einen solchen behausen solle, so konnten sie doch hoffen, daß es ihren Freunden gelingen werde, sie im Verborgenen zu halten und vor den Verfolgern zu schützen.

———

Als Denck somit etwa Ende September oder Anfang October in Basel ankam, war er an Geist und Körper gebeugt und leidend. Der Keim zu der Krankheit, die ihn wenige Wochen später hinraffen sollte, lag wohl schon in ihm. Aber was war der körperliche Schmerz gegenüber dem tiefen Seelenleiden, welchem er in seinen letzten Briefen und Schriften einen schwermüthigen Ausdruck

———

1) Röhrich in der Zeitschrift für hist. Theol. 1860, S. 32. Aus einem Brief der Stadt Augsburg an die Stadt Straßburg vom 20. Sept. 1527.

2) Am 16. Sept. 1527 theilte der Magistrat von Ulm der Stadt Augsburg mit, daß H. Denck, Hetzer und B. Beckenknecht eine Zeit lang sich in Ulm aufgehalten hätten.

giebt? Der Kampf, den er unter Aufopferung alles Lebensglücks, aller Ruhe und alles Friedens für ein echtes und reines Christenthum gekämpft hatte, schien einem unglücklichen Ausgang entgegen zu gehen.   .

Die Schicksalsschläge, die der vielgeprüfte Mann getragen hatte, die Verfolgung, Verläsierung, Noth, Elend und Kummer hatten die Spannkraft seiner Seelenkräfte zwar herabgestimmt, aber schwerer und niederdrückender war für sein reines Gemüth doch die Erfahrung, daß seine Lehren auch von denjenigen mißbraucht zu werden anfingen, die er zu einer „Kirche der Heiligen" hatte sammeln wollen. Seitdem er in Augsburg Gelegenheit gehabt hatte, zu erfahren, daß die ehemaligen Bauernführer sich seiner Ideen bemächtigten, um unter dem Aushängeschild einer gereinigten Lehre die socialen Verhältnisse umzustürzen und ihren weltlichen Trieben Befriedigung zu schaffen, hatte eine trübe Stimmung sich seiner bemächtigt. Die dunklen Wolken, die ohnedies über ihm und seinen Freunden schwebten, zogen sich finstrer zusammen und schwere Zwietracht schien aus den Bestrebungen zu erwachsen, die nach seinen Vorstellungen die Vereinigung aller guten Menschen zum Ziel haben sollten.

Denck fühlte und wußte wohl, daß er mit seinen religiösen Anschauungen zu den Lehren gerade derjenigen Männer in Opposition stand, denen die Massen des Volkes damals am lautesten zujauchzten. Der Grund, weshalb er seinen Abweichungen Worte lieh, lag in der Ueberzeugung, daß jene Lehren in ihren Consequenzen für die Kreise, die ihnen Beifall zollten, verderbliche Folgen haben mußten; der Gedanke, Uneinigkeit und Unfrieden anzurichten, lag ihm durchaus fern, ja er war ihm ein besonders schmerzlicher. „Mir thut es in meinem Herzen weh", sagte er, „daß ich mit manchem Menschen in Uneinigkeit stehen soll, den ich doch nicht anders erkennen kann, denn als meinen Bruder.". Auch lag ihm die Annahme fern, daß aus abweichenden religiösen

Ansichten nothwendig Haß und Zwietracht erwachsen müßten. Hatten nicht auch in der alten Kirche die verschiedensten Ansichten, wie sie z. B. in der Mystik und Scholastik des Mittelalters sich gegenüber standen, friedlich neben einander existirt? „Es scheint mir ein unbilliges Gesetz zu sein", äußerte er in seinen letzten Lebenstagen, „daß es nicht erlaubt sein soll, daß der Eine anders denkt als der Andere, vorausgesetzt, daß es sich nicht um Meinungen handelt, welche weder ertragen werden können noch dürfen". Und wie er versichert, daß sein Herz von Niemanden abgesondert und gegen Niemanden voll Haß sei, so hoffte er, daß auch die Herzen Anderer gegen ihn und seine Freunde stets in christlicher Nächstenliebe duldsam sein würden.

Man kann weder die religiösen Lehren noch das Verhalten Dencks recht verstehen, wenn man sich nicht erinnert, daß seine Anschauungen und Ideale den Bestrebungen der ausgezeichneten Männer verwandt sind, welche seit dem 14. Jahrhundert innerhalb des äußeren Rahmens der allgemeinen Kirche den engeren Bund der „Gottesfreunde" oder „Gotteskinder" bildeten. Der große Mystiker Heinrich Eckart und der hervorragende Prediger Johannes Tauler, die Verfasser der „deutschen Theologie" und der „Nachfolge Christi" und viele andere hochbegabte Männer (die leider der heutigen Generation viel weniger bekannt sind, als sie es verdienen), waren es gewesen, welche Hans Denck sich zum Vorbild genommen hatte. Auch jenen Männern und ihren Nachfolgern ist der Vorwurf nicht erspart geblieben, daß sie Trennungen anrichteten, aber Johannes Tauler konnte mit Wahrheit sagen: „Das sind keine Selten, daß sich Gottes Freunde ungleich ausgeben der Welt Freunden."

Dencks Thun und Denken war in den ersten Stadien den alten Vorbildern ungemein verwandt; bis auf den Namen herab (auch die Wiedertäufer nannten sich selbst ja „Kinder Gottes")

ist die Analogie der Bestrebungen nachweisbar. Es ist sehr wahrscheinlich, daß Denck, wenn die Gegenpartei nicht ihrerseits ihn
und die Seinen rücksichtslos ausgestoßen hätte, aus eigener Initiative bis zur äußerlichen Trennung und Aufrichtung einer eigenen
Kirche nicht fortgeschritten sein würde. Weder die Kirchen-
verfassung noch die Ceremonien sind von ihm in
irgend einer seiner Schriften angegriffen oder her-
abgesetzt worden. Nach seiner ganzen Denkweise hatte selbst
die zweite Taufe für ihn nicht die fundamentale Bedeutung, daß
man deswegen zu Unfrieden und Trennung hätte fortschreiten
müssen.

Im Gegentheil war Dencks ganzes Streben dahin gerichtet,
den streitenden Religions-Parteien, die er wegen äußerlicher Differenzen in heftigem Kampf begriffen sah, die höheren Vereini-
gungspunkte vor Augen zu führen, die das Wesentliche aller
Religion und alles Glaubens ausmachten. Fast in jeder seiner
Schriften betont er diesen vornehmsten Zweck seines Thuns.
„Ich besorge“, sagt er, „man versündige sich hart, daß man soviel
vergebener Worte auf beiden Seiten redet. Wozu ist es dir nütze,
wenn du alle äußerlichen Dinge auf einmal verachtest, wozu aber
ist es dir nütze, wenn du sie schon alle erhieltest?“ „Lehre
beinen Bruder Gott erkennen, so wird er ihn allein
hoch halten.“ „O ihr Lieben, mache keiner Zank, wo nicht
Zankens Noth ist, und leide ein Jeder soviel Unrecht als ihm
nicht schadet für das Reich Gottes.“ Und ähnliche Stellen ließen
sich zahlreich beibringen.¹)

Der Schwerpunkt von Dencks Lehrsystem liegt in der fort-
währenden Ermahnung zur Besserung des Herzens, Hingabe und

---

1) Vgl. den unten folgenden Auszug aus dem letzten Briefe Dencks an
Oecolampad, wo er sagt, sein einziges Streben gehe dahin, daß recht viele
eines Herzens und Mundes Gott rühmen, ob sie beschnitten seien oder getauft
oder keins von beiden.

Selbstentäußerung, wie die Liebe zu Gott und dem Nächsten sie fordert. Wer kann sagen, daß in diesen Sätzen der Keim zur Sektenbildung oder Trennung enthalten sei? Nicht Denck ist es gewesen, in welchem der Gedanke der Absonderung zuerst aufgetaucht ist, vielmehr haben ihn diejenigen, welche ihm aus seinem Glauben ein Verbrechen machten und ihn ausstießen aus ihrer Gemeinschaft, gezwungen, seinen abweichenden Ansichten öffentlich Ausdruck zu geben. Doch hat er dies stets in einer Form gethan, welche deutlich erkennen ließ, daß er gegen Niemanden Haß und Verachtung erwecken wollte.

Indem er nun seine Lehren vortrug, fielen ihm die Herzen der Menschen in unerwartetem Maße zu. Es schien einen Augenblick, als ob es wirklich gelingen könne, eine große Zahl seiner Zeitgenossen zu einer reineren und glücklicheren Weltanschauung emporzuziehen und sie von den sittlichen Irrwegen abzulenken, auf welchen Viele begriffen waren. Da er die Ueberzeugung hatte, daß demjenigen, welchem Gott Einsicht und Kraft verliehen habe, die Pflicht obliege, sich das Unglück der Verachteten und Kleinen dieser Welt zu Herzen gehen zu lassen, so näherte er sich den „armen, einfältigen Leuten", auf welchen der Druck einer schweren Zeit lastete, und gab ihnen in seinem eigenen Leben ein Beispiel selbstloser Pflichterfüllung. Da diese Menschen das Bedürfniß fühlten, für den neuen Bund, den sie stifteten, ein Bundeszeichen zu besitzen, so willigte Denck in die zweite Taufe; nicht als ob er darin ein wesentliches Stück der neuen Gemeinschaft oder ein Trennungsmoment von anderen gutgesinnten Menschen gesehen hätte, sondern weil er der Partei dadurch ein Bindemittel gab, dessen die Führer, die er bei seinem Eintritt vorfand, nicht entrathen zu können glaubten. Gott ist mein Zeuge, sagt er, daß ich keiner Trennung als solcher hold bin, sondern daß ich nur einer Gemeinschaft, die die Kirche der Heiligen ist, gut zu sein wünsche, wo sie auch sein mag.

Es läßt sich indessen nicht bestreiten, daß die Zulassung der Wiedertaufe, falls ihm wirklich nur ein Bund nach Art der alten „Gottesfreunde" vorschwebte, doch ein großer Fehler war. Aber man würde ihm Unrecht thun, wenn man die Schuld hierfür ausschließlich ihm zuschieben wollte. Er glaubte und hoffte, wie oben gesagt, daß ein friedliches Zusammenleben auch bei verschiedenen Anschauungen und Formen möglich sei, und daß es nicht möglich wurde, lag doch mindestens ebenso sehr an dem Haß der Gegner als an seinem Irrthum.

Es scheint, als ob Denck in seinen letzten Lebenstagen diesen Fehler erkannt habe. Sebastian Franck erzählt uns — und wir haben allen Grund, ihm zu glauben —, daß Denck zuletzt „die Wiedertaufe widerrathen habe, weil zu diesem Amte ein gewisser Befehl und Beruf gehöre, auch habe er an seiner Berufung gezweifelt und gewollt, er hätte nie getauft."[1]) Denck selbst bestätigt diese Worte, indem er in seinem letzten Bekenntniß sagt: „Jedermann sehe, daß er nicht eher diene, ehe er gedingt ist, denn wer nicht berufen und gesandt ist, zu lehren, der untersteht sich vergeblich, zu taufen. Deshalb würde ich (so Gott will) mit dem Taufen ewiglich still stehen, wenn ich keinen anderen Beruf (scil. als ich bisher gehabt) vom Herrn haben würde. Was ich gethan habe, ist geschehen, was ich aber thun will, wird Jedermann ohne Schaden sein. Der Eifer um des Herrn Haus hat mich ausgeschickt und hat meinen Verstand wiederum heim gerufen. Recht thun im Hause Gottes ist allemal gut, aber Botschaft werben an die Fremden ist nicht Jedermann befohlen."

Man hat im Anschluß an dieses Geständniß gesagt, daß Denck kurz vor seinem Ende seine ganze Lehre widerrufen habe.[2]) Nichts ist falscher als diese allgemeine Behauptung. Es ist wahr, daß er den Irrthum, der in der Einführung einer neuen Art von

---

1) Chronik III, 390.
2) Vgl. Erbkam, Protest. Sekten, S. 563, Anm. 3.

kirchlicher Ceremonie lag, eingesehen und bekannt hat, aber in den
Hauptsätzen seiner religiösen Anschauungen hat er nicht das Geringste geändert oder zurückgenommen. Wir sind glücklicherweise
im Stand, diese Thatsache aus dem Bekenntniß, welches kurz vor
seinem Tode von ihm niedergeschrieben ist, im Einzelnen zu beweisen; jedoch wollen wir, ehe wir hierauf eingehen, die Schicksale
und die Stimmungen seiner letzten Tage kurz erzählen.

Als er nach Basel kam, fühlte er sich müde und matt; ab-
gehetzt, von Ort zu Ort gejagt, heimathlos und ohne Mittel um-
herirrend, war er körperlich der Erholung und der Ruhe im höchsten
Grade bedürftig. Er konnte auch in Basel keine Duldung erwarten, sobald er entdeckt wurde. Da that er den schweren Schritt
und wandte sich brieflich an seinen alten Lehrer und Freund,
Joh. Oecolampad, mit welchem er seit langer Zeit absichtlich jeden
Verkehr vermieden hatte.[1]) Oecolampads Wort galt damals sehr
viel in Basel, und wenn er sich entschloß, sich für Denck bei dem
Magistrat zu verwenden, so war für den Letzteren die Möglichkeit
zu einem längeren Aufenthalt gewonnen. Denck wußte, daß Oecolampad, obwohl er sich zu Zwingli hielt, in einzelnen Punkten
zu täuferischen Ansichten hinneigte[2]); war nicht zu hoffen, daß die
Rücksicht auf den Mann, der ihm persönlich früher so nah gestanden hatte, die religiösen Differenzen überwiegen würde? Das
Schreiben, welches Denck an ihn richtete, ist uns erhalten und
verdient eine nähere Beachtung, als ihm bis jetzt zu Theil geworden ist.

„Ich erinnere mich noch", schreibt Denck, „welche Gesinnung
Du, lieber Oecolampad, ehemals gegen mich hegtest, als ich mich
hier bei Curio aufhielt; ich habe noch im Gedächtniß, wie freund-

<hr/>

1) Der Brief ist unten (in den Beilagen) wieder abgedruckt.
2) Heberle hebt ausdrücklich hervor, daß Oecolampad „mit der anabap-
tistischen Richtung in einer inneren Verwandtschaft stand." Zeitschr. f. histor.
Theol. 1857, S. 307.

lich und brüderlich Du mich zuerst aufnahmst, wie sehr Du mich
dann in Deinen Schutz genommen hast. Wenn Du Dich wun-
derst, warum ich später aus der Ferne nicht an Dich geschrieben
habe und bei meinem hiesigen Aufenthalte Dich nicht besuchte, so
ist der Grund dafür, weil ich fürchtete, daß mir, da ich ja ein
Mensch bin, mit Andern dasselbe begegnen könnte, was sich mit
Osiander vordem zugetragen hat. Wenn hierin meine Furcht gefehlt hat, siehe, so bekenne ich gern meine Schuld. Und es
wird mich weniger mein Exil und meine Verbannung verdrießen,
je mehr ich es als wahr erkenne, daß ich gegen Jemanden gefehlt
habe. Dennoch verdrießt mich nichts von allen Schicksalsschlägen,
die ich bisher erduldet habe, da ich ein gutes Gewissen in mir
trage."

„Jetzt vernimm, welches der Anlaß für mich ist, an Dich zu
schreiben. Ich bin bisher so sehr in der Verbannung umherge-
irrt, daß ich gern an irgend einem Platze sicher leben möchte,
wenn Gott es so zuläßt. Bei Unbekannten kann ich dies nicht,
da ich fast zu allen Arbeiten unfähig bin;[1]) bei Freunden und
Bekannten aber konnte ich es nicht, weil der Verdacht gegen mich
rege war, daß ich ein Begünstiger der Sekten und Urheber irriger
Dogmen sei. Gott ist mein Zeuge, daß ich nur einer Sekte,
welche die Kirche der Heiligen ist, gut zu sein wünsche, wo sie auch
sein mag."

Um sofort die Annahme zu beseitigen, als wolle er die Unterstützung des Oecolampad um den Preis seiner Ueberzeugungen
erkaufen oder als habe er seine Anschauungen gewechselt, fährt er
fort, er könne nicht glauben, daß das Ideal der Kirche, wie sie
ihm vorschwebe, in der Gemeinschaft, welcher Oecolampad sich angeschlossen habe, zu finden sei, ja, er könne nicht einmal den Begriff des Christen, wenn er ihn im strengsten Sinne fasse, unein-

---

1) Denck bezieht dies offenbar auf seinen leidenden Zustand, der sich rasch
der Krisis näherte.

geschränkt für die Anhänger dieser Gemeinschaft gelten lassen. Andererseits wolle er freilich seine Anschauungen keineswegs als unfehlbare hinstellen, ja, er gebe zu, daß er sich hier und da geirrt und daß er sich vielfach so ausgedrückt habe, daß er wünschen müsse, geschwiegen zu haben.[1])

Die Differenzen, in welchen er sich mit Oecolampad befinde, hinderten ihn nicht, dem Letztern die alte Verehrung entgegenzubringen, und in gleicher Weise hoffe er, daß auch Oecolampad es ertragen werde, wenn er an ihm (Denck) etwas zu vermissen glaube.

„Hart ist für mich die Heimathlosigkeit und drückend, aber mehr noch drückt mich dies, daß meinem Eifer der Erfolg und die Früchte so wenig entsprechen. Um keine andere Frucht aber ist es mir zu thun (Gott weiß es), als daß recht Viele eines Herzens und Mundes Gott, den Vater unseres Herrn Jesu Christi, rühmen, ob sie beschnitten oder getauft sind oder keins von beiden. Denn ich bin ganz anderer Ansicht als die, welche das Reich Gottes allzusehr an die Ceremonien und die Elemente dieser Welt binden, wer sie auch sein mögen.“

„Wenn Du glaubst, daß diese Grundsätze irgendwie geduldet werden könnten, so gieb Dir, ich bitte Dich, Mühe, daß es mir erlaubt werde, hier eine Zeit lang zu bleiben.“

Um etwaige Bedenken des Oecolampad zu beseitigen, weist Denck zum Schluß noch einmal darauf hin, daß ihm fälschlich zugemessen werde, er habe den Wunsch gehabt, daß Alles verwirrt und verkehrt werden möge. Er wolle, sagt er, den falschen Verdacht, den man gegen ihn gehegt habe — vielleicht hege auch Oecolampad denselben — mit Nachsicht beurtheilen, hoffe aber auch, falls man etwas an ihm tadeln zu müssen glaube, für sich Nachsicht erwarten zu dürfen.

---

1) In der That war die dunkle Sprache, die Denck liebte, vielfach mißverstanden und gerade von seinen Anhängern in einem Sinn ausgelegt worden, den er nicht mit den Worten verknüpft hatte.

„Ich würde selbst zu Dir gekommen sein", fügt Denck hinzu, „um Rücksprache mit Dir zu nehmen, wenn nicht die Rücksicht auf meinen Gastfreund mir verböte, auszugehn. Denn Du kennst ja das Edict. Theile mir mit, was Du willst und was Du mir räthst, durch Bentinus."

In diesem Briefe ist die Stelle besonders wichtig, wo Denck versichert, sein höchstes Streben sei gewesen, daß recht viele Menschen eines Herzens und Mundes Gott loben möchten, d. h. daß die Menschen in Frieden und Eintracht zu echter Frömmigkeit geführt würden, gleichviel unter welchen kirchlichen Formen ihr Gottesdienst sich vollziehe.

Wie die Menschen zu Dencks Zeit waren und wie sie auch heute noch meistens sind, war die Hoffnung eine vergebliche, daß das Ziel wahren Friedens und echter Frömmigkeit trotz verschiedener kirchendienstlicher Formen erreicht werden könne; die Majorität sieht in diesen Formen noch immer das wichtigste und wesentlichste, und ein Bund wahrer „Gottesfreunde" aus verschiedenen Kirchen und Confessionen setzt eine Höhe der geistigen und sittlichen Entwicklung voraus, wie sie in den breiteren Volksschichten nicht leicht zu finden sein wird.

Denck sah wohl ein, daß der Versuch, den er in dieser Richtung gemacht hatte, mißlungen war, und zwar zum Theil durch seinen eigenen Irrthum mißlungen war. Die „Brüder", die er zum Bunde gesammelt hatte, machten aus den äußeren Zeichen bald abermals das Wesentliche ihres Glaubens und Gottesdienstes, und anstatt den Vereinigungspunkt aller Gottesfürchtigen zu bilden, richteten sie neue Trennungen an und stellten sich feindlich allen denen gegenüber, die die zweite Taufe nicht empfangen hatten. Deshalb konnte Denck mit Recht sagen, daß seinem Eifer die Früchte und der Erfolg so wenig entsprachen.

Der Brief fand bei Oecolampad eine freundliche Aufnahme. Wir wissen nicht, ob er sofort Schritte gethan hat, um Denck die

Erlaubniß zum Aufenthalt zu verschaffen; jedenfalls eilte er in Dencks Wohnung und überzeugte sich hier rasch, daß bei dessen Gesundheitszustand eine solche Erlaubniß bald gegenstandslos werden könne. Oecolampad hat offenbar die Hoffnung gehegt, daß es ihm gelingen werde, Hans Denck, der in einem Punkte so offen seinen Irrthum eingestand, auch in anderen Fragen von seinen früheren Ansichten zurückzubringen. Er hat deshalb, wie uns überliefert ist, die wenigen Wochen, welche Denck noch lebte, sehr fleißig zu Disputationen mit ihm benutzt. Allein Oecolampad hat den Zweck, der ihm vorschwebte, keineswegs erreicht. Denck, dessen mildes Herz sehr zum Frieden neigte, ließ sich auf Oecolampads Wunsch und in der Absicht, seine vielfach mißverstandenen Lehren in klaren Worten zu erläutern, dazu bestimmen, seine Ansichten noch einmal kurz zusammenzufassen. Er hat dies letzte Bekenntniß handschriftlich dem Oecolampad übergeben und auf dessen Veranlassung ist dasselbe späterhin unter dem Titel „Hans Dencken Widerruf" veröffentlicht worden. Dieser Titel rührt nicht von Denck her und würde von ihm niemals zugelassen worden sein, da das Bekenntniß nichts weniger als ein Widerruf ist. Aber es ist ja erklärlich, daß man in der öffentlichen Meinung die Vorstellung zu erwecken wünschte, daß Denck sich vor seinem Tode bekehrt habe. In einer privaten Aeußerung freilich räumte Oecolampad selbst ein, daß auch dies Bekenntniß keineswegs in seinem Sinne ausgefallen sei.[1]

---

1) Oecolampad schreibt am 9. Nov. 1528 an einen Freund, welcher ebenfalls von dem angeblichen „Widerruf" Dencks gehört haben mochte, es sei kein ganz leeres Gerücht, daß Denck zuletzt anderen Sinnes geworden sei. Dann führt er fort: „Est apud me αὐτόγραφον ejus et fortassis, si sui negaturi sunt, edemus olim, quae ante paucos dies suae in Domino quietis scripsit, etiamsi nec illa purgatissima erant. Die Sinnesänderung, von der Oecolampad spricht, haben wir oben bereits erwähnt. Der Brief ist abgedruckt in dem Monumentum instaurati Patrum memoria per Helvetiam regni Christi et renascentis Evangelii etc. Basileae 1591, pag. 784. — Obwohl also nach dem eigenen Zeugniß des Oecolampad von einem eigentlichen „Wider-

Oecolampad erzählt uns, daß Denck diese Aufzeichnungen
wenige Tage vor seinem Tode gemacht habe, und es ist bereits
von neueren Schriftstellern bemerkt worden, daß man aus der
Lectüre den Eindruck gewinnt, daß diese Worte im Vorgefühl des
Todes geschrieben sind. In diesen feierlichen Augenblicken hatte
Denck noch mehr als sonst den Wunsch, seine Gegner zu versöhnen und die Wogen des Hasses zu beschwichtigen, die er während seines Lebens hatte erdulden müssen. Zwar war es ihm
unmöglich, diesem Wunsch durch Verleugnung seiner Ueberzeugungen Genüge zu thun, aber er konnte durch bessere Erläuterung
seiner früheren Schriften und durch Milderung etwaiger Schärfen
wenigstens Einiges erreichen, vielleicht sogar einzelne seiner Gegner
auf seine Seite ziehen. Deshalb stehen im Eingang der kleinen
Schrift die Worte: „Protestation und Bekenntniß etlicher Punkte
halben, in welchen sich Hans Denck (kurz vor seinem Ende) selbst
weiters erklärt und ausgelegt hat." Er wolle, sagt Denck in
diesem Bekenntniß, sein Herz entdecken, damit man erkennen
möge, wo ihm seine Worte zu kurz aufgefaßt worden, oder was
sein Herz gemeint habe, wenn schon der Mund sich irrte.

Indem wir den wesentlichen Inhalt des merkwürdigen Schrift-
stücks hier wiedergeben, wird man bemerken, daß einzelne Wendungen, die wir bereits früher erwähnt haben, fast wörtlich wiederkehren.

Denck geht abermals von den Grundlagen des Glaubens

---

ruf" nicht die Rede sein kann, so berichtet doch die mehrerwähnte Chronik des
Joh. Keßler, daß Denck dem Oecolampad gegenüber seine Lehren widerrufen
hätte und „in reiner Erkenntniß der Wahrheit ganz christlich von dieser Erde
abgeschieden sei". Auch hier ist der Wunsch der Vater des Gedankens. (S.
Götzinger a. O. II, 122.) Der erste, der mit Entschiedenheit die Behauptung,
daß Denck widerrufen habe, in neuerer Zeit zurückgewiesen hat, ist G. W. Röhrich
(Essai etc. pag. 31): „Il faut se garder de croire, que Denck dans ses
derniers moments ait songé, a renier les théories pour lesquelles il avait
suffert pendant toute sa vie et qu'il se soit uni complétement au parti
orthodoxe; il reste toujours fidèle à ses convictions antérieures."

aus. Die heilige Schrift, sagt er, halte ich höher als alle irdischen Güter und Schätze, aber nicht so hoch als das Wort Gottes, das da lebendig, kräftig und ewig ist, welches von menschlichen Zuthaten und Elementen frei ist. Denn in ihm haben wir eine unmittelbare Manifestation des ewigen Geistes vor uns und es ist selbst Geist und kein Buchstabe, ohne Feder und Papier geschrieben und kann nimmer verloren gehen oder vernichtet werden.

Darum ist auch die Seligkeit an die heilige Schrift nicht gebunden, wie nützlich und gut sie immer dazu sein mag. Ein Mensch, der von Gott erleuchtet und erwählt ist, kann ohne Predigt und Schrift selig werden. Nicht daß man darum keine Predigt hören oder die Schrift nicht lesen soll, sondern weil sonst alle Ungelehrten nicht selig werden könnten, da sie nicht lesen können, und gar Viele, ganze Städte und Länder, da sie nicht Prediger haben, die von Gott gesandt sind.

Ihr sagt, daß wir selig werden durch Christi Verdienst, Genugthuung und Leiden. Ja, es ist wahr, es wird Niemand selig, der den Geist Christi, d. h. den Geist der Liebe, nicht hat und Christus, der ewige Geist, ist Mensch geworden und hat für uns gelitten, damit wir ihn erkennen könnten und durch ihn selig würden. Aber Niemand kann ihn in Wahrheit erkennen als derjenige, der den Geist Christi hat, d. h. nur derjenige, welcher den Willen zum Guten besitzt, wird von Christo mit wahrer Erkenntniß begnadigt, „gerüstet und gewaffnet mit Sinnen und Gedanken wie Christus gewesen ist".

„Wer sich aber auf die Verdienste Christi verläßt und nichtsbestominder in einem fleischlichen, viehischen Leben fortfährt, der hält Christum wie vor Zeiten die Heiden ihre Götter hielten, als ob er sie nicht achte. Das ist eine Gotteslästerung, deren die Welt voll ist."

Wer „im alten Leben liegt" und in Sünden wandelt, dennoch aber von sich sagt, er habe den rechten Glauben, der versteht unter „Glauben" gewiß nicht den wahren Glauben. Denn „Glaube"

ift der Gehorfam gegen Gott und die Zuverficht zu feiner Ver=
heißung durch Jefum Chriftum. Wo in diefem Sinn kein „Glaube"
vorhanden ift, da möge man fich nicht auf Chrifti Verdienft ver=
laffen; denn wer von der Knechtfchaft der Sünde fich nicht be=
freit, der wähnt vergeblich, daß Chriftus durch fein Leiden ihn
davon befreien oder erlöfen werde.

Ihr ftreitet euch fo heftig um den f r e i e n oder u n f r e i e n
Willen; wenn Ihr die Sache nur recht verfteht, fo werdet Ihr
bald fehen, wie nichtig diefer Streit ift und nur ein Streit um
Worte. Ich kann meinen Willen in Gottes Willen geben — in=
fofern bin ich f r e i; aber auf dem Wege Gottes einherzugehen,
d. h. das Gute zu v o l l b r i n g e n, vermag ich nur, foweit ich
von Gott dazu geftärkt bin, oder foweit mir Gott feine Mitwir=
kung („Gnade") dazu leiht — infofern bin ich u n f r e i. Ich
kann auch das Böfe wollen — infofern bin ich f r e i; aber indem
ich es thue, werde ich b e h e r r f c h t von böfen Trieben und dann
bin ich u n f r e i.

Man darf nicht fagen, daß die guten Werke, die wir thun,
von uns ihren Urfprung haben oder daß wir deren alleinige Ur=
heber find; uns wird nur das zugerechnet, daß wir die Gnade,
die Gott uns angeboten hat, nicht gänzlich ausfchlagen. Alles
Gute entfpringt aus einem Quell, nämlich aus dem „Wort",
welches von Anfang bei Gott gewefen und in den letzten Zeiten
Fleifch geworden ift. Wohl dem Menfchen, der die Gaben Gottes
nicht verachtet. In diefem Sinne wird Gott einem Jeglichen
geben nach feinen Werken, dem Böfen ewige Strafe nach dem
Maße feiner Gerechtigkeit'), dem Guten das ewige Leben nach feiner
Barmherzigkeit. Das ift, nicht daß Jemand von Gott etwas ver-

---

1) Man braucht nach diefen Worten nicht anzunehmen, daß Denck die
ewige Pein der Verdammten darin zugeftehen wolle. Der Zufatz, den er bei=
fügt, indem er fich auf Gottes Gerechtigkeit und Barmherzigkeit beruft, läßt
die Deutung zu, daß er das Wort „ewig" in demfelben Sinne gebraucht wie

biene, daß er ihm etwas schuldig sei, sondern aus Gnade giebt er es uns. Er siehet auf den Glauben und die guten Werke, läßt sie sich wohlgefallen und belohnet sie.

Wo solche Menschen sind, die jenen Brunnquell alles Guten, den Geist der Liebe, der in Christo sich geoffenbart hat, hochhalten, und in seine Fußstapfen treten, die freuen mich und ich habe sie lieb. Wer aber mich nicht hören mag in Sachen, die da streitig sind, mit denen kann ich nicht viel Gemeinschaft haben, denn ich spüre den Sinn Christi nicht bei solchen, sondern einen verkehrten, der mich mit Gewalt von meinem Glauben bringen und zu dem seinen zwingen will, gleichviel ob er recht sei oder nicht. Und ob er schon Recht hat, so mag der Eifer wohl gut sein, aber er brauchet ihn ohne Weisheit. Denn er sollte wissen, daß es mit den Sachen des Glaubens Alles frei, willig und ungezwungen zugehen sollte.

Mit diesem Gewissen erwarte ich fröhlich und unerschrocken das Urtheil Jesu Christi. Ich will mich darum nicht als Gerechten hingestellt haben, sondern ich weiß und erkenne wohl, daß ich ein Mensch bin, der geirrt hat und noch irren mag.

Denck erkannte in den bis dahin von ihm erörterten Punkten durchaus die Summe aller Lehren, über welche es nothwendig sei, sich klar zu sein, um fröhlich und unerschrocken vor den Richterstuhl des höheren Richters hintreten zu können. Alles Andere schien ihm nebensächlich und nicht des Streites werth.

„Darin beweisen sich die Menschen am allermeisten als Menschen", fährt er fort, „wenn sie so hart um äußerer Elemente willen zanken. Wer sie zu viel verachtet, betrübt die unwissenden Menschen; wer sie zu hoch hält, verringert die Ehre Gottes. Ceremonien an sich selbst sind keine Sünde, aber wer vermeint, etwas dadurch zu erlangen, sei es durch Taufen oder Brodbrechen,

---

es in der heiligen Schrift nach Denck's Auslegung mehrfach gebraucht ist, nämlich in dem Sinn von „unabsehbar lang".

der hat einen Aberglauben. Ein Gläubiger ist frei in äußerlichen
Dingen, doch wird er sich nach seinem Vermögen befleißigen, daß
die Ehre Gottes durch ihn nicht gemindert und die Liebe des
Nächsten nicht sträflich verachtet werde. Wer sich um die Ceremonien hart bemüht, der gewinnt doch nicht viel, denn wenn man
schon alle Ceremonien verlöre, so hätte man doch keinen Schaden,
und zwar wäre es besser, sie zu entbehren, als sie zu mißbrauchen.

Wenige Tage, nachdem Denck diese Worte niedergeschrieben
hatte, erlöste ihn eine tödtliche Krankheit von seinen Leiden.
Sanft und ruhig soll er entschlafen sein.

Während zu derselben Zeit Dencks Freunde und Schüler auf
dem Scheiterhaufen oder dem Blutgerüst ihren Geist aufgaben,
hatte die Vorsehung ihm ein leichteres Loos beschieden. Die
Ruhe und das stille Plätzchen, nach dem er sich so sehr sehnte,
ward ihm in vollkommenerem Maße, als er es hatte ahnen
können. Als die Nachricht davon hinausdrang in die Kreise der
Männer, die den Lebenden gekannt hatten, spiegelte sich in der
Bewegung, welche sie hervorbrachte, die Bedeutung des Mannes
wieder, der dahingegangen war. Man betrachtete diesen Tod als
einen großen Sieg der eigenen Sache und war eifrig bemüht,
auch die Spuren dieses Erdenlebens zu verwischen. In der That
ist in den traurigen Jahrhunderten, wo Krieg und Zwietracht
und Verfolgung unser Volk an den Rand des Abgrunds führten,
dieser „Apostel" des Friedens fast ganz vergessen gewesen. Ein
Gesinnungsgenosse Dencks schrieb wenige Jahre nach dessen Tod
die merkwürdigen Worte nieder: „Die Welt will des theuren
Mannes Worte nicht beachten; wohlan, wenn die Zeit des Un-
glücks hereinbricht, wird sie sich sagen müssen, daß sie des Verderbens eigne Urheberin sei; billig und recht wird sie schwere
Schicksale leiden."

Die Vorhersagung ist in furchtbarerer Weise wahr geworden,

als derjenige, der sie niederschrieb, ahnen konnte. So lange man
Dencks Wort verachtete, „daß es mit den Sachen des
Glaubens Alles frei, willig und ungezwungen zugehen sollte", hat ein unglücklicher Stern über Deutschlands
Schicksalen gewaltet. Wer beschreibt den Kummer und das Elend,
welches durch den gegenseitigen Haß der verschiedenen Religions-
parteien heraufbeschworen worden ist? Hätte man Dencks Mahnung beherzigt, daß wir Diejenigen nicht hassen sollen, die eben
den Gott anbeten, den wir anbeten und eben den Vater ehren,
den wir ehren, und daß man um äußerlicher Ceremonien und
Kirchengebräuche willen keinen Krieg oder Zank erheben soll, so
wäre Vieles anders und Vieles besser in der Welt gewesen.

Fast drei Jahrhunderte sind nöthig gewesen, um den Ideen
Dencks Raum zu schaffen. Die Gedanken und Bestrebungen,
welche im 16. Jahrhundert nach blutigen Kämpfen unterlagen,
sind heute bis zu einem gewissen Grade siegreich in das Bewußtsein der gebildeten Menschheit übergegangen.[1]

Aber nicht allein die Lehren einer echten Toleranz sind das
geistige Eigenthum des Mannes, welcher damals verlästert und
verfolgt wurde, sondern auch andere grundlegende Begriffe echter
Religiosität. Die Auffassung des seligmachenden „Glaubens" als
Umwandlung des Herzens zur Selbstentsagung und Nächstenliebe
ist nicht nur nicht eine Idee Luthers oder des ursprünglichen Pro-

---

1) Diese Beobachtung stimmt vollkommen mit den Resultaten anderer
Forscher, die sich mit Denck beschäftigt haben, überein. So sagt G. W. Röhrich
a. O. S. 37: „Il ne faut pas s'y tromper: beaucoup de ces idées, qui
ont pu être considérées il y a trois siècles comme des hérésies dangereuses
comme antichrétiennes, sont acceptées aujourd'hui générale-
lement par — la vie et la conscience religieuses. — Leurs
auteurs, leurs défenseurs couverts d'opprobre par leurs contemporains
se présentent au jugement plus impartial de la postérité sous une face
toute differente; nobles et généreux quelquefois, dignes de pitié toujours."
— Der Straßburger Theologe Baum sagt (Capito und Butzer, S. 371): „Mit
manchen Ansichten und Grundsätzen hatten diese Leute zum Theil das einzige
Unrecht, daß sie dreihundert Jahre zu früh kamen."

teſtantismus, ſondern ſie iſt von dieſen als grundverkehrte· Lehre
bekämpft worden.[1]

Das Unrecht, welches den Männern der Denck'ſchen Partei
wiederfahren iſt, kann von den Nachkommen nicht wieder gut gemacht werden. Doch hat der Hiſtoriker die Pflicht, dafür zu
ſorgen, daß ungerechte Anklagen, die gegen ſie aufgebracht worden
ſind, nicht verewigt werden, und durch wahrheitsgetreue Dar-
ſtellung muß die Geſchichtſchreibung dahin ſtreben, daß das Eigenthumsrecht an den Ideen, für welche ſie gelitten haben, ihnen
nicht entriſſen oder ſolchen Perſonen zugeſchrieben werde, welche
dieſe Gedanken nachweislich auf das entſchiedenſte bekämpft haben.

Diejenigen· freilich, welche noch heute von den Traditionen
der Religionskriege und von dem Kampfruf: Hie Rom! Hie
Wittenberg! beherrſcht werden, können einer unparteiiſchen Beurtheilung ſolcher· Männer, welche dieſen ·Kampf verabſcheuten
und weder auf der einen noch anderen Seite fechten wollten,
nur ſchwer Raum geben. Doch darf man die Hoffnung hegen,
daß ſich das religiöſe Leben des deutſchen Volkes nicht für ewige
Zeiten in dieſen Gegenſätzen erſchöpfen wird.

---

1) Der berühmte Kirchenhiſtoriker Karl Haſe ſagt (Neue Propheten, 2. Aufl.
Lpz. 1861, 3. Heft. S. 7), das Täuferthum zeige „nach der einen Seite hin eine
echt proteſtantiſche, die erſte Geſtalt des Proteſtantismus ſchon über-
ragende, der neueren Zeit zugewandte Art". Das iſt vollkommen richtig.
Aber völlig unbegreiflich iſt es, wie derſelbe Autor an anderer Stelle (a. O. S. 2)
ſchreiben kann, der „Proteſtantismus" habe den Gedanken aufgebracht, daß der
Glaube, der allein ſelig macht, „nicht im hergebrachten Sinne als Fürwahrhalten aller von der Kirche feſtgeſtellten Glaubensſätze, ſondern als eine gänzliche
Umwandlung des Herzens, welches von ſich ſelbſt und von allem Vergänglichen ablaſſend fortan allein in Chriſtus ruhen und leben will" aufzufaſſen
ſei. Daß der Wille des Menſchen, und alle daraus fließenden Reſultate, die
Entſagung und Aufopferung u. ſ. w. mit dem ſeligmachenden Glauben oder der
Rechtfertigung nach Luthers Anſicht nicht das geringſte zu thun hat, geht doch
(abgeſehen von den ausdrücklichen Ausſprüchen der Reformatoren) ſchon daraus
mit Evidenz hervor, daß das unverfälſchte Lutherthum ehemals und heute jede
Freiheit des Willens leugnet. Ich glaube in dieſer Beziehung oben die
nöthigen Beweiſe beigebracht zu haben.

Beilagen.

Bibliographische Notizen über Denck Schriften.

1.

Wer die warhait | warlich lieb hat, mag sich hierinn | brüfen im erkandtnuß seynes | glaubens, auf das sich nye|mandt in im selbs erhe|be, Sonder wisse, von wem man weißhait bitten und entphahen soll. — Die forcht · Gottes ist ain anfang der weyßhait. Hanns Denck. D. D. u. 3.

Diese (anscheinend erste) Ausgabe dürfte im Jahre 1525 gedruckt worden sein. Sie enthält 8 Bl. 8⁰; das letzte Blatt ist leer. — Die Schrift wird bei Weller Rep. typ. nicht erwähnt.

Exemplare davon habe ich in der Hof- und Staats-Bibliothek zu München (2) und in der Königl. Bibliothek zu Berlin (1) ermittelt.

Eine andere Ausgabe ist zusammen mit dem „Gesetz Gottes" und der „wahren Liebe" im Jahre 1550 zu Zürich bei Froschauer erschienen. Sie enthält 7 Bl. 8⁰; das letzte Blatt ist leer. Sie stimmt inhaltlich vollkommen mit der ersten überein.

Hier ist die erste Ausgabe benutzt worden.

2.

Was geredt sei, das die | Schrifft sagt, Gott thue und mache guts | und böses. Ob es auch billich, das | sich yemandt enschuldige der | Sünden und sy Gott überbinde. M. D. XXVI. D. D.

Die einzige ermittelte Ausgabe scheint zu Augsburg gedruckt worden zu sein. Sie enthält 4 Bogen 4⁰; das letzte Blatt ist leer. — Die Schrift wird bei Weller a. O. nicht erwähnt.

Exemplare haben sich gefunden in der Königlichen Bibliothek zu Berlin, in der Hof- und Staatsbibliothek zu München, in der Bibliothek der Taufgesinnten Gemeinde zu Amsterdam und in der Universitäts-Bibliothek daselbst, in der Großh. Universitäts-Bibliothek zu Heidelberg, in der Herzoglichen Bibliothek zu Wolfenbüttel und im Besitze des Verfassers dieser Monographie.

Vgl. übrigens Panzer, Annalen II, 460 und Will, Beiträge I, 4.

Von mir ist mein eigenes Exemplar benutzt worden.

3.

Ordnung Gottes, und | der Creaturen werd: zu verstören | das
geticht gleißnerisch außreden der falschen | und faulen außerwelten, auff
das die warheyt raum hab zuverbringen das ewige unwandelbare
wolgfallen Gottes | Coloss. 1. Ephes. 1. Hanns Denck. D. D. u. I.

Die einzige ermittelte Ausgabe scheint im Jahre 1526 gedruckt
worden zu sein. Als Druckort möchte ich Augsburg vermuthen. Sie
enthält 16 Bl. klein 8⁰. Das letzte Blatt ist leer. Vgl. Weller
a. O. Nr. 3762.

Exemplare davon habe ich in der Hof= und Staats=Bibliothek
zu München und der Königl. Bibliothek zu Berlin aufgefunden.
Weitere befinden sich nach Weller Rep. typ. Nr. 3762 in Zürich
und Bamberg.

G. W. Roehrich, Essai sur la vie, les écrits et la doctrine
de l'anabaptiste Jean Denk, Straßb. Diss. 1853 S. 30 erwähnt
eine Ausgabe, welche nach den Citaten mit der obigen nicht identisch
ist. Da Roehrich leider nicht angiebt, wo das von ihm benutzte Exem=
plar beruht, so habe ich dasselbe nicht einsehen können.

Von mir ist die Münchener Ausgabe benutzt worden.

4.

Vom Gesatz gottes. | Wie das Gsatz auffgehaben | sei: und doch er=
füllet | werden muß | Hanns Denck. D. D. u. I.

Diese (anscheinend erste) Ausgabe ist nach Weller Rep. typ. Nr.
3760 zu Straßburg bei Ioh. Prüß im Jahre 1526 erschienen. Sie
enthält 14 Bl. in 4⁰; das letzte Blatt ist leer. Ein Titelblatt enthält
folgende Sprüche bezw. Figuren.

Christus	Sathanas
Claudentur oculi vestri	Aperiantur oculi vestri
Eritis injusti	Eritis sicut dii
Ignorantes bonum et malum	Scientes bonum et malum

Typus Antichristi

(Holzschnitt: Ein aufrecht stehender Mann, dem die aufgeschlagene Bibel über dem
Gesicht liegt; die Fackel in der rechten, den Rosenkranz in der Linken; ein nackter
Knabe scheint ihm als Führer zu dienen.)

Agnus dei	Serpens antiquus
(Holzschnitt: ein Lamm.)	(Holzschnitt: eine aufgerichtete Schlange.)

Ego sum { Via / Veritas / Vita — Prudentes Seculi / Justiciarii / Scribe

Exemplare dieser Ausgabe finden sich in der Hof= und Staats=
Bibliothek zu München und in der Großherzogl. Universitäts=Bibliothek
zu Heidelberg. Bei der letzteren ist das Titelblatt sowie das letzte (leere)
Blatt abgerissen.

Ein anderer Abdruck (o. O. u. J.) erschien in Straßburg bei W. Köpfel 1526, 2½ Bogen in 8°. Ein Exemplar desselben ist in der Stadt=Bibliothek zu Zürich erhalten und in der Königlichen Bibliothek zu Berlin (sub Co. 2152).

Ein dritter Abdruck wurde im Jahre 1550 von Christ. Froschauer in Zürich besorgt (s. Weller Nr. 3760). Er enthält 2¼ Bogen kl. 8° und bildet den ersten Theil einer kleinen Sammlung Denck'scher Schriften, welche außer dem Gesetz noch das Büchlein „Von der wahren Liebe" und die Schrift „Wer die Wahrheit warlich lieb hat, mag sich hierin brüsen u. s. w." (s. oben) enthält; die Sammlung umfaßt 4 Bogen; das letzte Blatt ist leer. Dieser Abdruck stimmt mit der ersten Aus=gabe von 1526 bis auf zwei kleine Abweichungen, welche den Sinn nicht verändern, wörtlich überein; er hat nämlich einmal die Worte „und erfahren" und später den Zusatz „von Gott" ausgelassen.

Exemplare dieses Druckes beruhen in der Hof= und Staats=Biblio=thek zu München (sub Mor. 258ⁿ), in der Stadt=Bibliothek zu Ulm und in der Kgl. Bibliothek zu Berlin.

Weitere Exemplare (deren Entstehungszeit mir nicht bekannt ist), beruhen in der Königlichen Bibliothek zu Berlin, auf der Universitäts=Bibliothek zu Erlangen, im Germanischen Museum zu Nürnberg, in der Stadt=Bibliothek zu Nürnberg und in der Herzoglichen Bibliothek zu Wolfenbüttel. Die letztere Bibliothek besitzt mehrere Exemplare, dar=unter wenigstens zwei der ersten Ausgabe. Von mir ist das Heidel=berger Exemplar zu Grunde gelegt und benutzt worden.

5.

Von der waren Lieb u. s. w. Hanns Denck. M.D.XXVII.

Diese Ausgabe enthält 10 Bl. 8°. Man kann mit Recht zweifeln, ob dies die erste oder die Original=Ausgabe ist. Nachrichten über diese Denck'sche Schrift sind nirgends erhalten. Das einzige Exemplar, welches ich in den sämmtlichen durchforschten Bibliotheken habe ermitteln können, beruht in der Hof= und Staats=Bibliothek zu München sub Polem. 875. Die Schrift wird bei Weller a. O. nicht erwähnt.

Eine andere Ausgabe erschien im Jahre 1550 bei Froschauer in Zürich, zusammen mit dem „Gesetz Gottes" und „Wer die Wahrheit wahrlich lieb hat u. s. w." Dieselbe unterscheidet sich sehr wesent=lich von der ersterwähnten, da ihr das ganze letzte Abschnitt fehlt, näm=lich der Abschnitt von den Worten an: „Welcher ist die Hailigkeit und Absonderung von der Welt Gemeinschaft, so durch den Tauf beschicht wie oben gemelt ist." Das einzige Exemplar, welches ich habe auf=finden können, beruht in der Hof= und Staats=Bibliothek zu München sub Mor. 258ᵃ.

Da Denck bekanntlich schon im Jahre 1527 gestorben ist, so ist die Annahme nicht ausgeschlossen, daß weder die eine noch die andere Ausgabe direct von ihm besorgt worden ist. Man kann deshalb zweifeln, in welcher Form Denck selbst das Büchlein herausgegeben hat. Die Sache bedürfte einer näheren Untersuchung, für welche indessen vorläufig die Unterlagen fehlen. Aus inneren Gründen ist es wahrscheinlicher, daß die ursprüngliche Form in der Züricher Ausgabe von 1550 erhalten ist, und für das oben gegebene Referat ist daher die letztere zu Grunde gelegt.

6.

H. Dencken widerruf.

Uff die zehen Artikel
{
1. Von der geschrifft.
2. Von der bezalung Christi.
3. Vom Glauben.
4. Vom freien Willen.
5. Von guten Werken.
6. Von Secten.
7. Von Ceremonien.
8. Vom Tauff.
9. Vom Nachtmal.
10. Vom Eyd.
}

Der geystliche urteylets alles.

O. O. u. J.   8 Blatt 8º, das letzte Blatt ist leer.

Diese Ausgabe scheint nach dem von Denck hinterlassenen Manuscript herausgegeben zu sein. Der Titel dürfte von den Herausgebern herrühren.

Die beiden einzigen von mir ermittelten Exemplare beruhen in der Universitäts-Bibliothek zu München und in der Königl. Bibliothek zu Berlin.

Eine andere Ausgabe erschien im Jahre 1532 zu Augsburg, die ich aber nicht habe auffinden und einsehen können. Hier ist das Münchener Exemplar benutzt.

7.

Im Januar 1527 schrieb Joh. Denck eine Widerlegung gegen Joh. Baders Schrift von der Kindertaufe. Es kann sich dabei nur um einen kurzen Aufsatz gehandelt haben. Dieselbe findet sich entweder vollständig oder doch zum Theil wiedergegeben in:

Joannes Bader, Brüderliche Warnung für dem neuen Abgöttischen orden der Widertäuffer u. s. w. O. O. 1527. Am Schluß steht: Ein sonderlich gespräch mit Hans Dencken (dem Widertäuffer) gehalten, den heyligen Kindertauff betreffend (Bl. M—P). Das von mir benutzte Exemplar beruht in der Hof- und Staats-Bibliothek zu München (sub Pol. 875). Wie weit die Wiedergabe von Dencks Worten genau ist, läßt sich natürlich nicht mehr feststellen.

8.

In Niedners Zeitschrift für historische Theologie 1860 S. 52 druckt F. W. Roehrich „Bedenken der Straßburger Censoren, Christ. Herlinus und Jac. Bedrotus über einige Bücher" ab. Darin heißt es:

„Excusus etiam est liber per Jacobum Camer(landerum) impressorem, germanicâ linguâ, qui continet commentaria in Micheam prophetam Johannis Denkii. Iste an admissus sit nec ne per Joh. Jacobum Kürser, ignoramus. Reperimus sane quaedam in eo libro, quae reprobamus. Nempe peccatum et in ortu non esse a Deo. In haec enim verba scribit, was Gott ge- schaffen hat ist gut; wie kann er nun die Sünd, welche nicht gut und nichts ist u. s. w. geschaffen haben? Gott hat den Tod nit gemacht, sondern durch des Teufels Neid ist er kummen in diese Welt 2c.; librum, quem hodie primum vidimus legere non vacavit."

Das Bedenken ist im Jahre 1531 niedergeschrieben.

Diesen Commentar Dencks zum Propheten Micha habe ich nicht ermitteln können.

Wahrscheinlich ist derselbe identisch mit der Schrift, welche bei Will, Nürnberger Gelehrten-Lexicon unter Dencks Namen in folgender Weise namhaft gemacht wird: „Micha der Prophet, aus rechter hebräischer Sprache verteutscht und wie den H. Denk auf diese letzte Zeit ver- glichen hab. Mit der Vorrede J. M. Campiani an Herrn Philipp Landgrafen zu Hessen. 1532." Richtiger dürfte folgender Titel sein: Jac. Multicampianus, Micha der Prophet u. s. w. Straßburg 1532 (J. Camerlander). Dieser Multicampianus ist kein anderer als der oben erwähnte Bielfeldt, welcher ein Mitglied der Straßburger Täufergemeinde und Schüler Dencks war. Wenn die Angabe des Jahres 1532 richtig ist, so kann diese Ausgabe nicht mit derjenigen identisch sein, welche von den Straßburger Censoren schon im Jahre 1531 erwähnt wird. Vielleicht hat Dencks Commentar mehrere Aus- gaben erlebt. Leider habe ich weder die eine noch die andere einsehen können.

9.

Hans Denck hat im Jahre 1526 eine Abhandlung geschrieben, in welcher er nachzuweisen suchte, „wie Gott einig wäre und in derselben Einigkeit alle zwieträchtigen Dinge möchten vereinet werden."

Diese Abhandlung hat Urbanus Rhegius im Jahre 1526 ge- sehen. Bei Gelegenheit der Disputation, welche Denck mit Rhegius über die religiösen Fragen hatte, zeigte der Erstere dieselbe vor. Rhegius selbst berichtet uns darüber in seiner Schrift „Ein Sendbrief Hans Huthen" u. s. w. Bl. D. 4¹.

Es ist sehr unwahrscheinlich, daß Denck diese Abhandlung hat drucken lassen. Ebensowenig ist anzunehmen, daß dieselbe irgendwo noch erhalten ist.

10.

Alle Propheten nach Hebraischer sprach verteutscht von Ludwig Hetzer und J. Denck. Wormbs. Jo. Schöffer 1527.

Exemplare dieser ersten Ausgabe finden sich zu Berlin und Tübingen. Die Augsburger Ausgabe vom Jahre 1527 ist ebenfalls zu Berlin erhalten, desgleichen die Hagenauer vom Jahre 1528 und die Wormser vom Jahre 1528. Die Hagenauer Ausgabe (bei W. Setz) findet sich auch in der Universitäts-Bibliothek zu Tübingen; die Augsburger vom Jahre 1527 ist ferner in Wolfenbüttel erhalten. Ueberhaupt ist die Zahl der Exemplare der Propheten-Uebersetzung eine verhältnißmäßig große. Es wäre erwünscht, wenn Jemand genauere bibliographische Angaben darüber zu machen in der Lage wäre.

Folgende Schriften Dencks 1) Vom Gesetz Gottes, 2) Von der wahren Liebe, 3) Ordnung Gottes, 4) Erklärung etlicher Glaubenspunkte („Widerruf"), 5) Was geredt sei, daß die Schrift sagt u. s. w. sollen im Jahre 1680 zusammen mit einer sechsten Schrift „Christliche Ordnung eines wahrhaften Christen" u. s. w. (s. unten) zu Amsterdam unter dem Titel „Geistliches Blumengärtlein (in 12° auf 11 Bogen) neu aufgelegt worden sein. Vgl. Gieseler, Lehrbuch der Kirchengeschichte III, 2 S. 51 Anm., und Heberle, Theol. Studien und Kritiken, 1855, S. 888. Obwohl ich deutsche und holländische Bibliotheken nach diesem Druck durchforscht habe, bin ich außer Stand gewesen, denselben zu erhalten.

Es sind von älteren und neueren Schriftstellern dem Denck eine Anzahl von Büchern zugeschrieben worden, die zum Theil erweislich von anderen Autoren herrühren, zum Theil sehr wahrscheinlich nicht von Denck verfaßt worden sind. So sagt Arnold in der Kirchen- und Ketzer-Historie, daß Denck der Verfasser des Büchleins sei, welches unter dem Titel:

„Ain christliche Ordnung aines warhafftigen Christen zu verantworten die ankunft seines Glaubens. . 1. Petri 3. Seit allzeit beraidt zu verantworten dem, der grundt fordert der Hoffnung, die in euch ist und das mit Sanfftmütiglait und Forcht."

ohne Angabe des Ortes und des Jahres erschienen ist. Die gleiche Angabe findet sich auch bei Füßlin, Beiträge zur Reformationsgeschichte des Schweizerlandes V, 371. Indessen ist nicht Denck der Autor, sondern ein Anhänger desselben, Jörg Haugk von Juchsen mit Namen. Ein Exemplar dieser Schrift findet sich in der Hof- und Staats-Bibliothek zu München (sub Asc. 441). Dasselbe enthält 12 Bl. in 4°.

Ferner melden Arnold (I, 863) und Füßlin, daß Denck ein Buch unter dem Titel:

„Ein schriftmäßiger Bericht und Zeugniß von der rechten Christen Taufe, Abendmahl, Gemeinschaft, Obrigkeit und Eheſtand"

herausgegeben habe. Füßlin giebt a. O. I, 238 und IV, 317 Aus= züge daraus und selbst Heberle reproducirt in seiner Biographie Dencks große Abschnitte unter der nicht näher erörterten Annahme, daß Denck der Verfasser sei (Theol. Studien und Kritiken 1851, S. 144 ff.). Es ist mir trotz der mannigfachsten Versuche nicht gelungen, ein Exem= plar dieser Schrift in die Hand zu bekommen. Ich kann deshalb die Frage, um die es sich handelt, nicht entscheiden, allein vorläufig glaube ich Grund zu der Annahme zu haben, daß hier in derselben Weise eine Verwechselung vorliegt wie in dem eben erwähnten Fall. Sollte Jemand im Stande sein, Aufklärung zu geben, so wäre dies sehr er= wünscht.

Sodann schreibt Füßlin (Beiträge III, Vorr. CXX) dem Denck folgendes Druckwerk zu:

„Eine schöne Bekanntniß der drey Artickeln des christlichen apostolischen Glaubens gesangsweis."

Füßlin, der einen Vers daraus anführt, sagt, Denck habe diese Schrift im Jahre 1526 angefertigt. Weitere Notizen giebt Füßlin leider nicht. Auch diese Schrift habe ich nicht auffinden können, bin daher außer Stande, die Angabe zu bestätigen oder zu widerlegen.

Weller behauptet im Repert. typogr. Suppl. 1874, Nr. 384, Hans Denck sei der Verfasser von

Frolockung eins christlichen Bruders von wegen der vereynigung zwischen D. M. Luther und D. Andreas Carlostat sich begeben. Mit An= zeyg, was von dem Artikel des leybs und bluts christi (als mans nennt) sey zu halten. M. D. XVI. O. O. 8 Bl. 4o.

Es ist im höchsten Grade unwahrscheinlich, daß diese anonym er= schienene Schrift auf Denck zurückzuführen ist. Jede nähere Unter= suchung dürfte dies bestätigen.

Schließlich wollen wir noch bemerken, daß nach einer Notiz bei Arnold „die Schlußreden, welche gemeiniglich der deutschen Theologie mit angehängt sind", von Denck herrühren sollen. Nun sind mir zwar mehrere Ausgaben der „deutschen Theologie" bekannt geworden, doch habe ich keine erhalten können, welcher derartige Sätze angehängt ge= wesen seien. An sich ist Arnolds Angabe nicht unwahrscheinlich und jedenfalls wäre es wünschenswerth, daß von dem Sitz einer großen Bibliothek aus weitere Nachforschungen angestellt würden.

II.
Actenstücke.

1.
Auszug aus dem Nürnberger Rathsbuch[1]).
1524 Febr. 10.

Item Magister Johann Denck ytzo schulmaister zu sant Sebolt, dhweil er ein eeweyb hat, soll man fur den tisch und cost, so ain schul= maister bißher im pfarrhof gehapt des jars zusampt seiner vorbestimpten besoldung noch zweiundfunfftzig guldin von der kirchen raichen und geben biß auff ains erbern rats wider abschaffen, darvon er sich mit aigner herberg versehen und darzu zwen localen unterhalten mög. Herr Leo Schurstab kirchenmeister. Actum Quarta Cineris.

2.
Auszüge aus den Nürnberger Rathsverlässen.[2]).
1. Sabato post Erhardi 14. Januarii (1525).

Dem schulmaister Sebaldi anhalten auff die andere zwei artickl auch furderlich sein haltung verzaichen und dann alles den predigern furtragen.
N. Groland.
P. Gruntherr.

2. Secunda ante Anthonii 16. Januarii (1525).

Des schulmaister zu sanct Sebolt verzaichnete bekanndtnuß seins glaubens den predigern furhalten und irs rats derhalben pitten.
N. Groland.
P. Grundherr.

3.
Auszug aus den Nürnberger Rathsverlässen.[1]).
1525 Januar 21.[3])

Maister Johann Denck, schulmaister zu sannct Sebolt soll man herauf beschicken und sagen, dhweil er etlich uncristenlich Irthum be= langend den Glauben eingefürt, dieselben außgeprait und understanden zu verfechten, darinnen er im selbs und seiner Vernunfft vertraut und

---

1) Kreis-Archiv zu Nürnberg, Rathsbuch Nr. 12, Fol. 218.
2) Kreis-Archiv zu Nürnberg, Rathsverlässe 1524/25 Heft 11, Fol. 8 u. 9.
3) Kreis-Archiv zu Nürnberg, Rathsverlässe 1524/25 Heft 11, Fol. 14.

von andern Verstendigen mit der Schrift kain Unterricht aufnemen
wöllen, welchs bei eim Rat fur ergerlich, verfurisch und unchristenlich
gegen dem Nechsten angesehen und darinnen irs Fugs nicht sey, sein
Person hie zu gedulden, sonder soll itzo do schweren ein Ayd, das er
sich noch Zeit vor Nachts auß diser Stat zehen Meil Wegs hindan
fugen und sein Leben lang sich neher umb dise Stat nicht betretten laß.
Dann sunst ein Rat sich sein mechtig machen und am Leib strafen
laffen werd.

Und soverr er sich widern wolt, also zu schweren, soll man inn
ins Loch furen laffen.

Thut er aber den Eid, soll man nach sein Weib schicken, ir die
Urfach solcher Straf anzaigen, darmit sy die Kinder, so bei im in der
Coft sein, wiß zu versehen; so wöll man im sein Geputnuß von der
Schul auch zustellen.

(gez.) N. Haller.
Laz. Holzschuher.

4.

Decret des Nürnberger Magistrats gegen Johann Denck.[1]

1525 Januar 21.

Nachdem magister Johann Denck schulmaister zu sannt Sebolt etlich
uncristenlich irrthumb unnsern hailigen glawben belangend eingefurt, dieselben außgeprait und unnbestanden zu verfechten, sich auch derhalben
vor den gaistlichen und hochgelerten in beysein der verordneten ains
erbern rats ganntz ungeschickt und verechtlich gehalten, von denselben
mit der schrift kain unnderricht auffnemen wöllen, sonder seinem aigen-
willigen kopf mer vertrawt, wie er dann sein antwurt in schrifften auff
die furgehalten artickel nicht gnugsam, sonder also verzwickt und ver-
slagen geben, darauß zu versten, das einiche verner unnderricht der schrifft
bey ime kain frucht schaffen würd, welches bey aim erbern rat fur ergerlich, verfurisch und uncristenlich gegen dem nechsten angesehen, sein person
bey diser stat und cristenlichen versamlung zu gedulden. Und ist darum
ytzvermelter und ander beweglichen ursachen halben gedachtem Johann
Dencken dise stat zehen meyl wegs hindan ewiglich verpotten und das
er noch vor nachts sich auß diser stat und furter die bereimt anzal meyl
wegs hindan fugen und dann sein leben lang sich neher umb dise stat
nicht betretten laffen soll, sonst werd ime nachgetracht und an seinem
leib gestraft.

---

1) Rathsbuch Nr. 12, Fol. 282. — Da der Abdruck, welcher sich bei
Hagen, Geist der Reformation II, 108 Anm. 3 findet, einzelne Mängel aufweist,
so geben wir hier einen Neudruck nach dem Original.

Welchs er also on sonder widerred, wiewol mit großem erschrecken
angenomen und zehalten ein gelerten aid geschworn vor her Niclasen
Haller und Lazarusen Holtzschuher.

Actum Sabato Agnetis ut supra.

5.

Johannes Denck an den Rath der Stadt Augsburg.[1])

O. D. (ca. 1526).

Fürsichtig ersam weyse herren! Ich bin bericht worden durch
meinen gönstigen und lieben Junckherrn Bastian von Freiburg und
Jörgen Regel, wie ich gegen E. W. versagt und eingetragen sey, als
hett ich die gemain zu Nürnberg von gehorsam der obrigkeyt abgewiesen und sey derhalben daselb von einem erbern radt verwisen
worden.

Ist mir nit seltsam, das söllichs von mir geredt wirdt, das es
aber darum war sey wirt sich mit warheyt nit erfinden. Ewer E. W.
wölle mir mein kurtze antwort nit verargen, welche yederman on schaden
ist, auch denen, die mich söllichs zeihen, on schaden sein wirt: gott
wölle, das ihn auch solch ire rede on schaden were.

Das ist aber: Ich bin bey anderhalb Jaren daselb schulmaister
gewesen und hinden nach mit Osiander, daselbst prediger, ettlicher wort
halben vom sacrament sonderlich zwispennig worden und darauff für
einen E. rat gefordert und erschinen zu verantworten, hat mich Osiander
daselbst nit nach seinem gefallen vermöcht einzutreiben, doch zuletzt mir
syben artickel fürgelegt worden, mein meynung schrifftlich darauff zu
stellen, er wölle mir sy herwider verfechten mit gegenschrift.

Die syben artickel mir fürgehalten sind dise: was ich von der schrift,
sünd, gerechtigkeyt gottes, gesetz, evangeli, tauff und nachtmal halte.

Darauß ewer E. W. wol vernemen mag, ob ich etwas mit gehorsam oder ungehorsam zu handlen gehabt habe.

Do ich mein schrifft gestellt, bin ich erst uber acht tag on alle
antwort Osiandri verwisen worden, bin deßhalben mit gott wol zu-
friden, so es im also wolgefallen hatt.

So ich nun auß ewer E. W. gunst durch obbemelter Junckherrn
Bastians von Freyburg und Jörgen Regels fürbitt mich alhie gesetzt
und ettlich kinder angenommen, nach meinem vermögen Lateinisch und
Griechisch zu leren, und villeicht (wo es mit ewer E. W. gunst und
erlaubnus geschehen möcht) noch mer verhoffte zu ubertommen, bitt

---

1) Das Original, nach welchem diese Abschrift angefertigt worden ist, befindet sich im Stadt-Archiv zu Augsburg (sub rubr. Wiedertäufer). Vgl. die
Abhandlung von C. Meyer in der Zeitschrift des histor. Vereins f. Schwaben
und Neuburg 1874, S. 220.

ich, ewer E. W. wölle vergebnen reden nit zu eylend glauben geben, welche mit beſtendigem urkund uff mich nymmer gebracht mögen werden.

Mir lege nit daran, das alle welt gehört und geſehen hett alle mein reden und thun und darzu, was wider mich gehandelt worden iſt. Bin urbietig, ewer E. W. ſollichs alles, ſoferr ſy es begerend, anzuzaygen, wie wol ich ſollichs vil lieber thun wölt in beyweſen meiner widerſacher, iſt anders yemand mein widerſacher.

Ich wayß wol und hab mich nie gewegert, aller menſchlichen ordnung nach gott undverworfen zu ſein, und wie wöllt ich gottes ge= richt am jüngſten tag annehmen, wann ich der welt gericht nit leiden möcht?

Will mich hiemit ewer E. W. undverthenigklich befolhen haben, bittend, wöllen mir vergönnen, weyter zu thun, das ich mit ewer E. W. gunſt angefangen, verhoffend, ich wölle mich dermaßen halten, das ewer E. W. kain mißfallen darab haben werd. Ob ich aber yrgent etwas unwiſſend gethon hab oder noch thun wurd, das ewer E. W. mißfellig were, bitt ich demutigklich, ewer E. W. wöllen mir ſollichs underſagen, ſoll in mir aller Gehorſam geſpüret und erfunden werden. Gott wölle ewer E. W. wol bewaren! Amen.

Ewer Erſamen Weyßheyt

undvertheniger

Johann Dengk.

6.

Schreiben des Hans Denck an Johann Oecolampad.
D. D. u. J. (Baſel 1527, October.) [1]

Salutem a Deo Patre per Christum Jesum Dominum nostrum, et pacem in Spiritu sancto, Amen. In memoria etiamnum habeo, quo tu, mi Oecolampadi, animo in me fueris olim, dum hic apud Curionem agerem: memini, quam amice, familiariter et fraterne me acceperis primum, acceptum deinde amplexus fueris et foueris. Post illa si miraris, cur nihil ad te scripserim absens, cur praesens non adierim (quanquam etiam semel adii) caussa est, quod timuerim, ne non liceret satis libere vel sentire quod sentirem, vel non pronunciata sententia maturius deliberare. Verebar enim, ut homo sum, ne idem eueniret mihi cum alijs, quod cum Osiandro pridem euenerat. Si peccauit hic timor meus, haec formido in tuam conscientiam, ecce promptissime culpam agnosco, et fateor. Atque hoc minus exilij persecutionumque

---

1) Der Brief iſt hier abgedruckt nach: Monumentum instaurati patrum memoria per Helvetiam regni Christi etc. id est Epistolarum D. Joh. Oecolampadii et Huldr. Zwinglii aliorumque libri IV. Basileae 1591, p. 914.

iure me poenitebit, quo magis verum esse comperero, me peccasse
in quenquam. Tametsi nihil me poenitet omnium afflictionum,
quas tuli hactenus quantumuis bene mihi conscius. Nunc quae
fuerit ad te scribendi occasio, paucis accipe. Ita exulo hactenus,
ut semper maluerim in proprio aliquo loco certus viuere, per-
mittente Domino. Apud ignotos nondum licuit, ad omnes ferme
labores inepto: apud amicos vero et notos, propter suspicionem
de me conceptam, quasi sectarum fautore, et autore peruersorum
dogmatum. Deus mihi testis est, quod uni tantum sectae, quae
est Ecclesia sanctorum, bene esse cupiam ubiubi sit. Nam apud
vos solos esse non credo: imo ne Cristianos quidem esse con-
tenderim, si quis exactam fidem urgeat: quantumuis amo zelum
illum recte viuendi, quem probe scio, et quotidie reipsa magis
magisque comperio non satis esse ad hoc ut voceris Christianus,
citra ἐπίγνωσιν[1] illam, quam requirit Paulus in suis contri-
bulibus. In dogmatibus non nego partim erasse me et adhuc
errare posse: partim vero ita locutum esse, ut malim tacitum.
Atque haec non puderit me vel publice fateri, si precium esset
operae; hoc est si plurium bono quam malo fieret. Quod si tibi
non improbaturus animus, fer, mi Oecolampadi, equo animo, quod
in me desideras: equidem facile feram, si quid in te quoque desi-
derauero. Ut enim amicitiae, praesertim Christianae proprium
est, idem sentire, ita lex mihi videtur admodum iniqua, nemini
licere ab altero dissentire. Nisi omnino tale aliquid esset, quod
ferri neque posset neque deberet. Durum est exilium mihi et
difficile: sed difficilius est, quod successus et fructus non respondet
zelo meo. Fructum autem alium non requiro, (Dominus nouit)
quam ut quamplurimi uno corde et ore Deum et Patrem Domini
nostri Jesu Christi glorificarent, sive circumcisi, siue baptizati,
siue neutrum. Longe enim ab illis dissentio, qui regnum Dei
nimium ceremonijs et elementis Mundi adstringunt, quicumque illi
sint. Quamuis negare non possum, et me aliquamdiu haesisse
in huiusmodi. Si quo igitur pacto (inquam) hunc animum tolerare
poteris, da operam queso, mi Oecolampadi, ut hic mihi liceat
aliquamdiu consistere. Daretur fortasse locus aliquis manendi,
si vel per te liceret quiescere. Parce enim interim, quod mihi abs
te timeam: quando quidem ipse quoque parco sinistrae multorum,
sinon tuae etiam de me suspicioni, qui me credunt omnia turbatum
et peruersum iri cupere. Non tamen hoc dico, quasi per te so-
lum stare putem, quo minus ausim hic manere: sed quo te
fautore sciam mitiores fore, quos alioqui accusatores habiturum
esse timeo. Adiissem ipse te collocuturus nisi vetuisset hospitij

---

1) Soll heißen: ἐπίγνωσιν. Der Brief scheint überhaupt nicht correct
wiedergegeben zu sein. Das Original oder eine gute Abschrift dürfte verloren sein.

religio prodire. Nosti enim edictum. Renuntia quid velis, quid
suadeas, per Bentinum. Nam nisi iniquum postulaueris, facile
fecero quiquid voles. Sine, obsecro, amantissime Oecolampadi, ut
destruatur maceria illa, et qualiscunque simultas inter nos oborta.
Da mihi locum in corde tuo, aut si locus est aperi. Certe tu
non paruum apud me spacium occupas quod tibi literis hisce aper-
tum volui: et conabor amplius aperire, siue coram, siue alijs,
accepto abs te primum responso literis, si tibi videbitur. Exilium
fugio quidem: sed ita tamen, ut si maxime non effugere potero,
nunquam fore credam, ut harum me literarum poeniteat. Nisi
tu (quod absit) omnino in tuam gloriam et aliorum afflictionem
abuti velis. Vale in Domino.

III.

Ueberſicht über die benutzten Archive und Bibliotheken.[1]

1. **Amſterdam**, Univerſitäts=Bibliothek.
2.   „   Bibliothek der Taufgeſinnten Gemeinde.
3. **Augsburg**, Stadt=Archiv.
4.   „   Stadt=Bibliothek.
5. **Bamberg**, Königliche Bibliothek.
6. **Baſel**, Staats=Archiv des Cantons Baſel=Stadt.
7.   „   Univerſitäts=Bibliothek.
8. **Berlin**, Königliche Bibliothek.
9. **Bonn**, Univerſitäts=Bibliothek.
10. **Erlangen**, Univerſitäts=Bibliothek.
11. **S. Gallen**, Bibliothek und Archiv.
12. **Göttingen**, Univerſitäts=Bibliothek.
13. **Haag**, Königliche Bibliothek.
14. **Hamburg**, Stadt=Bibliothek.
15. **Heidelberg**, Univerſitäts=Bibliothek.
16. **Karlsruhe**, Generallandes=Archiv.
17. **Kaſſel**, Landes=Bibliothek.
18. **Leyden**, Univerſitäts=Bibliothek.
19. **Marburg**, Univerſitäts=Bibliothek.
20. **München**, Univerſitäts=Bibliothek.

---

1) Dieſe Ueberſicht hat den Zweck, künftigen Forſchern die Mühe ſoweit
als möglich zu erleichtern. Da die Unterſuchungen über Denck noch nicht als
abgeſchloſſen gelten können, ſo iſt es natürlich wichtig, zu wiſſen, wo weitere
Ausbeute eventuell zu finden iſt und wo nicht.

21. München, Königl. Hof= und Staats=Bibliothek.
22. „ Universitäts=Bibliothek.
23. Münster, Königl. Staats=Archiv.
24. „ Königl. Paulinische Bibliothek.
25. Neuburg, Königl. Bair. Kreis=Archiv.
26. Nürnberg, Königl. Kreis=Archiv.
27. „ Königl. Stadt=Bibliothek.
28. „ Bibliothek d. Germanischen National=Museums.
29. Straßburg, Kaiserl. Universitäts=Bibliothek.
30. Tübingen, Königl. Universitäts=Bibliothek.
31. Wolfenbüttel, Herzogliche Bibliothek.
32. Zürich, Staats=Archiv.

IV.
Verzeichniß der benutzten Bücher.

Althamer, Andr., Conciliationes locorum Scripturae, qui specie tenus inter se pugnare videntur, Centuriae duae. Vitebergae, Z. Lehmann, 1582.

Arnold, G., Unpartheyische Kirchen= und Ketzerhistorie. 2 Bände. Frankfurt a. M. 1740.

Augustini Opera. Parisiis 1651.

Baber, Joannes, Brüderliche Warnung für den newen Abgöttischen orden der Widertäuffer, darin von nachfolgenden artickeln gehandelt wird u. s. w. O. O. 1527. (Hof= und Staats=Bibliothek zu München.)

Baum, Joh., W. Capito und Butzer. Leben und ausgewählte Schriften der Väter und Begründer der reformirten Kirche. III. Thl. Elberfeld 1860.

Becker, Adalbert, Beiträge zur Geschichte der Frei= und Reichsstadt Worms und der daselbst seit 1527 errichteten höheren Schulen. Worms 1880.

Bock, Historia Antitrinitariorum. 1784.

Bullinger, Heinr., Der Widertäuffer ursprung, fürgang, Secten, wäsen und gemeine irer leer Artickel u. s. w. Zürich bei Christoffel Froschover 1560.

Bullinger, (H.), Von dem unverschampten Fräfel, ergerlichen Verwyrren und unwarhafften leeren der selbsgesandten Wiedertäuffern. Zürich, Froschover, 1531.

Bussierre, M. Th. de, Les Anabaptistes. Histoire du Lutheranisme, de l'anabaptisme et du règne de Jean Bockelsohn à Münster. Paris 1853.

Capito, Wolfgang. Ein wunderbar Geschicht und ernstlich warnung Gottes, so sich an eim Widertäuffer, genant Claus Frey zutragen, der mit unerhortem trutz und bochen sich hat ertrenken lassen u. s. w. Gesehen und beschriben zu Straßburg durch Wolffgang Capito. Anno 1534.

Cornelius, Gesch. des Münsterschen Aufruhrs in drei Büchern. Bb. 1 u. 2. Leipzig 1855—1860.

Döllinger, J., Die Reformation, ihre innere Entwickelung und ihre Wirkungen. 3 Bde. Regensburg 1846—1848.

Dorner, Dr. J. A., Geschichte der protestantischen Theologie, besonders in Deutschland. München 1867.

Ein Göttlich und gründtlich offenbarung von den warhafftigen widertäuffern mit Göttlicher warhait angezaigt. 1527. (Hof- und Staats-Bibliothek zu München.)

Erbkam, H. W., Geschichte der protestantischen Secten im Zeitalter der Reformation. Hamburg und Gotha 1848.

Frand, Seb., Chronika, Zeitbuch ꝛc. Ausgabe von 1536.

Frand, Seb., Das Theur und köstlich Buch Morio Encomion. Das ist ein Lob der Narrheit u. s. w. O. O. und J.

Füsslin, J. C., Epistolae ab Eccles. helv. Reformatoribus vel ad eos scriptae. Tiguri 1742.

Füßlin, J. C., Beyträge zur Erläuterung der Kirchen-Reformations-Geschichten des Schweitzerlandes. Zürich 1753.

Getreue Warnung der Prediger des Evangelii zu Straßburg über die Artikel, so Jacob Kautz, Prediger zu Worms, kürtzlich hat lassen außgehn u. s. w. Straßburg am andern Tag Julii 1527. (Hof- und Staatsbibliothek zu München.)

Gieseler, J. C. L., Lehrbuch der Kirchengeschichte. Bonn, Marcus, 1844 ff.

Goebel, Geschichte des christl. Lebens in der rhein.-westf. evangelischen Kirche. Coblenz 1849.

Götzinger, E., Johannes Keßlers Sabbata. Chronik der JJ. 1523—1539, St. Gallen 1868.

Hagen, K., Deutschlands literarische und religiöse Verhältnisse im Zeitalter der Reformation. Frankfurt 1841—1844. 3 Bde.

Hagenbach, Dr. K. R., Johann Oecolampad und Oswald Myconius. Elberfeld 1859.

Hase, Dr. Karl, Neue Propheten. Drei historisch-politische Kirchenbilder. 2. Aufl. Leipzig 1861.

Haugk von Zuchsen, Jörg, Ain Christliche Ordnung aines wahrhafftigen Christen zu verantwurten die ankunfft seines Glaubens. O. O. und J. (Hof- und Staatsbibliothek zu München.)

Heberle, Johann Denk und sein Büchlein vom Gesetz Gottes; in den Theologischen Studien und Kritiken, 1851, 1. Heft.

Heberle, Denk und die Ausbreitung seiner Lehre. Theol. Studien und Kritiken, 1855, 3. Heft.

Heberle, W. Capito's Verhältniß zum Anabaptismus; in Niedners Zeitschrift für historische Theologie. Jahrg. 1857, S. 285 ff.

Henke, Allgemeine Geschichte der Christl. Kirche. 6 Theile. Braunschweig 1795—1804.

Herzog, J. J., Das Leben Joh. Oecolampads und die Reformation der Kirche zu Basel. Basel 1943. 2 Bände.

Keim, Reformationsgeschichte der Reichsstadt Ulm. Stuttgart 1851.

Keim, Ludwig Hetzer; in den Jahrbüchern f. deutsche Theologie. Stuttgart 1856.

Köstlin, Jul., Luthers Theologie in ihrer geschichtlichen Entwicklung und ihrem innern Zusammenhange. 2 Bände. Stuttgart 1863.

Köstlin, Jul., Martin Luther. Sein Leben und seine Schriften. 2 Bände. Elberfeld 1975.

Kripp, v., Ein Beitrag zur Geschichte der Wiedertäufer in Tirol. Innsbrucker Gymnasial-Progr. 1857.

Lange, Dr. G., Geschichte und Beschreibung der Stadt Worms. Worms 1837.

Luthers deutsche Schriften herausgeg. v. J. G. Blochmann u. J. A. Irmischer. Erlangen 1926—1857.

Luthers sämmtliche Bücher, Bd. 1—12. Wittemberg 1551—1559.

Luther, Martin, Von der Freyheit eynes Christenmenschen. Wittenberg 1523. Orig.-Druck in der Paul. Bibl. zu Münster.

Luther, Martin, Ain underrichtung, wie sich die Cristen in Mosen sollen schicken, gepredigt u. s. w. durch Martin Luther. Wittemberg 1526. (Hof- und Staatsbibliothek zu München.)

Mattaire, Annales typographici. Hagae Comitum 1722.

Medicus, C. F. H., Geschichte der evangelischen Kirche im Königreich Bayern diesseits des Rheines. Erlangen 1863, nebst Supplementband: Die Geschichte der evangelischen Kirche der k. bayerischen Rheinpfalz enthaltend. Erlangen 1865.

Menius, Justus, Von dem Geist der Widerteuffer. Mit einer Vorrede Dr. Mart. Lutheri. Wittemberg 1544.

Meyer, Chr., Ueber Joh. Denk; in der Zeitschrift des historischen Vereins von Schwaben uud Neuburg. 1974, 1. Band, S. 220.

Möller, Dr. W., Andreas Osiander. Leben und ausgewählte Schriften. Elberfeld 1870.

Müller, J. T., Das evangelische Concordienbuch, enthaltend die symbolischen Bücher der evangelisch-lutherischen Kirche. Gütersloh 1971.

Odenbach, Johann, Ain Sendbrieff und Rathschlag an verordnete Richter über die armen gefangenen zu Alzey, so man Wiederteuffer nennet. 1529. (Hof- und Staats-Bibliothek zu München.)

Panzer, G. W., Annales typographici ab artis inventae origine usque ad annum 1500. Norimbergae 1793. 11 Voll.

Rathgeber, Jul., Straßburg im sechzehnten Jahrhundert 1500—1598. Stuttgart 1971.

Rhegius, Urbanus, Zwen wunderseltzam sendbrieff zweyer Widertäuffer an ire Secten gen Augsburg gesandt. Verantwortung aller Irrthum diser obgenannten Brief. Augsburg 1529 Mai 30. (Kgl. Bibliothek in Berlin.)

Rhegius, Urbanus. Ein sendbrieff Hans Huthen etwa aines fürnemen Vorsteers im Widertaufferorden. Verantwort durch Urb. Rhegium. Litz gar

unb barnach urtheyl. 1528. (Kaiserl. Universitäts- unb Landesbibliothek
zu Straßburg.)

Ritschl, Albrecht, Geschichte des Pietismus. Erster Band. Der Pietismus
in ber reformirten Kirche. Bonn 1880.

Röhrich, T. W., Mittheilungen aus ber Geschichte ber evangelischen Kirche
bes Elsasses. Paris unb Straßburg, 1855. 2 Bbe.

Röhrich, T. W., Geschichte ber Reformation im Elsaß unb besonbers in Straßburg. 3 Bänbe. 1830—1832.

Röhrich, T. W., Zur Geschichte ber straßburgischen Wiebertäufer in ben
Jahren 1527—1543; in Niebners Zeitschrift für bie historische Theologie.
Jahrg. 1860, S. 3 ff.

Roehrich, G. W., Essai sur la vie, les écrits et la doctrine de l'ana-
baptisto Jean Denk. Straßburg. Diss. 1853.

Rommel, C. v., Philipp ber Großmüthige, Lanbgraf von Hessen. 3 Bänbe.
Gießen 1830.

Roth, Reformationsgeschichte Augsburgs. München 1881.

Sachs, Hans, Ein gespräch eynes evangelischen Christen mit einem Lutherischen, barin ber ergerlich Wanbel etlicher, bie sych lutherisch nennen angezeygt unb brüberlich gestraft wirb. 1524. (Original-Druck in ber Paul.
Bibl. zu Münster.)

Schenkel, Wesen bes Protestantismus. 2. Aufl. Schaffhausen 1862.

Schmibt, Dr. C., Der Antheil ber Straßburger an ber Reformation von
Kurpfalz. Straßburg 1856.

Schmibt, Dr. C., Joh. Tauler von Straßburg. Hamburg 1841.

Schreiber, Heinrich, Balthasar Hubmaier, Stifter ber Wiebertäufer auf
bem Schwarzwald; im Taschenbuch für Geschichte unb Alterthum in Süb-
beutschlanb 1839—1840.

Schyn, Historia Mennonitarum. Amsterdam 1723.

Seibemann, J. K., Thomas Münzer. Eine Biographie. Dresben unb
Leipzig 1842.

Soben, F. v., Beiträge zur Geschichte ber Reformation unb ber Sitten jener
Zeit mit besonberm Hinblick auf Christoph Scheurl II. Nürnberg 1855.

Starck, J. A., Geschichte ber Taufe unb ber Taufgesinnten. Leipzig 1789.

Trechsel, F., Die protestantischen Antitrinitarier vor Faustus Socin. 2 Bänbe.
1839—1844.

Uhlhorn, Urbanus Rhegius. Leben unb ausgewählte Schriften. Elberfelb 1861.

Barrentrapp, Dr. C., Hermann von Wieb unb sein Reformationsversuch
in Köln. Ein Beitrag zur beutschen Reformationsgeschichte. Leipzig,
Duncker unb Humblot, 1878.

Wackernagel, Ph., Das beutsche Kirchenlieb von ben ältesten Zeiten bis
zu Anfang bes 17. Jahrh. 3 Bänbe. Leipzig 1870.

Walch, J. G., Martin Luthers sämmtl. Schriften. 24 Bbe. Halle 1739—1750.

Weller, C., Repertorium typographicum. Die beutsche Literatur im ersten
Viertel bes 16. Jahrh. Nörblingen 1864. Supplement, Nörblingen 1874.

Wette, W. M. L. de, Martin Luthers Briefe, Sendschreiben und Bedenken. Berlin 1827.

Wider den neuen Taufforden. Notwendige Warnung an alle Christgläubigen durch die Diener des Evangelii zu Augsburg 1527 am 6. des Herbstmonats. (Exemplar der Berliner Kgl. Bibliothek.)

Will, Beiträge zur Geschichte der Antibaptisten in Deutschland. Nürnberg 1773.

Will, Nürnbergisches Gelehrten-Lexicon. Nürnberg 1755—1758. 4 Thle.

—— Dasselbe: 5.—8. Theil. Fortgesetzt und vervollständigt von Ch. C. Nopitsch. Nürnberg 1802—1808.

Will, G. A., Beiträge zur Fränkischen Kirchenhistorie. Nürnberg 1770.

Winter, Geschichte der bairischen Wiedertäufer im 16. Jahrhundert. München 1809.

Zeltner, Sendschreiben von der alten und höchst raren teutschen Wormser Bibel. Altdorf 1734.

Zwinglii, Huldrici, Opera completa, editio prima cur. M. Schulero et Jo. Schulthessio. Vol. VII et VIII. Turici 1830 et 1842.